《国家哲学社会科学成果文库》出版说明

为充分发挥哲学社会科学研究优秀成果和优秀人才的示范带动作用，促进我国哲学社会科学繁荣发展，全国哲学社会科学规划领导小组决定自2010年始，设立《国家哲学社会科学成果文库》，每年评审一次。入选成果经过了同行专家严格评审，代表当前相关领域学术研究的前沿水平，体现我国哲学社会科学界的学术创造力，按照“统一标识、统一封面、统一版式、统一标准”的总体要求组织出版。

全国哲学社会科学规划办公室

2011年3月

目　录

Contents

前　言

动词形态论是对动词类词的形态变化现象展开学术研究的理论方法。特别是对于动词类词错综复杂的形态变化现象而言，动词形态论的研究方法显得更为重要。众所周知，鄂温克语动词类词分有词根（或词干）及词缀两大部分，词根（或词干）是动词类词的词义结构部分，而词缀是名词类词的形态变化语法结构部分，当然也包括形态变化构词内容。该语言的动词类词的词根或词干，在不接缀任何形态变化语法词缀的前提下，不能用于任何语句之中。换言之，没有形态变化语法词缀或构词词缀的帮助，动词类词的词根或词干不能用于句子。甚至可以说，动词类词的词根或词干，不接缀形态变化语法词缀或构词词缀的话，就很难完美表达人们交流所需的语句概念。那么，作为阿尔泰语系满通古斯语族语言的鄂温克语动词类词，有着极其发达而格式化了的，结构系统十分完整、严谨、合理、科学的形态变化现象。对此在过去的岁月里，专家学者做了大量艰苦卓绝且很有价值的探讨和研究，并发表和出版了不少有独到见解的精品力作，进而在很大程度上推动了动词类词形态变化现象的研究。

顾名思义，动词类词就是指一般动词、形动词、副动词、助动词。它们是根据语法形态变化结构类型的不同、语法形态变化现象使用关系的不同、语法形态变化现象具体发挥的作用和功能不同而被划分的产物。其中，所谓的一般动词是与形动词、副动词、助动词等相对而言的提法。也就是说，除了被认定为形动词、副动词、助动词之外，其他动词均属于一般动词范畴。包括动词词根和动词词干，以及接缀有态、体、式、时、人称形态变化语法词缀的动词习惯上都叫一般动词。实际上，人们常说的动词，就是我们所谓的一般动词。所以，本书也用动词来替代一般动词的说法。提到动词类词时，人们很容易想到形态变化现象极其丰富的动词，即形动词、副动词、助动词等。而且，据我们了解，鄂温克语动词类词有着极其严密而完整的形态变化语法体系。甚至它们的复杂性、多变性、系统性都要超过名词类词的形态变化现象。毫无疑问，动词类词复杂多变的语法概念，基本上由不同语音形式构成的，包含有不同语法内涵的形态变化词缀来表示。因此，该语言里，任何一个动词词根或词干后面，都要出现一个或几个，甚至是一连串的表示不同语法概念的形态变化语法词缀。每一个形态变化语法词缀，原则上只表示一种语法概念。不过，我们的研究表明，也有一个形态变化语法词缀，表示一种以上语法概念的现象。根据分析，动词类词有着极其丰富的形态变化现象。这种形态变化现象，主要表现在动词类词本身具有变化形式方面。众所周知，鄂温克语在满通古斯语族语言乃至在阿尔泰语系语言内，其形态变化语法现象也最为复杂。这种复杂多变的形态变化现象在该语言的动词类词里表现得淋漓尽致。尤其使人感兴趣的是，除极个别形态变化现象用零形式表现之外，其他均用约定俗成的形态变化语法词缀来表现。即以在动词类词词根或词干后面接缀不同形态变化语法词缀的手段，来表示错综复杂的语法概念。

根据我们的分析，鄂温克语动词类词包括一般动词、形动词、副动词、助动词。其中，一般动词的形态变化现象最为复杂，并分为不同层级，各层级的变化自成体系。而且，基本上用各自特定的形态变化语法词缀来表现。比如，从传统语法学理论视角或者从结构语法学的角度，将鄂温克语动词类词的形态变化现象分为态、体、式、时、人称、形动、副动、助动等。这其中，态形态变化现象和体形态变化现象及式形态变化现象在一般级动词里出现，时形态变化现象在一般动词和助动词及形动词内出现，人称形态变化现象出现于一般动词和助动词，形动形态变化现象只在形动词中出现，副动形态变化现象也只能在副动词范畴里见到。而且，一般动词和助动词的形态变化现象，以及作为表现形式的语法词缀系统完全相同，不同点就在于它们分别表示主要动作行为及补助性动作行为方面。从这一连串的分析中，我们可以初步认识到，鄂温克语动词类词的形态变化现象中，一般动词，也就是经常说的动词的形态变化现象最为复杂。从某种意义上讲，把一般动词的形态变化现象搞明白了，自然而然地也就会将助动词的形态变化现象弄清楚。不过，助动词的形态变化现象，不涉及态形态变化现象和体形态变化现象及式形态变化现象。这也是一般动词和助动词形态变化现象的区别性特征，因为助动词只有时形态变化现象以及人称形态变化现象。在整个动词类词的形态变化现象中，不同时间和不同人称的形态变化现象最为复杂。所以，我们可以说，把时形态变化现象和人称形态变化现象全面掌握了，那么对于动词类词的纵横交错而层级鲜明的形态变化现象也就了然于胸了。

如上所述，动词类词的形态变化现象，在第一层面上被分为态、体、式、时、人称、形动、副动、助动等。那么，在第二层面上将态、体、式、时、人称形态变化现象，均归为一般动词的形态变化语法范畴进行系统分析，进而全面论述它们的表现形式、结构特征、使用关系、语法意义等。如果把这些都说清楚了，我们就会把一般动词同形动词、副动词、助动词放到同一个层面上再展开讨论。这时，我们会发现，形动词和副动词的形态变化现象远不如一般动词复杂。也就是说，形动词虽然有时形态变化现象，但只有过去时、现在将来时、将来时之分，还没有人称形态变化现象。副动词形态变化现象内部，根据其形态变化语法词缀的不同，以及所表现出的语法意义的不同，也可以从中分出表示不同副动关系和意义的词。但是，它们的形态变化现象，均不具有时和人称形态变化语法概念。毫无疑问，所有这些，客观上对于副动词形态变化现象及表现形式和所含语法概念的研究提供了许多方便条件。前面我们已经说过，只要把一般动词的时形态和人称形态变化现象搞清了，就会自然掌握助动词错综复杂的形态变化现象。因为，它们在时和人称形态变化现象的表现形式和语音结构等方面完全相同。不过，助动词在句中只能充当协助完成主要动词所陈述的某一动作行为的角色。

说到一般动词的形态变化现象，以及其复杂多变的表现形式和语法概念，确实让人感到惊讶和茫然。而且，越细究，问题呈现得越复杂。动词类词形态变化体系中，属于最为系统、最为复杂、最为细腻的系统化的语法概念，以及变化多样的表现手段，几乎都涵括在一般动词的态、体、式、时、人称等语法范畴内。尤其是其中的式、时、人称三种形态变化现象显示出极强的复杂性、多变性、层级性、特殊性、系统性和完整性。所以，我们将一般动词的式、时、人称形态变化现象的研究，往往放在动词类词形态变化现象工程的第三层面来考虑。这样做，完全取决于它自身具有的复杂性和特殊性。如果我们不将它们单独剥离出来思考，或者进行分析和研究，会带来更多麻烦和困难。也就是说，在式这一层级上，就会涉及陈述式、祈求式、命令式、假定式形态变化语法范畴；在时这一层级上，现在时、现在将来时、将来时、过去时、过去进行时等，表示不同时间概念形态变化现象；在人称这一层级上，表现出的是包含有单数和复数，以及第一人称、第二人称、第三人称语法概念的形态变化现象。而且，所有这些语法概念，几乎均有约定俗成的表现形式和形态变化语法词缀。

如此复杂多变且精密严谨、层级鲜明的形态变化现象，确实给我们的研究注入了强大的刺激和活力，同时也带来了许多思考与问题。本书要论证的是，动词类词形态变化现象是属于它们的所有形式和内容，还是属于其中的一部分？是否还有一些形式和内容未被发现或论证，或者说还有一些更有价值的部分已经被丢失或遗忘？我们认为，作为还没有自己文字的、人口较少的民族使用的鄂温克语动词类词的形态变化现象，只是人类早期语言的一个缩影。也就是说，人类还没有创造文字之前，还没有使用教科书、辞书、工具书、电子工具书、电脑、海量数据库等之前，肯定有过凭借大脑记忆和库存，利用大脑错综复杂的思维规则及其系统，进行相互交流、相互沟通、相互陈述的一个特殊时代。在那个特殊时代里，人类的大脑、思维、语言、记忆被开发到一个极点或顶峰。后来，人类创造了许多大脑和思维的附属品（电脑）。其结果是人类的大脑开始不断退化，甚至达到离开电脑就无法正常使用的程度。这就像现代人所说的，离开了手机或电脑等大脑赖以生存的工具，就等于离开了自己的人脑，至少相当于大脑的一半没有带在身边。如满通古斯语族语言，其中的赫哲语和鄂伦春语口语由于严重濒危而将动词类词的形态变化现象丢失得所剩无几，由此他们的交流变得支离破碎，锡伯语也由于丢失或遗忘动词类词形态变化现象而即将步入濒危状态。只有鄂温克语有着强盛的生命力以及执着的使用者，至今完美地保存着人类早期极其丰富而系统的思维规则和表述形式等。而且，所有这些，在他们的动词类词的形态变化现象中，被保存得相当完美、整齐、系统。因此，我们认为，对于鄂温克语动词类词形态变化现象展开全面的学术分析和讨论，不仅对该语系、该语族、该语言动词类词形态变化现象的进一步挖掘整理、抢救保护有其特定的学术意义，同时，对于深入探讨人类早期大脑结构、思维规则、语言交流、表述形式等，均有极其深远的、历史的、未来的、特殊的学术价值。

说起鄂温克语动词类词形态变化现象研究，在过去的不同历史阶段、不同年代、不同时期有过不同程度的科研成果。特别是我国实行改革开放之后，伴随着经济社会的快速发展和崛起，哲学社会科学事业也步入了从未有过的繁荣发展的新时代，给哲学社会科学研究事业注入了强盛的活力和生命力。毫无疑问，这在很大程度上推动了我国民族语言文化研究工作。尤其应该提到的是，我国濒危语言文化抢救保护工程的实施，以及一系列重大工程项目的设立和专项经费的投入，为那些濒危或严重濒危语言文化的抢救保护工作，提供了千载难逢的好环境和优厚条件。这也是我们课题组能够实施“鄂温克族濒危语言文化抢救性研究”重大委托项目的原因所在。我们在启动并撰写本书之前，在《鄂温克语简志》《鄂温克语研究》《鄂温克语参考语法》等科研成果里，对鄂温克语展开过不同程度、不同层面的分析与研究。另外，也有不少对鄂温克语动词类词形态变化现象进行专题讨论的学术论文。不过，至今还未发现对鄂温克语动词类词形态变化现象进行全面、系统、完整研究的科研成果。从这个角度讲，本书是此领域的第一本研究著作。那些前期研究成果，为这一科研工作的完成奠定了极其重要的基础，提供了十分翔实而可靠的研究资料和理论依据。另外，作为该项课题的承担者和具体实施者，在过去的研究岁月里积累和搜集整理了相当数量、相当厚重、相当翔实、相当有学术价值的第一手资料，进而为该项研究的完成提供了时间、资料、质量等方面的保障。

本书按照态形态变化语法现象、体形态变化语法现象、陈述式形态变化语法现象、祈求式形态变化语法现象、命令式形态变化语法现象、假定式形态变化语法现象、形动词形态变化语法现象、副动词形态变化语法现象、助动词形态变化语法现象等章节思路，对鄂温克语动词类词形态变化现象逐一展开分析讨论。在具体分析时，使用有说服力而客观翔实的例句进行说明。而且，考虑到本书的资料价值，以及搜集整理和抢救保护工作特有的内涵、意义、使命，进一步强化了具体实例的准确性、代表性、客观性和实用性。特别是对那些曾经被忽略或一笔带过的形态变化现象，也做了实例说明和深入细致的阐述。在本书的附录部分，还附有“鄂温克语语音系统”、“鄂温克语动词词组结构”、“鄂温克语句子成分中的动词”等内容。

第一章
态形态变化现象

鄂温克语动词类词的形态变化现象中，有一套用来表示主体和客体间的不同语法关系的词缀系统。学术界将这套形态变化语法词缀称为动词类词态形态变化现象的表现形式。也就是说，态形态变化现象主要表示主体和客体间发生的不同关系、不同属性的动作行为。正因为如此，态形态变化现象表现出的语法概念，同句中主体和客体所处的位置有着极其重要的内在联系。从句子结构的角度来讲，作为动词类词的态形态变化现象，直接影响着句子主语、宾语、谓语间发生的不同角度的语法关系。所以，也可以把态形态变化现象看成表示句子主语和宾语间建立各种语法关系的一种重要手段，进而科学阐述主语和宾语间建立不同关系的动作行为。我们掌握的研究资料表明，该语言的动词类词中出现的态形态变化现象，根据其语法功能和作用可以分为主动态、被动态、使动态、互动态、共动态五种。其中，除了主动态用动词类词的词根或词干形式表示之外，被动态、使动态、互动态、共动态均有约定俗成的形态变化语法词缀。而且，有的形态变化语法词缀还有语音和谐现象，以及词缀首辅音的交替现象。

另外，我们的分析研究还表明，态形态变化现象不能作为动词类词的结尾形式使用。换言之，态形态变化语法词缀，虽然能够直接接缀于动词词根或词干后面，但它不能当作动词结束形用于句子，而是在接缀有态形态变化语法词缀的动词类词后面，再接缀式形态变化语法词缀之后下才能够用于句子之中。从这个意义上讲，我们也可以将态形态变化语法词缀定义为非结尾形语法词缀或不具备结尾功能的形态变化现象。比如，把“我让去的!”这一简单句，用鄂温克语说的话，应该是 bi ninihəŋ-ʧʉ 而不能说成是 bi ninihəŋ 或 bi nini-həŋ-ʧʉ 等。该简单句中的 bi 是第一人称代词“我”，nini- 是动词词根“去”，-həŋ 属于使动态形态变化语法词缀，-ʧʉ 是表示动词陈述式过去时单数第一人称形态变化语法词缀。该简单句，如果在接缀有使动态形态变化语法词缀的动词 ninihəŋ- 后面，不连缀动词陈述式过去时单数第一人称形态变化语法词缀 -ʧʉ 的话，就不能够以 ninihəŋ- 这一动词使动态形态变化结构形式用于句子，也就不能够完美地表示“让去”这一语法概念。毫无疑问，bi ninihəŋ- 里的 ninihəŋ-“让去”本身不能作为“去”这一动作行为的结尾形或终止形，只有在它后面连缀式形态变化语法词缀 -ʧʉ 的前提下，才能构成 ninihəŋʧʉ 这一具有动词类词结尾形式，并能够用于句子，表示使动态形态变化语法概念的产物。

以下我们以实际句子为例，对鄂温克语动词类词态形态范畴中的主动态、被动态、使动态、互动态和共动态的形态变化结构特征、使用关系、语法功能等逐一展开全面、细致、翔实、系统的分析研究。

第一节　主动态

根据我们掌握的第一手资料，鄂温克语动词的态形态变化范畴里，主动态形态变化现象没有专属语法词缀，要以动词词根或词干形式表现。但是，就像前面所说，在包含有主动态形态变化语法概念的动词词根或词干后面，如果不接缀式形态变化语法词缀，该动词词根或词干也不可能使用于句子，当然也就没有机会表示动词主动态的形态变化语法概念。也就是说，动词主动态形态变化现象的语法概念，要依托于动词词根或词干后面接缀的式形态变化语法词缀，进而有效地发挥其特有的语法功能和作用。我们也发现，从态形态变化现象的表现形式，以及个性化的具体结构特征来看，在动词词根或词干后面没有接缀被动态、使动态、互动态、共动态等的形态变化语法词缀，要以零形态变化语法词缀出现，那么该动词词根或词干借助式形态变化语法词缀，表示的应该是主动态形态变化现象的语法概念。此外，主动态在句子里主要阐述句子主体施事的动作行为。很有意思的是，主动态结构类型语句内，往往要由接缀确定宾格、不确定宾格、反身宾格等的形态变化语法词缀的名词类词充当动作行为的受事者。例如，

ərʉ　bəj　mini-wə　mooʤi　monda-O[1]-sa.
坏　人　我　把　木棍用　打　了
坏人用木棍打了我。

tari　moriŋ　hadaalni　ʉʃii-jɵ　pol　taaŋ-O-ʧa.
那　马　马嚼子　缰绳 把 断　拉　了
那匹马把马嚼子的缰绳拉断了。

unaaʤ　nəhʉŋbi　awaŋkaʤi　taŋgur-wi　awa-O-raŋ.
女　弟弟　抹布用　碗把自己的 擦　她
我妹妹用抹布擦她自己的碗。

在这里，首先应该指出的是，上述三个例句句末出现的动词词根 monda-“打”、taaŋ-“拉”、awa-“擦”后面出现的 -O 符号表示形态变化现象的零词缀。另外，从这三个例句可以看出，名词 bəj“人”、moriŋ“马”、unaaʤ nəhʉŋbi“妹妹”均属于句末动词陈述的动作行为的施事者，也就是动作行为的主体。那么，动词词根 monda-、taaŋ-、awa- 的主动态形态变化语法概念完全是借助其零词缀后面分别连缀的陈述式过去时单数第三人称形态变化语法词缀 -sa 与 -ʧa，以及动词陈述式现在将来时单数第三人称形态变化语法词缀 -raŋ 衬托了出来，进而明确阐述了句子主体施事的动作行为。然而，作为句子客体的 miniwə（mini-wə）“把我”、ʉʃiijɵ（ʉʃii-jɵ）“把缰绳什么的”、taŋgurwi（taŋgur-wi）“把自己的碗”等，是在单数第一人称代词 mini“我”及名词 ʉʃii“绳子”、taŋgur“碗”后面，接缀了确定宾格形态变化语法词缀 -wə、不定宾格形态变化语法词缀 -jɵ、反身宾格形态变化语法词缀 -wi 等而构成的实例。

我们在资料中还发现了在充当动词主动态形态变化现象的零词缀后面，连缀祈求式、命令式、假定式形态变化语法词缀的情况。例如，

① -O 表示形态变化零词缀。

（1）主动态形态变化现象的零词缀后面，连缀祈求式形态变化语法词缀的情况

bi tari əru moo-wo pol taaŋ-O-gare.
我 那 这 树 把 断 拉 吧
请允许我把这棵树连根拔掉吧。

（2）主动态形态变化现象的零词缀后面，连缀命令式形态变化语法词缀的情况

ʃi tari əru moo-wo pol taaŋ-O-k!
你 那 破 树 把 断 拉 吧
你把那棵破树连根拔掉！

（3）主动态形态变化现象的零词缀后面，连缀假定式形态变化语法词缀的情况

nugaŋ tari əru moo-wo pol taaŋ-O-kkni?
他 那 破 树 把 断 拉 吧
如果他把那棵破树连根拔掉的话怎么办？

这三个例句中，属于主动态零词缀形态变化结构类型的动词词根 taaŋ-（taaŋ-O-）“拉”，在连缀的祈求式单数第一人称形态变化语法词缀 -gare、命令式单数第二人称形态变化语法词缀 -k、假定式单数第一人称形态变化语法词缀 -kkni 的积极协助下，明确陈述了句子主体 bi “我”、ʃi “你” nugaŋ “他” 等施事的动作行为。与此同时，作为句子客体的 moowo（moo-wo）“把树” 的名词 moo “树” 后面，接缀了确定宾格形态变化语法词缀 -wo，进而更好地体现出了主动态形态变化现象所含的语法概念。

第二节 被动态

动词态形态变化现象有被动态，被动态主要表示某一被动性质的动作行为。而且，动作行为的主体一般都要接缀与格形态变化语法词缀，同时多数情况下要充当句子补语。另外，动作行为的客体基本上都属于主格形态变化结构类型。在鄂温克语里，被动态形态变化现象有约定俗成的表现形式。我们的研究表明，人们用形态变化语法词缀 -wu、-wʉ 来表示被动态形态变化现象之语法概念。由于被动态形态变化语法词缀有元音和谐现象，所以要严格按照二元一体元音和谐原理，将其中的 -wu 用于以阳性元音为主构成的动词词根或词干后面，-wʉ 则用于以阴性元音或中性元音为主构成的动词词根或词干后面。例如，

əri moriŋ ʃini ahiŋdu ugu-wu-so.
这 马 你的 哥哥与 骑 被 了
这匹马被你哥哥骑了。

mʃini ʉkkəhəŋ tari bəjdʉ dʉttʉ-wʉ-ʤirəŋ.
你的 儿子 那 人给 殴打 被 正在
你儿子正在被那个人殴打呢。

上述两个句子中，被动态形态变化语法词缀 -wu 与 -wʉ，分别接缀于动词词根 ugu-“骑”、dʉttʉ-“殴打”后面，从而构成了包含有被动态形态变化语法概念的动词词干 uguwu-（ugu-wu-）“被骑”、dʉttʉwʉ-（dʉttʉ-wʉ-）“被殴打”。不过，由于态形态变化语法词缀不能充当动词结尾形式，所以在接缀有被动态形态变化语法词缀的动词词干 uguwu- 和 dʉttʉwʉ- 后面，还分别连缀了动词陈述式过去时单数第三人称形态变化语法词缀 -so，以及现在时单数第三人称形态变化语法词缀 -ʤirəŋ。这才构成能够用于句子，并能表示被动态形态变化语法概念的动词 uguwuso“被骑了”、dʉttʉwʉʤirəŋ“正在被殴打着”等。与此同时，作为这两个被动

词所陈述的动作行为之主体名词 ahiŋ“哥哥”和 bəj“人”，也都按照使用规则接缀了与格形态变化语法词缀 -du 及 -dʉ。另外，充当被动词 uguwuso 与 dʉttʉwʉʤirəŋ 的客体之名词 moriŋ“马”、ʉkkəhəŋ“儿子”属于主格形态变化结构类型。毫无疑问，被动态形态变化语法词缀 -wu 与 -wʉ，除了在以阳性元音 u 与阴性元音 ʉ 为主构成的动词词根或词干后面使用之外，在由其他阳性元音或阴性元音构成的动词词根或词干后面同样可以接缀。但是，必须严格遵循元音和谐原理来使用。例如，

anawuraŋ（ana- 推 -wu 被 -raŋ 陈述式现在将来时单数第三人称形态变化语法词缀）“被推”

ommowuroŋ（ommo- 遗忘 -wu 被 -roŋ 陈述式现在将来时单数第三人称形态变化语法词缀）“被遗忘”

əddəwʉrəŋ（əddə- 弄坏 -wʉ 被 -rəŋ 陈述式现在将来时单数第三人称形态变化语法词缀）“被弄坏”

ɵlɵɵhɵʃiwʉrɵŋ（ɵlɵɵhɵʃi- 欺骗 -wʉ 被 -rɵŋ 陈述式现在将来时单数第三人称形态变化语法词缀）“被欺骗”

iʃiwʉrɵŋ（iʃi- 看 -wʉ 被 -rɵŋ 陈述式现在将来时单数第三人称形态变化语法词缀）“被看见”

我们掌握的口语资料还显示，以上列举的接缀有被动态形态变化语法词缀 uguwuso“被骑了”、dʉttʉwʉʤirɵŋ“被殴打”、anawuraŋ“被推”、ommowuroŋ“被遗忘”、əddəwʉrəŋ“被弄坏”、ɵlɵɵhɵʃiwʉrɵŋ“被欺骗”、iʃiwʉrɵŋ“被看见”等，还经常被发作 uguuso、dʉttʉʉʤirɵŋ、anuuraŋ、ommuuroŋ、əddʉʉrəŋ、ɵlɵɵhɵʃʉʉrɵŋ、iʃʉʉrɵŋ 等。也就是说，一些口语里把这些动词词中的语音形式 uwu、ʉwʉ、awu、owu、əwʉ、iwʉ、iwʉ 均发成长元音 uu 与 ʉʉ。而且，这一发音形式有一定代表性，特别是在年轻人的母语交流中，这种长元音化的发音形式出现的概率比较高。

除了以上分析讨论的实例之外，在接缀有被动态形态变化语法词缀的动词之前，有时还出现接缀从格形态变化语法词缀 -dihi 的名词类词。例如，

ttajja　bəj　gəbbəwi　ajiʤi　əʃiŋ　oor　toʃaal-dihi　əwə-wʉ-rəŋ.
那　人　工作　好好　不　干　职务 从　免职 被 现在将来
那个人不好好工作（现在或将来）就会被罢免职务。

ninihin　ʤʉʉ-dihi　asa-wu-ʧʧi　jʉʉsə.
狗　屋 从　赶 被 了　出了
狗从屋子里被赶了出来。

这两个例句中，接缀有被动态形态变化语法词缀 -wʉ 及 -wu 的动词词干 əwəwʉ-（əwə-wʉ-）“被免职”、asawu-（asa-wu-）“被赶”后，还分别连缀了陈述式现在将来时形态变化语法词缀动词 -rəŋ，以及动词完成体形态变化语法词缀 -ʧʧi。与此同时，句中动词 əwəwʉrəŋ “被免职”与 asawuʧʧi “被赶了”之前出现的名词 toʃaal “职务”和 ʤʉʉ “屋子”后面，均接缀了从格形态变化语法词缀 -dihi。尽管如此，该语言里接缀有被动态形态变化语法词缀的动词，在与格形态变化结构类型的名词类词后面使用的实例还是占绝大多数。再说，就如被动态动词词干 asawu- 后面连缀动词完成体形态变化语法词缀 -ʧʧi 一样，接缀有被动态形态变化语法词缀的动词词干，连缀动词态形态变化语法词缀的情况确实有不少。比如，asawutaal（asa- 追 -wu 被-taal 延续体形态变化语法词缀）“延续被追”、asawumal（asa- 追 -wu 被 -mal多次体形态变化语法词缀）“多次被追”、asawuguuʧ（asa- 追 -wu 被 -guuʧ反复体形态变化语法词缀）“反复被追”等。不过，由体形态变化语法词缀结尾的被动态结构类型的动词，往往出现于句中名词类词前面或句末助动词之前。

第三节　使动态

根据调研资料显示，鄂温克语动词使动态形态变化现象的表现形式比较复杂，它不仅有元音和谐现象，同时也有词缀辅音交替性变化特征。具体讲，他们用 -haŋ、-həŋ、-hoŋ、-hɵŋ 以及 -kaŋ、-kəŋ、-koŋ、-kɵŋ 两套四元一体的形态变化语法词缀来表示使动态的语法概念。正因为有元音和谐和辅音交替现象，所以使用时一定要严格遵循元音和谐原理，以及词缀首辅音的交替规则。经过分析我们认为，出现动词使动态结构类型的句子里，动作行为的主体是指使动作的人或物，往往由主格形态变化现象的主语来承担。而且，句中的动作行为的客体是施事具体动作行为的人或物，且由接缀确定宾格、不确定宾格、反身宾格形态变化语法词缀的名词类词充当。此外，鄂温克语动词使动态形态变化现象，在句中表现出的语法概念常常要用“使”、“让”等汉字来表述。

1. **使动态形态变化语法词缀 -haŋ 与 -kaŋ 的使用关系**

按照元音和谐原理，以阳性元音 a 为主构成的动词使动态形态变化语法词缀 -haŋ 与 -kaŋ，要接缀于以阳性短元音 a 或长元音 aa 为核心构成的动词词根或词干后面。另外，还要遵循词缀首辅音交替规则，以辅音 h 为首的态形态变化语法词缀 -haŋ 接缀于以元音结尾的或除鼻辅音及送气音之外的辅音结尾的动词词根或词干，而由 k 开头的态形态变化语法词缀 -kaŋ 则要接缀于以鼻辅音或送气音结尾的动词词根或词干。例如，

ahiŋbi nəhʉŋbə moriŋ ugum tati-haŋ-ʤiraŋ.
哥哥我 弟弟 把 马 骑 学 让 正在
我哥哥让弟弟学会了骑马。

mini əhiŋbi hɵɵmɵwi awal-haŋ-ʧa.
我的 姐姐 饭 缺少 使 了
我姐姐让饭少了。（我姐姐自己把饭弄少了。）

tajja mənəəŋ ʉnənti bəjwə baaŋ-kaŋ-naŋ.
那 家伙 实在 人 把 腻烦 使 现在将来
那家伙实在让人腻烦。

很显然，在上例第一句和第二句中，使动态形态变化语法词缀 -haŋ，分别接缀于以阳性短上例元音 a 为核心构成的，同时由元音 i 和辅音 l 结尾的

动词词根 tati-“学”、awal-“缺少”后面，并借助连缀的动词陈述式现在时单数第三人称形态变化语法词缀 -ʤiraŋ，以及过去时单数第三人称形态变化语法词缀 -ʧa，明确阐述了其使动态语法概念。在第三句中，使动态形态变化语法词缀 -kaŋ，接缀于由阳性长元音 aa 构成的，同时由鼻辅音 ŋ 结尾的动词词根 baaŋ-“腻烦”后面，且充分利用连缀陈述式现在将来时单数第三人称形态变化语法词缀 -naŋ，阐明了其使动态语法概念。另外，这三个句子中作为动作行为的客体 nəhʉŋbə（nəhʉŋ-bə）“把弟弟”、hɵɵmɵwi（hɵɵmɵ-wi）“自己把饭”、bəjwə（bəj-wə）“把人”均属于接缀有确定宾格形态变化语法词缀 -bə 与 -wə，以及反身宾格形态变化语法词缀 -wi 的名词类词。

2. 使动态形态变化语法词缀 -hoŋ 与 -koŋ 的使用关系

以短元音 o 为中心构成的使动态形态变化语法词缀 -hoŋ 和 -koŋ，要接缀于以阳性短元音 o、u 以及长元音 oo、uu 为主构成的动词词根或词干后面，进而表示使动态形态变化现象的语法概念。另外，还依据词缀首辅音交替规则，将其中的 -hoŋ 接缀于由元音结尾的或除鼻辅音和送气音之外的辅音结尾的动词词根或词干，-koŋ 则用于由鼻辅音或送气音结尾的动词词根或词干。例如，

əhiŋbi　ʉrʉlwi　mʉʉ　oloo-hoŋ-noŋ.
姐姐　孩子　水　蹚水使 现在将来
姐姐让孩子（现在或将来）蹚水。

mandi　moriŋni　hadalwa　moriŋni　ammadihi　moltog-hoŋ-ʧo.
曼迪　马的　嚼子把　马 的　嘴　从　脱落　使 了
曼迪使马嚼子从马嘴上脱了下来。

taʧʧil　amigu　gʉrʉŋ　ooʧʧi　ʤʉligʉ　gʉrʉŋbʉ　guʧuhut-hoŋ-ʤiroŋ.
他们　北　国　和　南　国　结盟　使　正在
他们使北方和南方正在建立结盟关系。

nəhʉŋbi ʃiikkaŋja moo oroondo dooŋ-koŋ-ʧo.
弟弟 我 小鸟把 树 上 飞落 使 了
我弟弟使小鸟等飞落在树上。

以上四个例句中，使动态形态变化语法词缀 -hoŋ 和 -koŋ，严格遵循元音和谐原理及词缀首辅音交替规则，先后接缀于动词词根 oloo-“蹚水”和 dooŋ-“飞落”，以及动词词干 moltog-“脱落”、guʧuhut-“结盟”等后面，从而构成包含有使动态形态变化现象的动词词干 oloohoŋ-（oloo-hoŋ-）“使蹚水”、dooŋkoŋ-（dooŋ-koŋ-）“使飞落”、moltoghoŋ-（moltog-hoŋ-）“使脱落”、guʧuhuthoŋ-（guʧuhut-hoŋ-）“使结盟”等。而且，借助连缀动词陈述式现在时、现在将来时、过去时形态变化语法词缀 -noŋ、-ʤiroŋ、-ʧo 阐述了其态形态变化现象之语法概念。那么，充当句子客体的名词类词 ʉrʉl“孩子”、hadal“马嚼子”、gʉrʉŋ“国”、ʃiikkaŋ“小鸟”等，均分别接缀了反身宾格形态变化语法词缀 -wi、确定宾格形态变化语法词缀 -wa 与 -bʉ 以及不确定宾格形态变化语法词缀 -ja 等。

3. 使动态形态变化语法词缀 -həŋ 与 -kəŋ 的使用关系

以短元音 ə 为主构成的使动态形态变化语法词缀 -həŋ 及 -kəŋ，也是按照元音和谐原理及词缀首辅音交替规则，用于由阴性短元音 ə 、长元音 əə 以及中性元音构成的动词词根或词干后面。同时，还要依据词缀首辅音交替规则，将 -həŋ 接缀于由元音或除鼻辅音及送气音之外的辅音结尾的动词词根或词干，-kəŋ 则要接缀于由鼻辅音或送气音结尾的动词词根或词干。例如，

dooni mʉʉ nəəhəwə səttəg-həŋ-ʧə
河 水 河堤把 裂开 使 了
河水使河堤出了裂口。

talar əmməwi bəəʤiŋ hotoŋdu nini-həŋ-nəŋ.
他们 母亲把自己 北京 城 与 去 使 她
他们使自己的母亲去北京城。

əri　ərʉ　mənəəŋ　dattaŋ　bəjwə　məgdəŋ-kəŋ-nəŋ.
这个 坏　家伙　　经常　人 把　上当　使 现在将来
这个坏家伙（现在将来）经常使人上当受骗。

可以看出，在第一句和第二句中，使动态形态变化语法词缀 -həŋ 先后接缀于以阴性短元音 ə 为核心的动词词根 səttəg-“裂开”，以及以中性元音为主的动词词根 nini-“去”，从而构成具有使动态形态变化结构特征的动词词干 səttəghəŋ-（səttəg-həŋ-）“使裂开”、ninihəŋ-（nini-həŋ-）“使去”。在第三句中，出现于以阴性短元音 ə 为主构成的动词词根 məgdəŋ-“上当”后面的使动态形态变化语法词缀 -kəŋ，同样派生出了 məgdəŋkəŋ-（məgdəŋ-kəŋ-）“使上当”这一包含有使动态形态变化语法概念的动词词干。从辅音交替规则的角度来分析，动词词根 səttəg- 和 nini- 是由除鼻辅音和送气音之外的辅音 g 及短元音 i 收尾的实例，所以具备了由 h 开头的形态变化语法词缀 -həŋ 的使用条件。动词词根 məgdəŋ- 是以鼻辅音-ŋ 收尾的产物，因此接缀了以 k 为首的使动态形态变化语法词缀 -kəŋ。还有，接缀有使动态形态变化语法词缀 -həŋ 或 -kəŋ 的动词词干 səttəghəŋ-、ninihəŋ-、məgdəŋkəŋ-不能够充当动词结束形，所以它们充分利用后续的动词陈述式过去时形态变化语法词缀 -ʧə，以及现在将来时形态变化语法词缀 -nəŋ，明确表示了使动态形态变化现象的语法概念。另外，作为动作行为客体的名词类词 nəəhəwə（nəəhə-wə）“把河堤”、əmməwi（əmmə-wi）“把自己母亲”、bəjwə（bəj-wə）“把人”，均属于接缀有确定宾格形态变化语法词缀 -wə，以及反身宾格形态变化语法词缀 -wi 的实例。

4. 使动态形态变化语法词缀 -heŋ 与 -keŋ 的使用关系

研究表明，以阴性短元音 ɵ 或长元音 ɵɵ 为主构成的态形态变化语法词缀 -hɵŋ 和 -kɵŋ。首先，依据元音和谐原理，接缀于以阴性短元音 ɵ 和 ʉ，以及长元音 ɵɵ 与 ʉʉ 为核心构成的动词词根或词干后面；其次，遵循词缀首辅音交替规则，-hɵŋ 接缀于由元音或除鼻辅音及送气音以外的结尾的动词词根或词干，-kɵŋ 接缀于由鼻辅音及送气音结尾的动词词根或词干。例如，

nugaŋ muniwə tari ulurdihi əntət-həŋ-ʧə.
他 我们 那 人们 区别 使 了
他使我们和那些人区别开来。

sʉ ʉhʉrjʉ hurigaŋ doolodihi jʉʉgʉ-həŋ-kəldəne.
你们 牛 把 圈 里 从 赶出 使 吧你们
请你们把牛什么的从棚圈里赶出来。

tʉʉggʉ ʉhʉrni hurigaŋdu iitəŋ ʉhʉrwʉ məərəŋ-kəŋ-ʤirəŋ.
狼 牛 圈 进 牛 叫 使 正在
狼跑进牛圈使牛叫。

ʤim ulʉsə ʉldʉwə ʃigʉŋdʉ nəəʧʧi ʉʉm-kəŋ-ʧə
吃 剩的 肉 阳光下 放 完 发臭 使 了
把吃剩的肉放在阳光下弄臭了。

这四个例句中，使动态形态变化语法词缀 -həŋ 和 -kəŋ，按照元音和谐原理和词缀首辅音交替规则，先后接缀于动词词干 əntət-“区别”、jʉʉgʉ-“赶出”、məərəŋ-“牛叫”、ʉʉm-“发臭”，构成 əntəthəŋ-（əntət-həŋ-）“使区别”、jʉʉgʉhəŋ-（jʉʉgʉ-həŋ-）“使赶出”、məərəŋkəŋ-（məərəŋ-kəŋ-）“使牛叫”、ʉʉmkəŋ-（ʉʉm-kəŋ-）“使发臭”等包含有使动态形态变化现象的动词词干。它们的语法概念是借助连缀的动词陈述式过去时形态变化语法词缀 -ʧə、祈求式复数第二人称形态变化语法词缀 -kəldəne、陈述式现在时单数第三人称形态变化现象 -ʤirəŋ 等衬托了出来。

总之，由两套四元一体的形态变化语法词缀 -haŋ、-həŋ、-hoŋ、-həŋ 与 -kaŋ、-kəŋ、-koŋ、-kəŋ 组合而成的使动态表现形式，遵循元音和谐原理和词缀首辅音交替规则，使用于动词词根或词干后面，并借助连缀的式形态变化语法词缀表示其态形态变化现象之语法概念。而且，使动态形态变化现象，在该语言里有着相当高的使用率。不过，比较而言，-haŋ、-həŋ、-hoŋ、-hɵŋ 的使用率要高于 -kaŋ、-kəŋ、-koŋ、-kɵŋ。与此同时，我们在调研时还发现，人们为了强化使动态形态变化现象的语法概念，在动词词根或词干后面重复形式使用使动态形态变化语法词缀之现象。比如，强化 anahaŋ-（ana-haŋ-）“使推”、əwəhəŋ-（əwə-həŋ-）“使下来”、dooŋkoŋ-（dooŋ-koŋ-）“使飞落”等使动态形态变化语法概念时，就会说成 anahaŋkaŋ-（ana-haŋ-kaŋ-）、əwəhəŋkəŋ-（əwə-həŋ-kəŋ-）、dooŋkoŋkoŋ-（dooŋ-koŋ-koŋ-）等。很显然，在每一个接缀有使动态形态变化语法词缀的动词词干后面，又连缀了使动态形态变化语法词缀。我们可以看出，因前缀使动态形态变化语法词缀都由鼻辅音 ŋ 结尾，所以连缀的使动态形态变化语法词缀均属由辅音 k 开头的产物。

第四节　互动态

资料显示，鄂温克语动词的互动态，主要表示互动性质的动作行为。所以，使用互动态结构类型的动词句里，动作行为所涉及的对象往往是一个以上的人或物。而且，基本上以主格形态变化现象出现，并用造格形态变化结构特征的补语充当客体。在该语言里，用形态变化语法词缀 -ldi 表示互动态形态变化语法概念。例如，

bi bəəʤiŋdʉ　niniʧʧi　talarʤi　taa-ldi-su.
我　北京　去完　他们与　认识互了
我去北京后才认识了他们。

tari　moriŋbo　bi　honnoriŋ　moriŋʤi　ʤʉmʃi-ldi-me.
那　马把　我　黑　马　换　互我
我要用那匹马跟黑骏马换。

由于动词互动态形态变化语法词缀 -ldi 没有元音和谐现象，所以在使用方面不会受到相关规定的约束，可以用于由任何元音构成的动词词根或词干

后面。比如说，在上面的两个句子里，在动词词根 taa-“认识”、ʤʉmʃi-“换”后面，首先都接缀了互动态形态变化语法词缀 -ldi，然后分别连缀陈述式过去时单数第三人称形态变化语法词缀 -su，陈述式现在将来时单数第一人称形态变化语法词缀 -me，从而构成了表示“我和他们”、“我用那匹马”等两个或两个以上人之间产生的“相互认识”、“相互交换”等互动态形态变化语法概念的动词 taaldisu、ʤʉmʃildime。主格形态变化结构类型的单数第一人称代词 bi“我”充当了句子的主体，以接缀有造格形态变化语法词缀 -ʤi 的名词类词 talarʤi（talar-ʤi）“与他们”、bəjʤi（bəj-ʤi）“与人们”充当了句子客体。

不过，在我们掌握的口语资料里，也有用 -maʃi、-məʃi、-moʃi、-mɵʃi 等有元音和谐现象的形态变化语法词缀，表示动词互动态语法概念的情况。因为这套四元一体的形态变化语法词缀有元音和谐现象，所以同样按照其使用原理来接缀于由不同元音为主构成的动词词根或词干后面。例如，

əri bajtawa talar bəj bəjdʉwəl ana-maʃi-ʤiraŋ.
这 事 他们 身上 身上 推 相互 在
这件事他们相互往身上推。

ʉrʉlsʉl məəŋ məŋni ahiŋ nəhʉŋbəl gələə-məʃi-rəŋ.
孩子们 自己 自己的 兄 弟 找 相互 现在将来
孩子们（现在将来）相互找各自的朋友。

tajja adi bəj tokko-moʃi-ʤiroŋ.
那 几 人 打闹 相互 正在
那几个人在相互打闹。

alaar boh ooʧʧi honnoriŋ boh udir aaʃiŋ mʉggʉ-mɵʃi-rɵŋ.
花 牤牛 和 黑 牤牛 停 无 顶 相互 现在将来
花牤牛和黑牤牛不停地相互用角顶。

不难看出，上述四个例句中，四元一体的互动态形态变化语法词缀 -maʃi、-məʃi、-moʃi、-mɵʃi，按照元音和谐原理先后接缀于 ana- “推”、gələə- “找”、tokko- “打闹”、mʉggʉ- “顶”，从而构成 anamaʃi-（ana-maʃi-）“相互推”、gələəməʃi-（gələə-məʃi-）“相互找”、tokkomoʃi-（tokko-moʃi-）“相互打闹”、mʉggʉmɵʃi-（mʉggʉ-mɵʃi-）“相互顶”等具有互动态形态变化现象的动词词干。并且，充分利用连缀的动词陈述式现在时形态变化语法词缀 -ʤiraŋ 与 -ʤiroŋ，以及现在将来时形态变化语法词缀 -rəŋ 和 -rɵŋ，进而明确表达了互动态形态变化现象的语法概念。还有，与互动态形态变化语法词缀 -ldi 的使用关系有所不同的是，使用四元一体互动态形态变化语法词缀的句子内，充当动作行为客体的名词类词一般都以主格形态变化现象，或者是以接缀领格形态变化语法词缀之形式出现。不论怎么说，互动态形态变化现象的表现形式中，除了 -ldi 之外还有 -maʃi、-məʃi、-moʃi、-mɵʃi 等。不过，比较而言，-ldi 的使用率要比 -maʃi、-məʃi、-moʃi、-mɵʃi 的使用率高。

第五节　共动态

我们在对于鄂温克语动词态形态变化现象的调研中，还发现该语言有共动态形态变化现象。顾名思义，动词共动态就是表示在同一个时间段，共同实施的某一动作行为。并且，用形态变化语法词缀 -tte 来表示其语法概念。共动态也和互动态形态变化现象相同，其动作行为的主体不是一个，而是两个或两个以上的人或物。此外，句子主体一般以主格形态变化现象出现，句子客体主要以接缀造格 -ʤi 或共同格形态变化语法词缀 -te 等的结构形式出现。例如，

əri inig bʉ sʉniʤi əmʉrəttə moo ʤʉʉwʉ ʤawa-tte-muŋ.
这 天 我们 你们 用 一起 木头 屋 把 搭建 共同 我们
今天我们和你们共同搭建木屋。

taʧʧil honiŋ ʉhʉrte hokko ʉrdʉ jʉʉ-tte-rɵŋ.
他们 羊 牛共同 都 山在 上 共同他们
他们和牛羊一起都上山。

因为共动态形态变化语法词缀同样不具有元音和谐内涵，因此使用方面不受元音和谐规律的制约和影响，可以自由使用于任何动词词根或词干后面。以上第一句子中，接缀有共同格形态变化语法词缀 -tte 的动词 ʤawatte- “共同搭建”，连缀了陈述式现在将来时复数第一人称形态变化语法词缀 -muŋ。在第二句的接缀共同格形态变化语法词缀 -tte 的动词 jʉʉtte- “一起上山”，也连缀了陈述式现在将来时复数第三人称形态变化语法词缀 -rɵŋ。在此基础上，构成了具有共同态形态变化结构类型的动词 ʤawattemuŋ、jʉʉtterɵŋ。另外，分别在句中和句首出现的主格形态变化结构类型的复数人称代词 bʉ “我们” 与 taʧʧil “他们” 均属于句子主体。与此同时，接缀有造格及共同格形态变化语法词缀 -ʤi 和 -te 的名词类词 sʉniʤi（sʉni-ʤi）、honiŋ ʉhʉrte（honiŋ ʉhʉr-tte）充当了句子客体。

除此之外，我们的调研资料还显示，现代鄂温克语口语里有将共同格形态变化语法词缀 -tte 发作 -t 的现象。比如，有人会把上述两句中出现的共同态形态变化结构类型的动词 ʤawattemuŋ、jʉʉtterɵŋ，发音成 ʤawatmuŋ（ʤawa-t-muŋ）、jʉʉtrɵŋ（jʉʉ-t-rɵŋ）等。而且，这种发音形式越来越多。特别是在中青年鄂温克人的口语里，几乎都把 -tte 发音成 -t 音。与此相反，在老年人的口语中，还是把共同格形态变化语法词缀发成 -tte 音的人占绝大多数。另外，在这里还有必要提到的是，使用共同格形态变化语法词缀的句子里，像确定代词 hokko “都”、sʉttʉ ~ sʉt “全”，范围副词 əmʉrəttə “一起”，以及复数人称代词等的出现率相当高。比如，在上面的第一句内出现了范围副词 əmʉrəttə “一起”，第二句里使用了 hokko “都” 这一确定代词。在第一句和第二句中，也都出现了复数第一人称代词 bʉ “我们”，以及复数第三人称代词 taʧʧil “他们” 等。

综上所述，鄂温克语动词类词的态形态变化系统中，包括主动态、被动态、使动态、互动态、共动态五种表现形式和内容。其中，除了主动态由动词词根或词干形式表现之外，像被动态、使动态、互动态、共动态等均有约定俗成的表现形式，或者说特定形态变化语法词缀。特别是，被动态和使动态的形态变化语法词缀还有元音和谐现象，并按二元一体及四元一体的元音和谐原理构成，而互动态及共动态形态变化语法词缀不具有元音和谐现象，所以使用起来比较自由，不受元音和谐原理的限制和影响，可以用于任何动词词根或词干后面。此外，由于动词类词的态形态变化语法词缀不能充当动词结束形，所以在它后面还要连缀式形态变化现象等的语法词缀，这样该动词才能够作为句子成分用于句子，同时也能够借助后续形态变化语法词缀表达态形态变化现象的语法概念。还有，接缀有态形态变化语法词缀的动词，按照规范化的使用原理，基本上都出现于句子末尾。

另外，很有意思的是，态形态变化语法词缀还可以以连缀形式出现。也就是说，依据说话者的需要，或者说语言交流的需要，在某一个动词词根或词干后面连续接缀两个不同态形态变化语法词缀。比如，ʤawa-wu-haŋ-ʤiraŋ“正在使被抓”这一动词里，ʤawa- 是表示“抓”之意的动词词根，-wu 属被动态形态变化语法词缀，-haŋ 为使动态形态变化语法词缀，-ʤiraŋ 是陈述式现在时单数第一人称形态变化语法词缀。毫无疑问，该动词词根后面连缀了被动态和使动态形态变化语法词缀。又如，ʤawa-ldi-haŋ-ʤiraŋ“正在使相互抓”（正在让他们摔跤）中，也是连缀性地使用了互动态形态变化语法词缀 -ldi 与使动态形态变化语法词缀 -haŋ。在该语言里，动词词根或词干后面以连缀形式使用态形态变化语法词缀的情况确实有不少。

第二章
体形态变化现象

我们对动词类词复杂多变的形态变化现象进行分析时，发现鄂温克语内有专门表述动作行为之不同性质、不同特征、不同频率、不同数量、不同表现形式和内容的语法词缀系统。按照动词类词形态变化现象的结构特征或类型化分区，可以将这部分形态变化现象归类为体形态变化范畴，并从体形态变化现象的角度进行系统阐述。那么，在体形态变化现象内部，所包含的语法内容也相当丰富，其表现形式也比较复杂。而且，其内部有完成体、进行体、未进行体、执行体、延续体、多次体、一次体、反复体、固定体、中断体、愿望体、未完成体、假装体、试动体十四种分类。这些体形态变化现象虽然均有特定语法词缀，但在句中使用时却存在一些区别性特征。最有代表性的区别在于，一些体形态变化语法词缀可以充当动词的结束形或终止形，有的却不能够作为动词的结束形用于动词词根或词干后面。不过，就是充当动词结束形的体形态变化语法词缀，也要靠后面的助动词来完整地表述其语法概念。而不能作动词结束形的体形态变化语法词缀，则要借助其后面连缀的式形态变化语法词缀等来表达它们的语法概念。另外，作为体形态变化现象的语法词缀，同样表现出相当的复杂性。因为，它们中有的是由单一形态变化语法词缀来表现，有的是以二元一体的元音和谐结构特征构成，有的具有四元一体元音和谐现象，还有的既有元音和谐结构性特征也有辅音交替现象等。总的来说，动词体形态变化现象及其表现形式都比较复杂。尽管如此，它们都有十分严谨而约定俗成的使用原理、使用要求和使用条件。以下，我们以田野调查资料为据，逐一分析和阐述动词体形态变化现象的使用关系，以及语法功能和作用。

第一节　完成体

鄂温克语动词体形态语法范畴内，完成体形态变化现象要用语法词缀 -ʧʧi 来表示。顾名思义，完成体阐述的是已经完成或终结的某一动作行为。由于完成体形态变化语法词缀没有元音和谐现象，所以使用起来不受其影响和制约，可以接缀于由不同元音构成的动词词根或词干后面，阐述完成体形态变化现象的语法概念。并且，可以用汉语的“了”或“完”来解释它的语法意义。例如，

tari　jəəməwə　bi　ʤʉʉdʉ　nəə-ʧʧi　nəəsʉ.
这　东西 把　我　屋 与　放　了　成
我把那个东西放在屋里了。

mini　ʉkkəhəŋbi　ʉshəŋʤi　məəni　naallawi　mii-ʧʧi　ɡasa.
我的　儿子　我　刀　用　自己的 手把自己　刺 完　要了
我儿子用刀刺伤了自己的手。

以上两个例句里，动词词根 nəə“放”和 mii-“刺”接缀完成体形态变化语法词缀 -ʧʧi 之后，构成包含完成体形态变化语法概念的动词 nəəʧʧi“放了”和 miiʧʧi“刺了”。同时，在动词 nəəʧʧi 和 miiʧʧi 后面分别使用了肯定助动词 nəəsʉ 及 ɡasa，从而完整而清楚地表达了完成体形态变化现象的语法含义。

不过，我们的调研资料还显示，他们的口语里还有个别在接缀有完成体形态变化语法词缀的动词以及随后出现的助动词之间，使用相关副词的现象。比如，他们可以把前面的第二个例句说成：

mini　ʉkkəhəŋbi　ʉshəŋʤi　məəni　naallawi　mii-ʧʧi　anitti　ɡasa.
我的　儿子　我　刀　用　自己的　手把自己 刺 完　相当　要了
我儿子用刀（相当）刺伤了自己的手。

可以看出，在接缀有完成体形态变化语法词缀的动词以及随后出现的助动词之间，使用程度副词 anitti“相当”是为了阐述刺伤的程度。但是，这种说法不是太多，只是在强调说明动词所表述的动作行为之程度时，才会出现使用程度副词等的现象。不过，这种表述形式只属于个别实例，不具有代表性和普遍性。

还有，动词完成体形态变化语法词缀 -ʧʧi 接缀于由辅音结尾的动词词根或词干后面时，往往要被发音成 -ʧi 音。也就是以重叠形式出现的辅音 ʧʧ 中的一个被省略，从而变成单一的辅音 ʧ。例如，

addewi　moriŋ　ugutaŋ　ʧaŋgal-ʧi　nəəsə.
奶奶　马　骑　累　了　成
奶奶骑马骑累了。

əmmə　əri　bogdu　əməsələ　ənʉŋ-ʧi　gasa.
妈妈　这　地　来后　病　了　要
我妈妈到这里来后病了。

这两个句子中的动词 ʧaŋgal-“累”与 ənʉŋ-“病”属于由辅音 l 及 ŋ 结尾的实例，所以在他们后面接缀的完成体形态变化语法词缀 -ʧʧi 均被发音成 -ʧi 音。从这个意义上讲，在句子里写成 ʧaŋgalʧʧi（ʧaŋgal-ʧʧi）“累了”和 ənʉŋʧʧi（ənʉŋ-ʧʧi）“病了”等，包含有完成体语法概念的动词之实际写法应该是 ʧaŋgalʧi（ʧaŋgal-ʧi）和 ənʉŋʧi（ənʉŋ-ʧi）等。有人以此为据，认为鄂温克语动词完成体形态变化现象的词缀不是 -ʧʧi 而是 -ʧi。在我们看来，这种说法并不符合实际情况，人们除了由辅音结尾的动词词根或词干之外，在由其他辅音或以元音结尾的动词词根或词干后面，都十分明确而清楚地使用 -ʧʧi，而不是 -ʧi。

另外，很有意思的是，我们掌握的动词体形态变化现象的调研资料显示，完成体形态变化语法词缀在同一个句子内，可以出现两次或两次以上，而且无一例外地表示完成体形态变化现象的语法概念。例如，

mini　nəhʉŋbi　moriŋ　ugu-ʧʧi　tihi-ʧʧi　biʃiŋ.
我的　弟弟　马　骑完　掉了　在
我弟弟骑完马总是掉下来。

该句子里，完成体形态变化语法词缀 -ʧʧi，先后接缀于动词词根 ugu-“骑”、tihi-“掉”，从而构成具有完成体形态变化语法概念的动词 uguʧʧi（ugu-ʧʧi）“骑完”、tihiʧʧi（tihi-ʧʧi）“掉了”等。也就是说，uguʧʧi 与 tihiʧʧi 均属于接缀完成体形态变化语法词缀 -ʧʧi 的实例。由于它们的连续出现，前面的 uguʧʧi 处于相对弱势地位，而后面的 tihiʧʧi 却处于强势地位。此外，也有的句子里，在连续出现的接缀有完成体形态变化语法词缀的动词之间，使用相关副词的现象。例如，

mini　nəhʉŋbi　moriŋ　ugu-ʧʧi　naaŋ　tihi-ʧʧi　nəəsə.
我的　弟弟　马　骑完　又　掉了　成
我弟弟骑完马又掉下来。

上面的句子里，完成体结构类型的动词 uguʧʧi 与 tihiʧʧi 之间使用了时间副词 naaŋ“又”，从而阐述了弟弟“骑完”马再一次从马背上“掉下来了”这一连续发生的完成体形态变化性质的动作行为。不过，我们的研究表明，该语言里虽然有同一个句子内动词完成体形态变化现象出现两次或两次以上的实例，但出现率比较低，主要在老年人的口语中出现。

在这里还有必要交代的是，具有完成体形态变化语法内涵的动词后面使用的肯定助动词 nəəsʉ 或 nəəsə，均属于在词根 nəə- 后面分别接缀陈述式过去单数第一人称、第三人称形态变化语法词缀 -sʉ 及 -sə 而构成的实例。从这个意义上讲，在完成体结构类型的动词后面出现的肯定助动词 nəə-，要根据动作行为施事者的不同，调整人称形态变化语法词缀。对此学术问题，我们将会在助动词构成原理和使用关系的分析章节里进行全面说明，所以可以参阅有关肯定助动词的论述部分。

第二节 进行体

该语言里，有表示特定时间段内正在进行的某一动作行为的形态变化语法词缀，而且是由形态变化语法词缀 -mi 和肯定助动词 bi- 组合而成。也就是说，接缀于动词词根或词干后面的进行体形态变化语法词缀 -mi，要借助后面的肯定助动词 bi-“是”来表现它所包含的语法概念。就如前面所说，肯定助动词 bi- 也和 nəə- 相同，要依据动作行为的施事者，来确定其含有不同人称关系的形态变化语法词缀。该形态变化语法词缀没有元音和谐现象，使用时不受元音和谐原理的影响和限制。例如，

mini ninir əriŋdʉ tari miniwə alaaʃi-mi bisə.
我 去的 时 他 我把 等 正在 是
我去时他正在等我来着。

sʉ əri əddə ohoŋ oo-mi bisəsʉŋ.
你们 这 早 什么 做 正在 是
你们今天早晨干什么来着。

进行体形态变化语法词缀 -mi，在上述两个例句内先后接缀于动词词干 alaaʃi-“等待”与动词词根 oo-“做”后面，进而构成 alaaʃimi（alaaʃi-mi）“正在等待”、oomi（oo-mi）“正在做”等包含有进行体形态变化语法概念的动词。而且，它们的语法概念在肯定助动词 bisə 和 bisəsʉŋ 的协助下得以完美表现。另外，该语言里，也有用形态变化语法词缀 -ʤisa、-ʤiso、-ʤisə、-ʤisɵ 与句尾肯定助动词 bi- 相结合手段，表示进行体形态变化现象的情况。由于这套四元一体元音和谐原理组合而成形态变化语法词缀有元音和谐现象，因此一定要严格按照其使用原理，分别接缀于由不同元音和谐构成的动词词根或词干后面。例如，

tari əddə bi ʃiniwə məəni ʤʉʉdʉwi alaaʃi-ʤisa bisʉ.
那 早晨 我 你 自己 家里 等待 正在 是
那天早晨我在家里正在等你来着。

ada əmərdʉni nugaŋ gəbbəwi oo-ʤiso bisə.
姐姐 来时 他 工作把 做 正在 是
姐姐来时他正在工作来着。

tiinʉg dolobni əri əriŋdʉ sʉ pəjtəŋdihi əwə-ʤisə bisəsʉŋ.
昨天 晚上 这 时 你们 飞机 从 下 正在 是
昨晚这个时候你们正在下飞机来着。

təliŋ tajja ərʉ mənəəŋ əmməwə ɵlɵɵhɵʃi-ʤisɵ bisə.
刚才 那 坏 家伙 把 妈妈 欺骗 正在 是
刚才那个坏家伙正在欺骗我妈妈来着。

上述四个例句中，动词进行体形态变化语法词缀 -ʤisa、-ʤiso、-ʤisə、-ʤisɵ，严格按照元音和谐原理先后接缀于 alaaʃi-“等待”、oo-“做”、əwə-“下”、ɵlɵɵhɵʃi-“欺骗”等动词词根或词干后面，进而构成 alaaʃiʤisa（alaaʃi-ʤisa）“正在等待”、ooʤiso（oo-ʤiso）“正在做”、əwəʤisə（əwə-ʤisə）“正在下”、ɵlɵɵhɵʃiʤisɵ（ɵlɵɵhɵʃi-ʤisɵ）“正在欺骗”等具有进行体形态变化语法结构特征的动词，并且充分利用后面的肯定助动词 bi-“是”完美表达了它们的语法概念。除此之外，由短元音 i、e、u、ʉ 以及长元音 ii、ee、uu、ʉʉ 构成的动词词根或词干后面，同样可以接缀体形态变化现象的语法词缀 -ʤisə、-ʤiso、-ʤisɵ。其中，-ʤisə 用于由中性元音 i、e 与 ii、ee 构成的动词词根或词干后面，-ʤiso 接缀于以阳性元音 u、uu 为主构成的动词词根或词干后面，-ʤisɵ 用于以阴性元音 ʉ、ʉʉ 为核心构成的动词词根或词干后面。例如，

bi əri bajtawa tattu iʃi-ʤisə bisʉ.
我 这 事 把 那么 考虑 正在 是
我正在那么考虑此事来着。

nugaŋ tari əriŋdʉ təggəʧʧiwi luhu-ʤiso bisə.
他 那 时 衣服 脱 正在 是
他那时正在脱衣服来着。

ʃi əri bajtawa tattu gʉʉrʉ-ʤisɵ bisɵʃi.
你 这 事 那么 理解 正在 是
你正在那样理解此事来着。

我们认为，进行体形态变化语法词缀 -ʤisa、-ʤisə、-ʤiso、-ʤisɵ，很容易与动词陈述式过去进行时形态变化语法词缀 -ʤisa、-ʤisə、-ʤiso、-ʤisɵ 相提并论或相互混淆。其实，它们之间有着严格意义的区分关系和结构性特征，主要表现在以下几个方面：一是进行体形态变化现象由 -ʤisa、-ʤisə、-ʤiso、-ʤisɵ 与肯定助动词 bi- 组合而成；过去进行时形态变化语法词缀由 -ʤisu、-ʤisʉ、-ʤisaʃi、-ʤisəʃi、-ʤisoʃi、-ʤisɵʃi、-ʤisa、-ʤisə、-ʤiso、-ʤisɵ 等构成，同时也不需要任何助动词的协助或搭配使用。二是进行体形态变化语法词缀没有人称区别特征和功能；过去进行时形态变化语法词缀有严格意义上的人称区别特征和功能，所以-ʤisa、-ʤisə、-ʤiso、-ʤisɵ 只用于由第三人称代词为主体的句子。三是进行体形态变化语法词缀，可以表示现在或过去某一特定时间里正在进行的动作行为。比如说，əʃi oo-ʤiso ʃiŋʤə. “现在正在做来着”，tiinʉg oo-ʤiso ʃiŋʤə. “昨天正在做来着”；而过去进行时第三人称形态变化语法词缀 -ʤisa、-ʤisə、-ʤiso、-ʤisɵ 只能表示第三人称过去进行过的动作行为。四是进行体形态变化语法词缀 -ʤisa、-ʤisə、-ʤiso、-ʤisɵ 不能充当句子结束形；过去进行时第三人称形态变化语法词缀主要充当句子结束形。正因为如此，我们不能将它们看作一回事。不过，相比之下，进行体形态变化语法词缀 -mi 的使用率，比 -ʤisa、-ʤisə、-ʤiso、-ʤisɵ 的使用率要高。

第三节　未进行体

鄂温克语里除了表示进行体形态变化现象的语法词缀之外，还有表示未进行体形态变化现象的语法手段。毋庸置疑，未进行体就是阐述还未进行的某一动作行为。我们过去掌握的资料和相关研究表明，该形态变化现象的表现形式为 -ddi。经过后来更加深入细致的补充调研，我们发现除了 -ddi 这一形态变化语法词缀之外，还有 -dda、-ddə、-ddo、-ddɵ 等根据四元一体元音和谐原理组合而成的未进行体形态变化语法词缀。这样一来，未进行体语法概念，要用五元一体的形态变化语法词缀 -ddi、-dda、-ddə、-ddo、-ddɵ 来表示了。由于它们的结构特征有元音和谐因素，所以使用时严格遵循其元音和谐规律，分别接缀于由不同元音构成的动词词根或词干后面。并且，它们要表达的语法概念，要依托后面使用的应许助动词 oodoŋ、判断助动词 oo-、判断助动词 ʃiŋʤə、能愿助动词 ətə-、肯定助动词 biʃiŋ 等的协助下才得以完整表达。虽然，在汉语里，很难找到未进行体语法概念的准确说法。但是，我们可以用“要”来解释它所包含的语法意义。

1. 未进行体形态变化语法词缀 -ddi 的使用关系

从严格意义上讲，以中性短元音 i 为核心构成的未进行体形态变化语法词缀 -ddi，可以接缀于由不同元音构成的任何动词词根或词干后面，但由于像 -dda、-ddə、-ddo、-ddɵ 等以其他元音为主构成的未进行体形态变化现象的出现，客观上限定了 -ddi 的使用范围。也就是说，它只能用于由中性短元音 i、e 以及长元音 ii、ee 构成的动词词根或词干后面。例如，

bi　amigʉ　ʉrirəŋdʉ　nini-ddi　oodoŋ.
我　北　村　去 要　行
我要去北村。

bʉ　timaaʃiŋ　amigʉ　ʉrirəŋdʉ　eʃe-ddi　ʃiŋʤə.
我们 明天　北　村　到达 要　是
明天我们要到北村。

这两个句子里，首先未进行体形态变化语法词缀 -ddi 接缀于由中性短元音 i 构成的动词词根 nini- “去”，从而构成具有未进行体形态变化现象的动词 niniddi（nini-ddi）。并且，利用后面的应许助动词 oodoŋ，充分表达了还未进行的“去”这一动作行为。其次，未进行体形态变化语法词缀 -ddi 使用于以中性短元音 e 为核心构成的动词词根 eʃe- “到达”后面，构成表示未进行体形态变化语法概念的动词 eʃeddi（eʃe-ddi），同样借助后面的判断助动词 ʃiŋʤə，完美阐述了还未进行的“到达”这一动作行为。

2. 未进行体形态变化语法词缀 -dda 的使用关系

以阳性短元音 a 为主构成的未进行体形态变化语法词缀 -dda，主要是用于以阳性短元音 a 及长元音 aa 为核心构成的动词词根或词干后面。例如，

əri ikkiŋ təggəəŋbə miti gada-dda oodoŋ.
这 新 车 咱们 买 要 成
咱们要买这辆新车。

该句子里，接缀有未进行体形态变化语法词缀 -dda 的动词 gadadda（gada-dda），利用后面出现的应许助动词 oodoŋ，完美表达了“要买”这一未进行体形态变化现象的语法含义。

3. 未进行体形态变化语法词缀 -ddo 的使用关系

以阳性短元音 o 为主构成的未进行体形态变化语法词缀 -ddo，主要用于以阳性短元音 o、u 及长元音 oo、uu 为核心构成的动词词根或词干后面。例如，

mini nəhʉŋbi tari bajtawa oo-ddo ooʤo.
我的 弟弟 那 事 办 要 是
我弟弟能办那件事。

sʉni addemʉni giltariŋ moriŋ ugu-ddo oodoŋ.
你们的 奶奶 白 马 骑 要 行
你们的奶奶要骑白马。

可以看出，上述两个句子里，未进行体形态变化语法词缀 -ddo，按照元音和谐原理先后用于以阳性长元音 oo 与短元音 u 为核心的动词词根 oo-“办”、ugu-“骑”后面，构成有未进行体形态变化现象的动词 ooddo（oo-ddo）、uguddo（ugu-ddo）等。同时，它们充分利用后面的判断助动词 oo-及应许助动词 oodoŋ，明确阐述了“要办”、“要骑”等未进行体形态变化现象的语法概念。

4. **未进行体形态变化语法词缀 -ddə 的使用关系**

以阴性短元音 ə 为主构成的未进行体形态变化语法词缀 -ddə，主要用于以阴性短元音 ə 及长元音 əə 为核心构成的动词词根或词干后面。例如，

taʧʧil tari moriŋ təggəəŋdʉ təgə-ddə ətərəŋ.
他们 那 马 车 乘坐 要 能
他们能坐那辆马车。

在这里，接缀有未进行体形态变化语法词缀 -ddə 的动词 təgəddə（təgə-ddə），在其后面使用的能愿助动词 ətə- 的积极协助下，充分展示出未进行体形态变化现象所要表达的“要乘坐”这一语法概念。

5. **未进行体形态变化语法词缀 -ddɵ 的使用关系**

以阴性短元音 ɵ 为主构成的未进行体形态变化语法词缀 -ddɵ，主要用于以阴性短元音 ɵ、ʉ 及长元音 ɵɵ、ʉʉ 为核心构成的动词词根或词干后面。例如，

tʉgni inigiddi dooni mʉʉ ɵmɵʧʧɵlɵ-ddɵ biʃiŋ.
冬天 寒冷 河 水 结冰 要 是
冬天的严寒要看河水结冰的程度。

bəjni aja əru bəj bəjwi guuru-ddo ʃiŋʤə.
人的 好 坏 人 人自己 了解 要 是
人的好坏要在相互间了解之后（才明白）。

显而易见，未进行体形态变化语法词缀 -ddo，同样遵循元音和谐原理分别接缀于由阴性短元音 o 、u 及长元音 uu 组合而成的动词词干 omoʧʧolo-“结冰”、动词词根 guuru-“了解”后面，形成含有未进行体形态变化结构特征的动词 omoʧʧoloddo（omoʧʧolo-ddo）“要结冰（以后）”、guuruddo（guuru-ddo）“要了解（以后）”等。并且，利用后面的肯定助动词 biʃiŋ 和判断助动词 ʃiŋʤə 表达了未进行体形态变化现象的语法概念。

此外，我们掌握的第一手田野调查资料还显示，该语言里除了上面分析的情况之外，还有用 -ʤaa、-ʤəə、-ʤoo、-ʤoo 等四元一体元音和谐原理组合而成的形态变化语法词缀，表示未进行体语法概念的现象。例如，

əri inig ahiŋbi tari honnoriŋ moriŋbo ʤawa-ʤaa ʃiŋʤə.
这 天 哥哥 那 黑的 马把 抓 要 是
今天哥哥要抓那匹黑骏马。

əri inig ahiŋbi tari urdihi əwə-ʤəə ʃiŋʤə.
这 天 哥哥 那 山 下来 要 是
今天哥哥要从那山上下来。

əri inig tari ʃiikkaŋ əri moodu dooŋ-ʤoo ʃiŋʤə.
这 天 那 小鸟 这 树 飞落 要 是
今天那只小鸟要飞落在这棵树上。

əri inig tari nisuhuŋ doo omoʧʧolo-ʤoo ʃiŋʤə.
这 天 那 小 河 结冰 要 是
今天那条小河要结冰。

以上四个例句里，形态变化语法词缀 -ʤaa、-ʤəə、-ʤoo、-ʤɵɵ 依据元音和谐原理，分别接缀于动词词根 ʤawa-“抓”、əwə-“下来”、dooŋ-“飞落”及动词词干 ɵmɵʧʧɵlɵ-“结冰”等后面，进而构成 ʤawaʤaa（ʤawa-ʤaa）“要抓”、əwəʤəə（əwə-ʤəə）“要下来”、dooŋʤoo（dooŋ-ʤoo）“要飞落”及 ɵmɵʧʧɵlɵʤɵɵ（ɵmɵʧʧɵlɵ-ʤɵɵ）“要结冰”等具有未进行体形态变化现象的动词。并在判断助动词 ʃiŋʤə 的积极协助下充分表现出了它们所包含的语法概念。相比之下，未进行体形态变化语法词缀 -ddi、-dda、-ddə、-ddo、-ddɵ 的使用率要高于 -ʤaa、-ʤəə、-ʤoo、-ʤɵɵ 的使用率。

第四节 执行体

该语言的体形态变化语法范畴内，有表示特定时间段里句子主体去执行某一动作行为的形态变化现象。我们将它称为执行体，并以四元一体元音和谐原理组合而成的形态变化语法词缀 -na、-no、-nə、-nɵ 来表示。值得提出的是，执行体形态变化语法词缀，要以词干形式出现，不具备充当动词结束形或终止形功能与作用。所以在接缀有执行体形态变化语法词缀的动词词干后面，还要连缀式形态变化语法词缀等。也就是说，动词词干不能用接缀执行体形态变化语法词缀之形式用于句子，在它后面还要接缀式形态变化语法词缀，然后才能够出现于句子，表示执行体形态变化语法概念。执行体形态变化现象表现出的实际语法意义，可以用汉语的“去”来解释或表述。

1. 执行体形态变化语法词缀 -na 的使用关系

在语句里，执行体形态变化语法词缀 -na，要接缀于以阳性短元音 a 及长元音 aa 为核心构成的动词词根或词干后面。例如，

bʉ tari heen təwəsə ʉhʉr təggəəŋbə ana-na-ʤimʉŋ.
我们 那 牧草 装的 牛 车 推 去 正在
我们正在去推那一辆装牧草的牛车。

句尾出现的动词词根 ana-“推”，首先接缀执行体形态变化语法词缀-na，构成包含有执行体形态变化现象的动词 anana-（ana-na-）“去推”。其次，在以连缀形式出现的动词陈述式现在时复数第一人称形态变化语法词缀 -ʤimʉŋ 的协助下，形成 ananaʤimʉŋ（ana-na-ʤimʉŋ）“我们正在去推”这一动词完整的结构类型，进而才表现出了执行体形态变化现象之语法概念。

2. **执行体形态变化语法词缀 -no 的使用关系**

按照使用原理，执行体形态变化语法词缀 -no，要接缀于以阳性短元音 o、u 及长元音 oo、uu 为核心构成的动词词根或词干后面。例如，

tari　ɡəbbəwə　mini　nəhʉŋbi　oo-no-roŋ.
那　工作　我的　弟弟　做 去 现在将来
我弟弟（现在或将来）去做哪项工作。

mʉni　addemʉni　ɡiltariŋ　moriŋ　uɡu-no-so.
我们的 奶奶　白　马　骑 去 了
我奶奶要骑白马。

显而易见，上述两个句子里，执行体形态变化语法词缀 -no，遵循元音和谐原理先后接缀于由阳性长元音 oo、阳性短元音 u 为中心的动词词干 oo-“做”、uɡu-“骑”后面，构成 oono-（oo-no-）“去做”、uɡuno-（uɡu-no-）“去骑”等具有执行体形态变化现象的动词词干。并且，在连缀形式出现的动词现在将来时第三人称形态变化语法词缀 -roŋ、过去时单数第三人称形态变化语法词缀 -so 的协助下，表达了执行体形态变化现象应有的语法概念。

3. **执行体形态变化语法词缀 -nə 的使用关系**

以阴性短元音 ə 为中心构成的执行体形态变化语法词缀 -nə，一般都用于由阴性短元音 ə 及长元音 əə，以及中性短元音 i、e 和长元音 ii、ee 等为核心构成的动词词根或词干后面。例如，

əri　inig　bʉ　oshoŋ　əmhəŋdə-nə-mʉŋ
这　天　我们　鱼　钓　去 我们
今天我们去钓鱼。

əmmə　iihəni　ʤʉʉdʉ　iihələ-nə-sə.
母亲　锅　屋　做饭 去 了
母亲去厨房做饭了。

bi　timaaʃiŋ　əddə　təliŋ　ʤʉʉdʉwi　eʃe-nə-ʤigʉ.
我　明天　早晨　才　家 自己　到 去　将时
我明天早晨才到自己家里。

执行体形态变化语法词缀 -nə，在这里先后接缀于由阴性短元音 ə 构成的动词词干 əmhəŋdə-“钓鱼”、由中性长元音 ii 及阴性短元音 ə 构成的动词词干 iihələ-“做饭”、由中性短元音 e 构成的动词词根 eʃe-“到”后面，从而构成了 əmhəŋdənə-（əmhəŋdə-nə-）“去钓鱼”、iihələnə-（iihələ-nə-）“去做饭”、eʃenə-（eʃe-nə-）“去到”等包含有执行体形态变化语法现象的动词词干。同时，借助动词词根以连缀形式出现的陈述式现在将来时复数第一人称形态变化语法词缀 -mʉŋ、过去时第三人称形态变化语法词缀 -sə、将来时单数第一人称形态变化语法词缀 -ʤigʉ 等，充分表达了执行体形态变化语法概念。

4. 执行体形态变化语法词缀 -nɵ 的使用关系

以阴性短元音 ɵ 为主构成的执行体形态变化语法词缀 -nɵ，要用于以阴性短元音 ɵ、ʉ 及长元音 ɵɵ、ʉʉ 为核心构成的动词词根或词干后面。例如，

bi　təliŋ　tajja　ərʉ　mənəəŋbə　ɵlɵɵhɵʃi-nɵ-sʉ.
我　刚才　那　坏　家伙 把　骗　去 了
我刚才去骗那个坏家伙了。

talar timaaʃiŋ ʉrdihi moo ʤʉgʉ-nɵ-rɵŋ.
他们 明天 山从 木料 搬运 去 将来
他们明天去山上搬运木料。

这两个例句里，执行体形态变化语法词缀 -nɵ，按照元音和谐原理先后接缀于以阴性长元音 ɵɵ 及短元音 ɵ、ʉ 为主构成的动词词干 ɵlɵɵhɵʃi-“骗”、动词词根 ʤʉgʉ-“搬运”后面，形成 ɵlɵɵhɵʃinɵ-（ɵlɵɵhɵʃi-nɵ-）“去骗”、ʤʉgʉnɵ-（ʤʉgʉ-nɵ-）“去搬运”等具有执行体形态变化语法现象的动词词干，同时在其后面连缀的动词过去时单数第一人称形态变化语法词缀 -sʉ，以及过去时第三人称形态变化语法词缀 -rɵŋ 的协助下，表达了执行体形态变化语法词缀所含的语法概念。

第五节 延续体

我们的调研资料显示，该语言的体形态变化现象中，还有表示延续性动作行为的语法词缀。也就是说，他们用四元一体元音和谐原理构成的 -taal、-tool、-təəl、-tɵɵl 等，阐述延续体形态变化现象包含的语法意义。毫无疑问，在具体使用时，它们要按照元音和谐原理分别接缀于由不同元音构成的动词词根或词干后面，并借助句子末尾出现的肯定助动词 biʃiŋ 或 bi-来表达它们的语法概念。延续体表现出的语法概念相当于汉语的“一直”。请看下面的分析和讨论。

1. 延续体形态变化语法词缀 -taal 的使用关系

接缀于以阳性短元音 a 及长元音 aa 为核心构成的动词词根或词干后面的形态变化语法词缀 -taal，在随后使用的肯定助动词的协助下，表示要延续体形态变化现象所包含的语法概念。例如，

mini əhiŋbi hhoŋgewo naalladuwi ʤawa-taal biʃiŋ.
我的 姐姐我 水桶 把 手在 拿 一直 在
我姐姐把水桶一直拿在手里。

tarini ninirdʉ ahiŋbi daŋga taana-taal biʤisə.
他 去时 哥哥我 烟 抽 一直 在
他去时哥哥一直在抽烟。

接缀于以阳性短元音 a 及长元音 aa 为主的动词词根 ʤawa-“拿”及动词词干 taana-“抽”后面的形态变化语法词缀 -taal，构成 ʤawataal（ʤawa-taal）“一直拿”以及 taanataal（taana-taal）“一直抽”等，并在随后使用的肯定助动词 biʃiŋ、biʤisə 的协助下，表示了延续体形态变化语法概念。

2. 延续体形态变化语法词缀 -tool 的使用关系

以阳性短元音 o、u 及长元音 oo、uu 等为核心构成的动词词根或词干后面，要接缀以阳性长元音 oo 为主的延续体形态变化语法词缀 -tool。而且，-tool 所包含的语法含义，要借助后续肯定助动词 bi-才得以表现。例如，

mini ahiŋbi əri adi ʤhonoor sotto-tool biʃiŋ.
我的 哥哥我 这 几 天 醉 一直 是
我哥哥这几天一直醉酒状态。

nəhʉŋni bajtaniŋ mini deladu ʤoomu-tool biʃiŋ.
弟弟 事情 我的 脑子 想 一直 是
我在脑子里一直在想弟弟的事。

tari sadde əmʉŋ baraaŋ ərʉ jəəməwə ʤʉʉdʉwi uruu-tool bisə.
那 老太太 一 多 坏 东西 屋 堆积 一直 是
那位老太太在屋子里一直堆积一大堆破东西。

上述三个例句里，延续体形态变化语法词缀 -tool，先后接缀于以阳性短元音 o 构成的动词词根 sotto-“醉”、由阳性长元音 oo 与短元音 u 构成的动词词干 ʤoomu-“想”、由阳性长元音 uu 与短元音 u 构成的动词词根 uruu-

“堆积”后面，从而派生出具有延续体形态变化语法功能的动词 sottotool（sotto-tool）“一直醉”、ʤoomutool（ʤoomu-tool）“一直想”、uruutool（uruu-tool）“一直堆积”等。并且，在肯定助动词 bi- 的协助下，充分表达了延续体形态变化语法概念。

3. 延续体形态变化语法词缀 -təəl 的使用关系

由阴性短元音 ə 及长元音 əə，中性短元音 i、e 及长元音 ii、ee 等组合而成的动词词根或词干后面，要接缀以阴性长元音 əə 为主构成的延续体形态变化语法词缀。而且，-təəl 所包含的语法含义，也要借助后续肯定助动词 biʃiŋ、判断助动词 ʃiŋʤə 来表现。例如，

addewi　ʉkkʉni　ʤʉlidədʉ　təgə-təəl　ʃiŋʤə.
奶奶　门　前　坐一直　是
奶奶一直坐在门前。

mini　əhiŋbi　ʉrʉlwi　iiŋi-təəl　biʃiŋ.
我的　姐姐　孩子　背一直　是
我姐姐一直背着孩子。

tari　bəj　mini　əhiŋbə　iʃi-təəl　biʃiŋ.
那　人　我　姐姐　看一直　是
那个人一直看着我姐姐。

可以看出，延续体形态变化语法词缀 -təəl，严格按照元音和谐原理，接缀于由阴性短元音 ə 构成的动词词根 təgə-“坐”、由中性长元音 ii 与短元音 i 构成的动词词根 iiŋi-“背”、由中性短元音 i 构成的动词词干 iʃi-“看”后面，从而派生出具有延续体形态变化语法功能的动词 təgətəəl（təgə-təəl）“一直坐”、iiŋitəəl（iiŋi-təəl）“一直背”、iʃitəəl（iʃi-təəl）“一直看”等。同时，在判断助动词 ʃiŋʤə 以及肯定助动词 biʃiŋ 的协助下，表现出了延续体形态变化现象的语法概念。

4. **延续体形态变化语法词缀 -tɵɵl 的使用关系**

由阴性长元音 ɵɵ 构成的延续体形态变化语法词缀 -tɵɵl，接缀于以阴性短元音 ɵ、ʉ 及长元音 ɵɵ、ʉʉ 等为主构成的动词词根或词干后面。而且，所包含的语法含义，也要借助后续肯定助动词 biʃiŋ 来体现。例如，

iihə dooloni ɵhɵŋ hɵɵsɵrɵ-tɵɵl biʃiŋ.
锅 里的 奶子 起泡 一直 是
锅里的奶子一直在起泡。

mini əhiŋbi ʤʉʉ dooloni jəəməwi tɵllɵ jʉʉgʉ-tɵɵl biʤirəŋ.
我的 姐姐 屋子 里的 东西 外头 拿到 一直 是
我姐姐把屋里东西一直都拿到外面。

这两个例句中，延续体形态变化语法词缀 -tɵɵl，先后接缀于以阴性短元音 ɵ、ʉ 及长元音 ɵɵ、ʉʉ 等为主构成的动词词干 hɵɵsɵrɵ-“起泡”、jʉʉgʉ-“拿到”后面，形成 hɵɵsɵrɵtɵɵl（hɵɵsɵrɵ-tɵɵl）、jʉʉgʉtɵɵl（jʉʉgʉ-tɵɵl）等具有延续体形态变化现象的动词。进而，在后面的肯定助动词 biʃiŋ 与 bi- 的积极配合和协助下，完整地表达了其“一直起泡”、“一直拿到”等语法概念。

第六节 多次体

顾名思义，多次体就是表示某一特定时间段内多次发生或出现的动作行为。该语言里要用形态变化语法词缀 -mal、-mol、-məl、-mɵl 表示多次体语法概念。毫无疑问，多次体形态变化语法词缀也有元音和谐内容，所以使用时同样根据元音和谐原理，接缀于由不同元音构成的不同动词词根或词干后面。多次体形态变化语法意义，在肯定助动词 biʃiŋ 与 bi- 的有力配合下，才得以完美表达和表现。

1. **多次体形态变化语法词缀 -mal 的使用关系**

由阳性短元音 a 构成的多次体形态变化语法词缀 -mal，主要用于由阳性短元音 a 及长元音 aa 组合而成的动词词根或词干后面。同时，要在后续肯定助动词 biʃiŋ 或 bi- 的协助下充分表现出它的语法概念。例如，

tari ʉkkəhəŋ əri ʉkkʉwɵ taana-mal biʃiŋ.
那 男孩 这 门 把 拉 多次 是
那男孩多次拉这个门。

该句里，接缀有多次体形态变化语法词缀 -mal 的动词 taanamal（taana-mal）“多次拉”所包含的语法意义，借助肯定助动词 biʃiŋ 才得以完美表达。

2. **多次体形态变化语法词缀 -mol 的使用关系**

形态变化语法词缀 -mol 同样属于多次形态变化现象的表现形式。由于它是以阳性短元音 o 为核心构成，所以主要用于以阳性短元音 o、u 及长元音 oo、uu 等为中心构成的动词词根或词干后面，并在肯定助动词 biʃiŋ 或 bi- 的协助下阐述它的语法概念。例如，

ʃiikkaŋ əri moo oroondu dooŋ-mol biʃiŋ.
小鸟 这 树 上 飞落 多次 是
小鸟多次飞落在这棵树上。

nʉʧʧisɵ inig tajja ʉkkʉ ʤʉlidɵdʉ ərʉ jəəmə uruu-mol bisə.
过去 日子 他 门 前 破 东西 堆积 多次 是
过去的日子他在门前多次堆积过破东西。

上面的两个句子里，多次体形态变化语法词缀 -mol，根据元音和谐原理，先后接缀于动词词根 dooŋ-“落”和 uruu-“堆积”，构成多次体结构类

型的动词 dooŋmol（dooŋ-mol）“多次飞落”、uruumol（uruu-mol）“多次堆积”，并在后续肯定助动词 biʃiŋ 或 bi- 的协助下充分表达了它所包含的语法概念。另外，与此相关的例子还有 soho-mol biʃiŋ.“多次舀”、huluhu-mol biʃiŋ.“多次搬运”等。

3. **多次体形态变化语法词缀 -məl 的使用关系**

由阴性短元音 ə 构成的多次体形态变化语法词缀 -məl，主要用于以阴性短元音 ə 及长元音 əə，以及中性短元音 i、e 或长元音 ii、ee 等为主构成的动词词根或词干后面，并在肯定助动词 biʃiŋ 或 bi- 的协助下阐述它的语法概念。例如，

ʃiikkaŋ　moo　oroondihi　tihi-məl　biʃiŋ.
小鸟　树　上　掉落 多次 是
小鸟从树上多次掉落下来。

nʉʧʧisɵ　inig　tari　bəj　mʉnidʉlɵ　əmə-məl　bisə.
过去　日子　那　人　我们家　来　多次　是
过去的日子那个人多次来过我们家。

多次体形态变化语法词缀 -məl，在上述两个句子里接缀于由中性元音 i 构成的动词词根 tihi-“掉落”，以及由阴性元音 ə 构成的动词词根 əmə-“来”后面，构成包含有多次体形态变化语法内涵的动词 tihiməl（tihi-məl）、əməməl（əmə-məl），借助后续肯定助动词 biʃiŋ 或 bi- 表达了“多次掉落下来”、“多次来”等多次体形态变化语法概念。除此之外，还比如有 tewe-məl biʃiŋ.“多次拾”、ii-məl biʃiŋ.“多次进”、gələə-məl biʃiŋ.“多次请求”等。

4. **多次体形态变化语法词缀 -mɵl 的使用关系**

由阴性短元音 ɵ 构成的多次体形态变化语法词缀 -mɵl，一般都用于以阴性短元音 ɵ、ʉ 及长元音 ɵɵ、ʉʉ 为主组合而成的动词词根或词干后面。同样，借助后续肯定助动词 biʃiŋ 或 bi- 来表达其语法概念。例如，

mini əhiŋbi ʤʉʉ dooloni jəəməwi təllə jʉʉgʉ-məl biʃiŋ.
我的 姐姐 屋子 里的 东西 外头 拿出 一直 是
我姐姐把屋里东西多次拿到外面。

tari bəj bəjdʉ ələəhəʃiwʉ-məl biʤirəŋ.
那 人 人 欺骗 多次 是
那个人多次被人欺骗。

与此相关的例子还有 həəsərə-məl biʃiŋ. “多次起泡”、gʉggʉl-məl biʃiŋ. “多次动弹”、həbbə-məl biʃiŋ. “多次翻过来” 等。可以看出，无论是上述两个例句，还是前面的三个例词里，接缀于动词词干 jʉʉgʉ-“拿出去”、ələəhəwʉʃi-“被欺骗”、həəsərə-“起泡” 及动词词根 gʉggʉl-“动弹”、həbbə-“翻过来” 等后面的多次体形态变化语法词缀 -məl，构成 jʉʉgʉməl “多次拿出去”、ələəhəwʉʃiməl “多次被欺骗”、həəsərəməl “多次起泡”、gʉggʉlməl “多次动弹”、həbbəməl “多次翻过来” 等包含有多次体形态变化现象及其语法内涵的动词，并在后续肯定助动词 biʃiŋ 或 bi-的协助下完整地表达了多次体语法概念。

我们掌握的第一手调研资料还显示，多次体形态变化语法词缀 -mal、-mol、-məl、-məl，借助肯定助动词 biʃiŋ 或 bi- 表示多次体语法概念之外，还可以表达反复体和连续体形态变化现象的语法含义。比如，把前面的分析讨论中列举的 taana-mal biʃiŋ. “多次拉”、dooŋ-mol biʃiŋ. “多次飞落”、uruu-mol biʃiŋ. “多次堆积”、tewe-məl biʃiŋ. “多次拾”、ii-məl biʃiŋ. “多次进”、gələə-məl biʃiŋ. “多次请求”、jʉʉgʉ-məl biʃiŋ. “多次拿出去”、ələəhəʃi-məl biʃiŋ. “多次欺骗” 等，完全可以依据语言交流中表现出的反复体语法概念，解释为“反复拉”、“反复飞落”、“反复堆积”、“反复拾”、“反复进”、“反复请求”、“反复拿出去”、“反复欺骗” 等；也可以根据它们所要表达的连续体形态变化语法含义，解释为 “连续拉”、“连续飞落”、“连续堆积”、“连续拾”、“连续进”、“连续请求”、“连续拿出去”、“连续欺骗” 等。

第七节　一次体

鄂温克语里有表示一次性动作行为的形态变化现象，并用形态变化语法词缀 -ʧʧil 来表现。在体形态变化系统里，我们称其为一次体。由于该词缀没有元音和谐内容，使用时不受元音和谐原理的影响，可以自由接缀于不同元音构成的动词词根或词干后面，并在否定助动词 aaʃiŋ “没”、“无” 的协助下充分表达其语法概念。例如，

ahiŋbi　mʉni　təggəəŋbə　ana-ʧʧil　aaʃiŋ.
哥哥　我们　车　推 一次　无
我哥哥就推一次我们的车。

tari　əmʉŋ　əriŋ　ʤiŋʤi-ʧʧil　aaʃiŋ.
他　一　次　说　就　没
他就说一次。

这两个句子中，一次体形态变化语法词缀 -ʧʧil，先后接缀于动词词根 ana- “推一次”、ʤiŋʤi- “说”，构成具有一次体形态现象的动词 anaʧʧil（ana-ʧʧil）、ʤiŋʤiʧʧil（ʤiŋʤi-ʧʧil），并借助否定助动词 aaʃiŋ 表达了“推一次”、“说一次” 等包含有一次体形态变化语法概念的动作行为。

在实际调研时我们还发现，一次体形态变化语法词缀 -ʧʧil，在肯定助动词 biʃiŋ 的协助下能够表示经常体形态变化现象的语法概念。例如，

ahiŋbi　mʉni　moriŋbo　ugu-ʧʧil　biʃiŋ.
哥哥　我们　马　骑 经常　是
我哥哥经常骑我们的马。

tari　moriŋ　uguso　bəj　mʉnidʉlə　əmə-ʧʧil　biʃiŋ.
那　马　骑　人　我们　来 经常　是
那位骑马的人经常来我们家。

很显然，上述两句中，接缀于 ugu-“骑”、əmə-“来”后面的形态变化语法词缀 -ʧʧil，借助肯定助动词 biʃiŋ 充分表达了“经常骑”、“经常来”等经常体形态变化现象的语法概念。与此同时，一次体形态变化语法词缀 -ʧʧil，还能够阐述反复体语法含义。例如，

addewi əri əmʉŋ ʉgwi ʤiŋʤi-ʧʧil biʃiŋ.
奶奶 这 一 话 说 反复 是
奶奶反复说这句话。

tari bəj əri bajtawa dahi dahim oo-ʧʧil biʃiŋ.
那 人 这 事 再 再 做 反复 是
那个人反复在做这件事。

不难看出，接缀有形态变化语法词缀 -ʧʧil 的动词 ʤiŋʤiʧʧil（ʤiŋʤi-ʧʧil）、ooʧʧil（oo-ʧʧil），在具体语句里表现出的是“反复说”、“反复做”等反复体形态变化现象的语法概念。

形态变化语法词缀 -ʧʧil 所承载的语法内涵比较复杂。它不仅可以表示一次体形态变化语法概念，同时也可以表示经常体和反复体形态变化现象的语法含义。所以，我们分析形态变化语法词缀 -ʧʧil 在不同语句里表示的不同体形态变化现象的语法概念时，一定要依据它在句子中表现出的具体语法内涵，客观实在且准确无误地阐述所要表达的语法关系和意义。否则，会给我们的科学研究工作带来不必要的麻烦。

第八节 反复体

我们掌握的调研资料表明，形态变化语法词缀 -guuʧ、-gʉʉʧ 是反复体形态变化现象的表现形式。毫无疑问，这是一个由二元一体的元音和谐原理组合而成的词缀结构。所以，必须严格按照元音和谐条件和要求，将它们分别用于由阳性元音或阴性元音构成的动词词根或词干后面。反复体形态变化

语法词缀 -guuʧ、-gʉʉʧ 接缀于动词词根或词干后面，主要表示反复出现或进行的某一动作行为。另外，反复体形态变化语法词缀 -guuʧ、-gʉʉʧ，也是在肯定助动词 biʃiŋ“是”的协助下才能够完整地阐述其语法概念。

1. **反复体形态变化语法词缀 -guuʧ 的使用关系**

由阳性长元音 uu 构成的反复体形态变化语法词缀 -guuʧ，按照二元一体的元音和谐原理，主要接缀于以阳性短元音 a、o、u 及长元音 aa、oo、uu 为中心构成的动词词根或词干后面，并在肯定助动词 biʃiŋ 的协助下阐述它的语法概念。例如，

tari　ʉkkəhəŋ　nisʉhʉŋ　ninihindʉ　asa-guuʧ　biʃiŋ.
那　男孩　小　狗　追逐 反复　是
那男孩反复被小狗追逐。

əmməni　ʤiŋʤisa　ʉgniŋ　ʃeenduwi　dooldi-guuʧ　biʃiŋ.
母亲 的　说 的　话 她　耳朵　听　反复　在
母亲说的话反复在耳边回响。

在上面的两个例句中，以阳性短元音 a 和长元音 oo 为主构成的动词词根 asa-“追逐”与动词词干 dooldi-“听”，先后接缀于反复体形态变化语法词缀 -guuʧ 之后，变成具有反复体形态变化现象的动词 asaguuʧ（asa-guuʧ）、dooldiguuʧ（dooldi-guuʧ），并在肯定助动词 biʃiŋ 的协助下表现出了“反复追逐”、“反复听到”等包含有反复体形态变化内涵的动作行为。相关例子还有 saa-guuʧ biʃiŋ.“反复知道”、moltog-guuʧ biʃiŋ.“反复脱开”、luhu-guuʧ biʃiŋ.“反复脱”、uruu-guuʧ biʃiŋ.“反复堆积”等。

2. **反复体形态变化语法词缀 -gʉʉʧ 的使用关系**

由阴性长元音 ʉʉ 构成的反复体形态变化语法词缀 -gʉʉʧ，也是遵循二元一体的元音和谐原理，一般都用于以阴性短元音 ə、ɵ、ʉ 及长元音 əə、ɵɵ、ʉʉ 为核心构成的动词词根或词干后面，并且在肯定助动词 biʃiŋ 的协助

助下表达其语法概念。例如，

inig taŋiŋ iisalni gʉʉŋ gələə-gʉʉʧ biʃiŋ.
天 每 眼 镜 找 反复 是
每天反复找眼镜。

imiŋ dooni mʉʉniŋ ɵmɵʧʧilɵ-gʉʉʧ biʃiŋ.
伊敏 河 水 结冰 反复 是
伊敏河水反复结冰。

əri ɵggɵ ʤʉʉ ʤʉgʉ-gʉʉʧ biʃiŋ.
这 游牧包 房 搬运 反复 是
反复搬运这个游牧包。

按照元音和谐原理，反复体形态变化语法词缀 -gʉʉʧ，在上述三个句子中先后接缀于以阴性短元音 ə、ɵ、ʉ 及长元音 əə 等为中心构成的动词词根或词干 gələə-“找”、ɵmɵʧʧilɵ-“结冰”、ʤʉgʉ-“搬运”，派生出了具有反复体形态变化现象的动词 gələəgʉʉʧ（gələə-gʉʉʧ）、ɵmɵʧʧilɵgʉʉʧ（ɵmɵʧʧilɵ-gʉʉʧ）、ʤʉgʉgʉʉʧ（ʤʉgʉ-gʉʉʧ）等。这些动词，借助后面的肯定助动词 biʃiŋ，充分表示了“反复找”、“反复结冰”、“反复搬运”等包含有反复体语法含义的动作行为。另外，我们掌握的调研资料还表明，由阴性长元音 ʉʉ 构成的反复体形态变化语法词缀 -gʉʉʧ，也可以用于由中性短元音 i、e 及长元音 ii、ee 构成的动词词根或词干后面。例如，

nʉʧʧisə tajja nəələmʉddi bajta iisaldu iʃi-gʉʉʧ biʃiŋ.
过去的 那 可怕的 事情 眼睛 看 反复 在
过去那件可怕的事反复出现在眼前。

tari ʉrʉl bəjsəldʉ niŋii-gʉʉʧ biʃiŋ.
那 孩子 人们 骂 反复 是
人们反复骂那孩子。

ʉhʉrni　ootto　bəjdʉ　tewe-gʉʉʧ　biʃiŋ.
牛的　干牛粪　人　拾　反复　是
人们反复拾干牛粪。

我们的分析还表明，反复体形态变化语法词缀所表现出的语法概念中，还包含有被动态形态变化现象应该表述的语法含义。比如，我们也可以把asaguuʧ（asa-guuʧ）“反复追逐”、ʤʉgʉgʉʉʧ（ʤʉgʉ-gʉʉʧ）“反复搬运”、niŋiigʉʉʧ（niŋii-gʉʉʧ）“反复骂”等，依据句子要表达的实际意思，写成“反复被追逐”、“反复被搬运”、“反复被骂”等。此外，在我们实地调研时，也遇到将反复体形态变化语法词缀 -guuʧ 与 -gʉʉʧ 发音成 -guuʧʧi 与 -gʉʉʧʧi 的现象。比如，刚才的例子 asaguuʧ（asa-guuʧ）、ʤʉgʉgʉʉʧ（ʤʉgʉ-gʉʉʧ）、niŋiigʉʉʧ（niŋii-gʉʉʧ）等就会发作 asaguuʧʧi（asa-guuʧʧi）、ʤʉgʉgʉʉʧʧi（ʤʉgʉ-gʉʉʧʧi）、niŋiigʉʉʧʧi（niŋii-gʉʉʧʧi）等。虽然如此，但这种发音形式没有代表性，只有在农区鄂温克老人的口音中才会出现，除此之外的鄂温克人几乎都发作 -guuʧ 与 -gʉʉʧ。

第九节　固定体

鄂温克语动词类词体形态变化现象中，还有表示固定性质的动作行为，或者说某一在固定不变的状态下进行的动作行为之语法手段。而且，它的表现形式是，由四元一体元音和谐原理组合而成的形态变化语法词缀 -taŋ、-toŋ、-təŋ、-tɵŋ。所以，使用时，也要按照四元一体元音和谐要求，接缀于由不同元音构成的动词词根或词干后面，并借助句子末尾出现的肯定助动词 biʃiŋ 来表达它们的语法概念。我们可以用汉语的“死死”、“死”、“牢牢”、“一动不动”等阐述固定体表示的语法含义。

1. 固定体形态变化语法词缀 -taŋ 的使用关系

依据四元一体元音和谐原理，延续体形态变化语法词缀 -taŋ，要用于由阳性短元音 a 及长元音 aa 为核心构成的动词词根或词干后面，并在后续肯

定助动词 biʃiŋ 或 bi- 的协助下，表现出固定体形态变化现象所包含的语法概念。例如，

mini əhiŋbi hhoŋgewo naalladuwi ʤawa-taŋ biʃiŋ.
我的 姐姐我 水桶 把 手在 拿 牢牢 是
我姐姐把水桶牢牢拿在手里。

tarini ninirdʉ addewi ʉkkʉni ʤʉlidədʉ alaaʃi-taŋ biʤisə.
他 去时 奶奶 门 前 等待 不动 是
他去时，奶奶在门口一动不动地等他。

这两个句子中，以阳性短元音 a 及长元音 aa 为主构成的动词词根 ʤawa-“拿”及动词词干 alaaʃi-“等待”后面，接缀形态变化语法词缀 -taŋ 而形成动词 ʤawataŋ（ʤawa-taŋ）以及 alaaʃitaŋ（alaaʃi-taŋ）等，并在句子末尾的肯定助动词 biʃiŋ、biʤisə 的协助下，表示了“牢牢拿”、“一动不动等待”之固定体形态变化现象语法概念。

2. **固定体形态变化语法词缀 -toŋ 的使用关系**

由阳性短元音 o 构成的固定体形态变化语法词缀 -toŋ，要接缀于以阳性短元音 o、u 及长元音 oo、uu 等为核心构成的动词词根或词干后面，利用后续肯定助动词 biʃiŋ 或 bi- 来充分表示所包含的语法意义。例如，

ʤʉʉ ʤʉlidəni əddʉg moo oroondu ʃiikkaŋ dooŋ-toŋ biʃiŋ.
房 前 大 树 上 小鸟 落 不动 是
小鸟一动不动落在房前的大树上。

nəhʉŋni bajtawa bi doolowi ʤoono-toŋ biʃim.
弟弟 事情 我 心里 想 死 是
我在心里死想弟弟的事。

tari mənəəŋ əmʉŋ baraaŋ jəəməwə ʤʉʉdʉwi uruu-toŋ biʤirəŋ.
那 家伙 一 多 东西 屋 堆积 死死 是
那家伙在屋子里死死堆积一大堆东西。

不难看出，这三个例句中，固定体形态变化语法词缀 -toŋ，先后接缀于由阳性长元音 oo 构成的动词词根 dooŋ-“飞落”、由阳性短元音 o 与长元音 oo 构成的动词词干 ʤoono-“想”、由阳性短元音 u 与长元音 uu 构成的动词词根 uruu-“堆积”后面，从而形成具有固定体形态变化语法功能的动词 dooŋtoŋ（dooŋ-toŋ）、ʤoonotoŋ（ʤoono-toŋ）、uruutoŋ（uruu-toŋ）等。进而，在肯定助动词 biʃiŋ 与 bi- 的协助下，完整地表现出了“一动不动落”、“死想”、“死死堆积”等固定体形态变化现象的语法概念。

3. **固定体形态变化语法词缀 -təŋ 的使用关系**

由阴性短元音 ə 构成的固定体形态变化语法词缀 -təŋ，基本上用于以阴性短元音 ə 及长元音 əə，中性短元音 i、e 及长元音 ii、ee 等组合而成的动词词根或词干后面。而且，要借助后续肯定助动词 biʃiŋ 与 bi-，表示其包含的语法含义。例如，

addewi ʉkkʉni ʤʉlidədʉ təgə-təŋ biʃiŋ.
奶奶 门 前 坐 不动 是
奶奶一动不动坐在门前。

mini əhiŋbi urʉlwi iiŋi-təŋ biʃiŋ.
我的 姐姐 孩子 背 牢牢 是
我姐姐牢牢背着孩子。

tari bəj mini əhiŋbə iʃi-təŋ biʃiŋ.
那 人 我 姐姐 盯死 是
那个人死盯我姐姐。

可以看出，固定体形态变化语法词缀 -təŋ，严格按照四元一体元音和谐原理，接缀于由阴性短元音 ə 构成的动词词根 təgə-“坐”、由中性长元音 ii 与短元音 i 构成的动词词根 iiŋi-“背”、由中性短元音 i 构成的动词词干 iʃi-“盯”后面，从而形成具有固定体形态变化语法功能的动词 təgətəŋ（təgə-təŋ）、iiŋitəŋ（iiŋi-təŋ）、iʃitəŋ（iʃi-təŋ）等。同时，在肯定助动词 biʃiŋ 的协助下，表现出了“一动不动坐”、“牢牢背”、“死盯”等固定体形态变化现象之语法概念。

4. **固定体形态变化语法词缀 -tɵŋ 的使用关系**

由阴性短元音 ɵ 组成的固定体形态变化语法词缀 -tɵŋ，主要接缀于以阴性短元音 ɵ、ʉ 及长元音 ɵɵ、ʉʉ 等为核心形成的动词词根或词干后面，它所包含的语法含义同样要借助后续肯定助动词 biʃiŋ 等才能得以体现。例如，

imiŋ　dooni　mʉʉniŋ　ɵmɵʧʧilɵ-tɵŋ　biʃiŋ.
伊敏　河　水　结冰　死死　是
伊敏河水死死结冰了。

mini　əhiŋbi　məəni　ʉtwi　aahiŋduwi　hʉmʉli-tɵŋ　biʃiŋ.
我的　姐姐　自己　孩子　怀里　抱　死死　是
我姐姐把孩子死死抱在怀里。

固定体形态变化语法词缀 -tɵŋ，在上述这两个例句内，先后接缀于以阴性短元音 ɵ 和 ʉ 为主构成的动词词干 ɵmɵʧʧilɵ-“结冰”、hʉmʉli-“抱”后面，形成 ɵmɵʧʧilɵtɵŋ（ɵmɵʧʧilɵ-tɵŋ）“死死结冰”、hʉmʉlitɵŋ（hʉmʉli-tɵŋ）“死死抱”等具有固定体形态变化现象的动词，并在后续肯定助动词 biʃiŋ 的协助下，完整地表达了其语法概念。与此相关的实例还有 bɵɵggɵ-tɵŋ biʃiŋ.“死死冻僵”、gʉʉrʉ-tɵŋ biʃiŋ.“牢牢明白”等。

第十节　中断体

毋庸置疑，中断体就是阐述中断性质的动作行为。而且，要用形态变化语法词缀 -ʤiʧʧi 来表现。由于中断体形态变化现象没有元音和谐内容，所以使用时不受元音和谐原理的限制和影响，可以自由接缀于任何一个动词词根或词干后面，并在否定助动词 aaʃiŋ 的协助下才能够完整地表示其语法意义。例如，

mini　nəhʉŋbi　təggəəŋ　ana-ʤiʧʧi　aaʃiŋ.
我　弟弟　车　推　中断　没
我弟弟中断推车。

tari　bəj　əri　goddo　ʉrwʉ　tʉttʉgə-ʤiʧʧi　aaʃiŋ.
那　人　这　高的　山　攀登　中断　没
那个人中断攀登这座高山。

haŋbo　tʉʉggʉni　ʉnʉgʉl　ʤiŋʤi-ʤiʧʧi　aaʃiŋ.
汗宝　狼　故事　讲述　中断　没
汗宝中断讲述狼的故事。

显而易见，以上三个句子中，中断体形态变化语法词缀 -ʤiʧʧi，先后接缀于由阳性短元音 a 为主形成的动词词干 ana-“推”、由阴性短元音 ʉ 与 ə 为主形成的动词词根 tʉttʉgə-“攀登”、由中性元音 i 为主形成的动词 ʤiŋʤi-“讲述”，进而构成 anaʤiʧʧi（ana-ʤiʧʧi）、tʉttʉgəʤiʧʧi（tʉttʉgə-ʤiʧʧi）、ʤiŋʤiʤiʧʧi（ʤiŋʤi-ʤiʧʧi）等包含有中断体形态变化现象的动词。而且，这些动词在句子末尾出现的否定助动词 aaʃiŋ 的配合和协助下，表现出了“中断推”、“中断攀登”、“中断讲述”等具有中断体形态变化语法概念的动作行为。另外，在其他元音为核心构成的动词词根或词干后面，使用中断体形态变化语法词缀 -ʤiʧʧi 的实例还有 taana-ʤiʧʧi aaʃiŋ.“中断

拉”、gələə-ʤiʧʧi aaʃiŋ. “中断寻找”、hɵɵsərɵ-ʤiʧʧi aaʃiŋ. “中断起泡”、guʧuhut-ʤiʧʧi aaʃiŋ. “中断结盟”、hʉmʉli-ʤiʧʧi aaʃiŋ. “中断拥抱”、iiŋki-ʤiʧʧi aaʃiŋ. “中断磨蹭”、tewe-ʤiʧʧi aaʃiŋ. “中断拾”等。

我们掌握的调研资料还显示，使用有中断体形态变化现象的语句中，还有一种很有意思的情况是，接缀有中断体形态变化语法词缀之动词后面，已用否定助动词 aaʃiŋ 的前提下，还要再用肯定助动词 ʃiŋʤə “是”。我们认为，这可能是为了进一步强化中断体形态变化现象的语法概念而出现的语用形式。例如，

tari bəj əri goddo ʉrwʉ tʉttʉgə-ʤiʧʧi aaʃiŋ ʃiŋʤə.
那 人 这 高的 山 攀登 中断 没 是
那个人中断攀登这座高山。

haŋbo tʉʉggʉni ʉnʉgʉl ʤiŋʤi-ʤiʧʧi aaʃiŋ ʃiŋʤə.
汗宝 狼 故事 讲述 中断 没 是
汗宝中断讲述狼的故事。

也就是说，在由中断体形态变化语法词缀 -ʤiʧʧi 及否定助动词 aaʃiŋ 共同形成的中断体形态变化结构类型的语句后面，以连用形式再使用肯定助动词 ʃiŋʤə ，不会对于句子结构产生根本性变化，只是加重或强化否定助动词 aaʃiŋ 所表现出的助动词作用和意义。当然，最终还是为更加强有力地阐述中断体形态变化现象所包含的语法概念发挥了积极作用。不过，相比之下，在接缀有中断体形态变化语法词缀 -ʤiʧʧi 的动词后面，连续性使用否定助动词和肯定助动词的实例不是太多。

另外，在这里还有必要提到的是，鄂温克语的一些方言土语内，有把中断体形态变化语法词缀 -ʤiʧʧi 用 -ʤiger 来代替的情况。尽管如此，-ʤiger 在语句中表现出的语法概念与 -ʤiʧʧi 完全一致，主要表达中断体形态变化现象所包含的语法含义。例如，

mini　nəhʉŋbi　təggəəŋ　ana-ʤiger　aaʃiŋ.
我　　弟弟　　车　　推 中断　没
我弟弟中断推车。

tari　bəj　əri　goddo　ʉrwʉ　tʉttʉgə-ʤiger　aaʃiŋ.
那　人　这　高的　山　攀登　中断　没
那个人中断攀登这座高山。

但是，相比之下，中断体形态变化语法词缀 -ʤiʧʧi 的使用率远远超过 -ʤiger，后者一般都出现于一些老年人的口语里，除此之外很少被使用。

第十一节　愿望体

根据分析，愿望体阐述含有某一愿望或希望内涵的动作行为。由于愿望体同样可以表示人们对于某一动作行为的希望或渴望，由此也有人将愿望体称为希望体。愿望体形态变化现象，要用形态变化语法词缀 -kki 来表现。因为，该词缀是以中性短元音 i 为核心构成，没有元音和谐方面的要求和制约，可以用于由不同元音组合而成的任何一个动词词根或词干后面，并借助句子末尾的应许助动词 oodoŋ “行”、“好”、“是” 来表达其语法概念。例如，

ʃi　tari　nandahaŋ　təggəʧʧiwə　gada-kki oodoŋ.
你　那　漂亮　衣服　买 希望　好
希望你买那件漂亮衣服。

bi　tari　moriŋbo　ugu-kki　oodoŋ.
我　那　马 把　骑 希望　行
我希望骑那匹马。

əmmə ʤʉligʉ namaddi ʤʉʉdʉ təgə-kki oodoŋ.
妈妈 南边 暖和 房间 住 希望 好
希望妈妈住朝阳的暖和房间。

以上三句中，愿望体形态变化语法词缀 -kki，分别接缀于以阳性短元音 a 为主构成的动词词根 gada-“买”、由阳性短元音 u 为主构成的动词词根 ugu-“骑”、由阴性短元音 ə 为主构成的动词词根 təgə-“住”，形成具有愿望体形态变化现象的动词 gadakki（gada-kki）、ugukki（ugu-kki）、təgəkki（təgə-kki）等。并且，在应许助动词 oodoŋ 的积极而有效配合下，阐述了“希望买”、“希望骑”、“希望住”等愿望体形态变化语法概念。其他实例还有 jooholo-kki oodoŋ.“希望步行”、uruu-kki oodoŋ.“希望堆积”、gʉʉrʉ-kki oodoŋ.“希望明白”、hɵɵrɵ-kki oodoŋ.“希望兴奋”、gələə-kki oodoŋ.“希望寻找”、iinig-kki oodoŋ.“希望活”、eʃe-kki oodoŋ.“希望到达”等。

就如我们分析中断体形态变化现象时发现的情况相同，具有希望体形态变化现象的语句内，同样有使用判断助动词 ʃiŋʤə“是”的情况。而且，ʃiŋʤə 要用在句子末尾出现的应许助动词 oodoŋ 的后面。例如，

ʃi tari nandahaŋ təggətʃʧiwə gada-kki oodoŋ ʃiŋʤə.
你 那 漂亮 衣服 买 希望 好 是
希望你买那件漂亮衣服。

bi tari moriŋbo ugu-kki oodoŋ ʃiŋʤə.
我 那 马 把 骑 希望 行 是
我希望骑那匹马。

很显然，这两个句子末尾使用的判断助动词 ʃiŋʤə，对于希望体形态变化现象阐述的语法概念，也就是对于人们希望要实施的动作行为给予了肯定。从这个意义上讲，判断助动词 ʃiŋʤə 是附属于应许助动词 oodoŋ 的产物，它表现出的也是一个附属性质的语法概念，进而肯定和强化了人们希望要实施的动作行为。

第十二节　未完成体

我们的资料表明，该语言里还有未完成体形态变化现象，并以形态变化语法词缀 -ʤi 来展示其结构特征。不过，未完成体形态变化现象，不能作为动词的收尾形式出现于句子，而是在接缀有未完成体形态变化语法词缀的动词词干后面，再连缀陈述式现在时形态变化语法词缀。从这个角度来讲，未完成体形态变化语法词缀 -ʤi 不属于动词终止形，而是属于未完成型，或者说未结束形。它的未完成性质的动作行为，要通过在其后面连缀的陈述式现在时形态变化语法词缀才能够表现出来。此外，未完成体形态变化现象，没有元音和谐内容，因此使用时同样不受元音和谐原理的制约，可以接缀于由不同元音构成的任何一个动词词根或词干。例如，

nəhʉŋbi　tari　moo　təggəəŋbə　ana-ʤi-ʤiraŋ.
弟弟　那　木　车　推 还在 现在
我弟弟还在推木车。

bi　tari　honnoriŋ　moriŋbo　ugu-ʤi-ʤime.
我　那　黑的　马 把　骑 还在 现在
我还在骑那匹黑马。

ʃi　tari　əriŋdʉ　mʉni　ʤʉʉdʉ　əmə-ʤi-ʤisəʃi.
你　那　时 在　我们的　家与　来 还在 现在
那时你还在来我们家的路上。

在上述句子里，接缀于动词词根 ana-“推”、ugu-“骑”、əmə-“来”等的未完成体形态变化语法词缀 -ʤi，构成 anaʤi-（ana-ʤi-）、uguʤi-（ugu-ʤi-）、əməʤi-（əmə-ʤi-）等具有未完成体形态变化现象的动词词干。然而，它们的语法概念，全靠陈述式现在时形态变化语法词缀 -ʤiraŋ、-ʤime、-ʤisəʃi 才得以完美表达。更准确地讲，在这三个例句内，未完成体

形态变化语法词缀 -ʤi，所表达的实际意思应该是“我弟弟推木车的动作行为还未完成（或结束）”、“我骑那匹黑马的动作行为还未完成（或结束）”、“你来我们家的动作行为还未完成（或结束）”等。不过，也有人将未完成体形态变化语法词缀 -ʤi 发音成 -ji 。例如，

nəhʉŋbi tari moo təggəəŋbə ana-ji-ʤiraŋ.
弟弟 那 木 车 推 还在 现在
我弟弟在推木车。

ʃi tari əriŋdʉ mʉni ʤʉʉdʉ əmə-ji-ʤisəʃi.
你 那 时 在 我们的 家与 来 还在 现在
那时你在来我们家。

我们掌握的第一手调研资料中，还有将由未完成体形态变化语法词缀 -ʤi 演化而来的 -ji 再度简化发音为 -j 音的情况。比如，把上述例句里出现的 anaʤiʤiraŋ > anajiʤiraŋ（ana-ji-ʤiraŋ）和 əməʤiʤisəʃi > əmajiʤisəʃi（əmə-ji-ʤisəʃi）发音成 anajʤiraŋ（ana-j-ʤiraŋ）、əməjʤisəʃi（əmə-j-ʤisəʃi）等。甚至出现把 -j 省略后，都发音成 anaʤiraŋ（ana-ʤiraŋ）、əməʤisəʃi（əmə-ʤisəʃi）的特殊实例。不论怎么说，在该语言动词体形态变化现象内，未完成体是一个极其濒危的语法符号。如果不去细心听或深入研究，很难发现它的存在及其发挥的语法作用。

很有意思的是，鄂温克语里也可以用四元一体元音和谐原理组合而成的形态变化语法词缀 -maaŋ、-mooŋ、-məəŋ、-mɵɵŋ 来表达未完成体形态变化语法概念的情况。毫无疑问，它也同样得到肯定助动词 biʃiŋ“是”的协助。由于该套形态变化语法词缀有元音和谐现象，所以使用时一定要遵循四元一体元音和谐原理。例如，

nəhʉŋbi tari moo təggəəŋbə ana-maaŋ biʃiŋ.
弟弟 那 木 车 推 还在 是
弟弟还在推那辆木车。

bi　tari　honnoriŋ　moriŋbo　ugu-mooŋ　biʃiŋ.
我　那　黑的　马 把　骑　还在　是
我还在骑那匹黑马。

ʃi　tari　əriŋdʉ　mʉni　ʤʉʉdʉ　əmə-məəŋ　biʃiŋ.
你　那　时 在　我们　家　来　还在　是
那时你还在来我们家。

mini　ahiŋbi　honnoriŋ　moriŋbo　huriganŋdihi　jʉʉgʉ-mɵɵŋ　biʃiŋ.
我　哥哥　黑　马　马圈　拿出　还在　是
我哥哥还在把黑骏马从马圈弄出来。

不难看出，按照元音和谐原理接缀于动词词根 ana-“推”、ugu-“骑”、əmə-“来”以及动词词干 jʉʉgʉ-“拿出”等后面的形态变化语法词缀 -maaŋ、-mooŋ、-məəŋ、-mɵɵŋ，自然构成 anamaaŋ（ana-maaŋ）、ugumooŋ（ugu-mooŋ）、əməməəŋ（əmə-məəŋ）、jʉʉgʉmɵɵŋ（jʉʉgʉ-mɵɵŋ）等承载未完成体形态变化内涵的动词。进而在肯定助动词 biʃiŋ 的有力配合下表现出了“还在推”、“还在骑”、“还在来”、“还在弄出来”等未完成性质动作行为。而且，从某种意义上讲，未完成体形态变化语法词缀 -maaŋ、-mooŋ、-məəŋ、-mɵɵŋ 的使用率要相对高于 -ʤi。

第十三节　假装体

通过分析，我们明确认识到，由四元一体元音和谐原理组合而成的语法词缀 -haʃi、-hoʃi、-həʃi、-hɵʃi，在具体语句内表现出的是假装体语法概念。也就是说，它们以黏着形式出现于动词词根或词干后面时，主要表示假装要实施的某一动作行为。由于它们有元音和谐现象，使用时必须严格遵循四元一体元音和谐原理，分别将接缀于由不同元音构成的动词词根或词干后面。假装体形态变化语法词缀属于词中形而不属于终止形。所以，在接缀有假装体形态变化语法词缀的动词词干后面，还要连缀陈述式现在将来时形态变化语法词缀。换言之，接缀于动词词根或词干的假定体形态变化语法词缀，只有在以连缀形式出现的陈述式现在将来时形态变化语法词缀的积极配合下，才能够完美表示其包含的语法含义。

1. 假装体形态变化语法词缀 -haʃi 的使用关系

以阳性短元音 a 为主构成的假装体形态变化语法词缀 -haʃi，一般都用于以阳性短元音 a 及长元音 aa 为核心构成的动词词根或词干，并在以连缀形式出现的式形态变化语法词缀的协助下表示其语法概念。例如，

tari ʉkkəhəŋ əri ʉkkʉwə taana-haʃi-raŋ.
那 男孩 这 门 把 拉 假装 现在将来
那男孩（现在将来）假装拉这个门。

在这一句子中，接缀有假装体形态变化语法词缀 -haʃi 的动词 taanahaʃi（taana-haʃi）“假装拉”所包含的语法意义，借助在后面以连缀形式出现的陈述式现在将来形态变化语法词缀 -raŋ 才得以完美表达。

2. 假装体形态变化语法词缀 -hoʃi 的使用关系

假装体形态变化语法词缀 -hoʃi 要用于以阳性短元音 o、u 及长元音 oo、uu 等为中心构成的动词词根或词干后面，并在动词类词式形态变化现象的积极有效的协助下，阐述它要表达的语法概念。例如，

ʃi joodoŋ əmməwə iʃikkil soŋo-hoʃi-nde?
你 为何 妈妈 把 看见就 哭 假装 你
你为什么一见妈妈就假装哭呀？

nəhʉŋbi miniwə iʃiʧʧi gəbbə oo-hoʃi-roŋ.
弟弟 我 看见 活 干 假装 现在将来
弟弟（现在将来）见了我就假装干活。

nəhʉŋ tari honnoriŋ moriŋbo ugu-hoʃi-ʤiroŋ.
弟弟 那 黑的 马 把 骑 假装 现在
弟弟（现在）假装骑那匹黑马。

上面的三个例句中，假装体形态变化语法词缀 -hoʃi，根据元音和谐原理，先后接缀于以阳性短元音 o、u 以及长元音 oo 为主构成的动词词根 soŋo-“哭”、oo-“干”、ugu-“骑”等后面，形成具有假装体形态变化现象的动词词干 soŋohoʃi-（soŋo-hoʃi-）、oohoʃi-（oo-hoʃi-）、uguhoʃi-（ugu-hoʃi-），并在它们后面连缀形式出现的动词类词陈述式现在将来时单数第二人称形态变化语法词缀 -nde、单数第三人称形态变化语法词缀 -roŋ、陈述式现在时单数第三人称形态变化语法词缀 -ʤiroŋ 等协助下，表示了“假装哭”、“假装干活”、“假装骑”等假装体形态变化现象的语法概念。

3. 假装体形态变化语法词缀 -həʃi 的使用关系

以阴性短元音 ə 为主构成的假装体形态变化语法词缀 -həʃi，要用于由阴性短元音 ə 及长元音 əə，以及中性短元音 i、e 或长元音 ii、ee 等组成的动词词根或词干后面，并借助式形态变化现象的形态变化语法词缀，充分表达它所包含的语法概念。例如，

tari moriŋ uguso bəj minithəhi nəttə-həʃi-rəŋ.
那 马 骑的 人 我 向 笑 假装 现在将来
那位骑马的人假装向我笑。

nəhʉŋ moo oroondihi tihi-həʃi-ʤirəŋ.
弟弟 树 上 掉落 假装 现在
弟弟假装从树上掉下来。

bi əʃi nəhʉŋni moriŋbo gələə-həʃi-ʤime.
我 现在 弟弟 马 寻找 假装 现在
我现在假装寻找弟弟的马。

不难看出，假装体形态变化语法词缀 -həʃi，在以上三个句子中分别接缀于以阴性短元音 ə 为主构成的动词词根 nəttə-“笑”、以中性短元音 i 为主构成的动词词根 tihi-“掉”、以阴性短元音 ə 及长元音 əə 为主构成的动词词根 gələə-“寻找”后面，形成包含有假装体形态变化语法内涵的动词词干 nəttəhəʃi-（nəttə-həʃi-）、tihihəʃi-（tihi-həʃi-）、gələəhəʃi-（gələə-həʃi-）等。紧接着它们在以连缀形式出现的动词类词陈述式现在将来时单数第三人称形态变化语法词缀 -rəŋ、陈述式现在时单数第三人称形态变化语法词缀 -ʤirəŋ、现在时单数第一人称形态变化语法词缀 -ʤime 等的积极配合之下，最终构成 nəttəhəʃirəŋ（nəttə-həʃi-rəŋ）、tihihəʃiʤirəŋ（tihi-həʃi-ʤirəŋ）、gələəhəʃiʤime（gələə-həʃi-ʤime），从而清楚地表达了“假装笑”、“假装掉下来”、“假装寻找”等假装体形态变化现象的语法概念。

4. **假装体形态变化语法词缀 -hɵʃi 的使用关系**

毫无疑问，由阴性短元音 ɵ 构成的假装体形态变化语法词缀 -hɵʃi，要用于以阴性短元音 ɵ、ʉ 及长元音 ɵɵ、ʉʉ 为主组合而成的动词词根或词干后面。同样，也是借助陈述式形态变化语法词缀来表达其完整的语法概念。例如，

mini əhiŋbi ʤʉʉ dooloni jəəməwi tɵllə jʉʉgʉ-hɵʃi-rɵŋ.
我的 姐姐 屋子 里的 东西 外头 拿出 假装 现在将来
我姐姐把屋里东西（现在将来）假装拿到外面。

tari bəj bəjdʉ ɵlɵɵhɵʃiwʉ-hɵʃi-ʤirɵŋ.
那 人 人 欺骗 多次 现在
那个人现在正在假装被人欺骗。

与此相关的例子还有 gʉggʉl-hɵʃi-ʤirɵŋ“假装动弹”、hɵbbɵ-hɵʃi-ʤirɵŋ“假装翻过来”等。可以看出，无论是上述两个例句，还是前面的三个例词中，接缀于动词词干 jʉʉgʉ-“拿出去”或动词词根 ɵlɵɵhɵʃiwʉ-“欺

骗”，以及动词词根 gʉggʉl-“动弹”与 həbbə-“翻过来”等的假装体形态变化语法词缀 -həʃi，首先构成 jʉʉgʉhəʃi-（jʉʉgʉ-həʃi-）、ələəhəʃiwʉhəʃi-（ələəhəʃiwʉ-həʃi-）、gʉggʉlhəʃi-（gʉggʉl-həʃi-）、həbbəhəʃi-（həbbə-həʃi-）等动词词干；其次在动词类词陈述式现在将来时单数第三人称形态变化语法词缀 -rəŋ、陈述式现在时形态变化语法词缀 -ʤirəŋ 的协助下构成 jʉʉgʉhəʃirəŋ（jʉʉgʉ-həʃi-rəŋ）、ələəhəʃiwʉhəʃiʤirəŋ（ələəhəʃiwʉ-həʃi-ʤirəŋ）、gʉggʉlhəʃiʤirəŋ（gʉggʉl-həʃi-ʤirəŋ）、həbbəhəʃiʤirəŋ（həbbə-həʃi-ʤirəŋ）等动词，进而表达了“假装拿出去”、“假装被欺骗”、“假装动弹”、“假装翻过来”等假装体形态变化现象的语法概念。

另外，我们调研资料还显示，假装体形态变化现象的语法概念，还可以用在 -haʃi、-hoʃi、-həʃi、-həʃi 上面接缀双唇鼻辅音 -m 的手段，构成 -haʃim、-hoʃim、-həʃim、-həʃim 等新一套结构类型的假装体形态变化语法词缀，并在肯定助动词 biʃiŋ 或 bi- 的积极配合下进行表述的特定形式。例如，

mini　ʉkkəhəŋbi　əri　ʉkkʉwə　taana-haʃim　biʃiŋ.
我　儿子　这　门 把　拉　假装　是
我儿子假装拉这个门。

nəhʉŋ　tari　honnoriŋ　moriŋbo　ugu-hoʃim　biʃiŋ.
弟弟　那　黑的　马 把　骑 假装　是
弟弟假装骑那匹黑马。

bi　əʃi　nəhʉŋni　moriŋbo　gələə-həʃim　bi-ʃim.
我 现在　弟弟　马　寻找　假装　是
我假装寻找弟弟的马。

tari　bəj　bəjdʉ　ələəhəʃiwʉ-həʃim　biʃiŋ.
那　人　人　欺骗　假装　是
那个人假装被人欺骗。

相对而言，假装体形态变化现象比较复杂。它不仅有不同结构特征及其使用形式，同时还都有元音和谐现象。而且，在鄂温克语口语里，假装体形态变化现象的语法词缀 -haʃi、-hoʃi、-həʃi、-hɵʃi 的使用率，要高于 -haʃim、-hoʃim、-həʃim、-hɵʃim。而且，许多方言土语里，都很少使用 -haʃim、-hoʃim、-həʃim、-hɵʃim 与肯定助动词 biʃiŋ 或 bi- 联合组成的假装体形态变化现象的表现形式。

在这里，还必须强调指出的是，表示假装体语法概念的形态变化语法词缀中，无论是词中形的 -haʃi、-hoʃi、-həʃi、-hɵʃi，还是终止形的 -haʃim、-hoʃim、-həʃim、-hɵʃim，它们一旦接缀于由鼻辅音结尾的动词词根或词干后面时，词缀首辅音 h 要产生 k 音变而成 -koʃi、-kəʃi、-kɵʃi 及 -kaʃim、-koʃim、-kəʃim、-kɵʃim。比如说，baaŋkaʃi-（baaŋ-kaʃi-）“假装无聊”、dooŋkoʃi-（dooŋ-koʃi-）“假装飞落”、ənəlkənkəʃi-（ənəlkən-kəʃi-）“假装犯懒”、hʉkkʉŋkɵʃi-（hʉkkʉŋ-kɵʃi-）“假装拴”，以及 baaŋkaʃim biʃiŋ（baaŋ-kaʃim biʃiŋ）“假装无聊”、dooŋkoʃim biʃiŋ（dooŋ-koʃim biʃiŋ）“假装飞落”、ənəlkənkəʃim biʃiŋ（ənəlkən-kəʃim biʃiŋ）“假装犯懒”、hʉkkʉŋkɵʃim biʃiŋ（hʉkkʉŋ-kɵʃim biʃiŋ）“假装拴”等。

第十四节　试动体

鄂温克语试动态的语法概念要用形态变化语法词缀 -mhi 来表示。也就是说，动词词根或词干后面，接缀形态变化语法词缀 -mhi 的形式，表示人们试着要进行的某一动作行为。再说，-mhi 属于动词词中形，不是动词终止形或结束形。正因为如此，在具有试动体形态变化现象的动词词干后面，还要接缀动词陈述式形态变化语法词缀。换言之，-mhi 要利用陈述式形态变化语法词缀，才能够充分展示该动词所包含的语法含义。另外，由于试动体形态变化现象没有元音和谐内容，所以不受元音和谐原理的制约和影响，广泛使用于由不同元音构成的动词词根或词干后面。例如，

ʃi tari nandahaŋ təggəʧʧiwə gada-mhi-ʤidne.
你 那 漂亮 衣服 买 试 现在
你正在试着买那件漂亮衣服。

bi tari honnoriŋ moriŋbo ugu-mhi-me.
我 那 黑 马 把 骑 试 现在将来
我现在或将来试着骑那匹黑马。

əmmə əmʉhəjə ʤʉligʉ ʤʉʉdʉ təgə-mhi-rəŋ.
妈妈 独自 南边 房间 住 试 现在将来
妈妈现在或将来试着独自住朝阳的房间。

tari bəj miniwə ɵlɵɵhɵʃi-mhi-ʤisɵ.
那 人 我 把 欺骗 试 过去
那个人过去试着欺骗过我。

这四个例句中，试动体形态变化语法词缀 -mhi，分别接缀于以阳性短元音 a、u 及阴性短元音 ə、ɵ 与长元音 ɵɵ 为核心构成的动词词根 gada- “买”、ugu- “骑”、təgə- “住” 及动词词干 ɵlɵɵhɵʃi- “欺骗”，形成具有试动体形态变化结构特征的动词词干 gadamhi-（gada-mhi-）、ugumhi-（ugu-mhi-）、təgəmhi-（təgə-mhi-）、ɵlɵɵhɵʃimhi-（ɵlɵɵhɵʃi-mhi-）等。而且，在动词词尾出现的陈述式现在时单数第二人称形态变化语法词缀 -ʤidne、陈述式现在将来时单数第一人称形态变化语法词缀 -me、第三人称形态变化语法词缀 -rəŋ、陈述式过去时单数第一人称形态变化语法词缀 -ʤisɵ 等的积极配合下，最终构成 gadamhiʤidne（gada-mhi-ʤidne）、ugumhime（ugu-mhi-me）、təgəmhirəŋ（təgə-mhi-rəŋ）、ɵlɵɵhɵʃimhiʤisɵ（ɵlɵɵhɵʃi-mhi-ʤisɵ）等动词，进而完美无缺地表现出了“试着买”、“试着骑”、“试着住”、“试着欺骗”等试动体形态变化现象的语法概念。与此相关的例子还有 jooholomhiʤiroŋ（jooholo-mhi-ʤiroŋ）“正在试着步行”、uruumhiʤiroŋ（uruu-mhi-ʤiroŋ）“正在试着堆积”、gʉʉrʉmhiʤirɵŋ（gʉʉrʉ-mhi-ʤirɵŋ）

"正在试着明白"、hɵɵrɵmhiʤirɵŋ（hɵɵrɵ-mhi-ʤirɵŋ）"正在试着兴奋"、gələəmhiʤirəŋ（gələə-mhi-ʤirəŋ）"正在试着寻找"、iinigmhiʤirəŋ（iinig-mhi-ʤirəŋ）"正在试着活"、eʃemhiʤirəŋ（eʃe-mhi-ʤirəŋ）"正在试着到达"等。

在这里还应该提出的是，鄂温克语口语中还有动词词根或词干后面使用形态变化语法词缀 -hi 或 -ʃi 等形式，阐述试动体形态变化现象之语法概念的情况。例如，

əmmə　əmʉhəjə　ʤʉligʉ　ʤʉʉdʉ　təgə-hi-rəŋ.
妈妈　独自　南边　房间　住 试 现在将来
妈妈现在或将来试着独自住朝阳的房间。

tari　bəj　miniwə　ɵlɵɵhɵʃi-hi-ʤisɵ.
那　人　我 把　欺骗　试 过去
那个人过去试着欺骗过我。

ʃi　tari　nandahaŋ　təggəʧʧiwə　gada-ʃi-ʤidne.
你　那　漂亮　衣服　买　试 现在
你正在试着买那件漂亮衣服。

bi　tari　honnoriŋ　moriŋbo　ugu-ʃi-me.
我　那　黑　马 把　骑 试 现在将来
我现在或将来试着骑那匹黑马。

有人认为，刚刚在上面提到的试动体形态变化语法词缀 -hi 或 -ʃi 有可能都源于 -mhi。也就是说，首先是由于 -mhi 的双唇鼻辅音 m 出现脱落现象而成 -hi 这一词缀形式。再就是由于该语言里有辅音 h 与 s 的语音交替现象，结果在具体发音中出现把 h 发音为 s 音的情况。最后是该语言里，还有将短元音 i 或长元音 ii 前出现的辅音 s 发成 ʃ 音的现象，所以 s 自然而然地被发音为 ʃ，进而出现了 -ʃi（-si ＞-ʃi）这一试动体形态变化语法词缀。这

种说法是否准确与合理，还得需要进一步深入分析研究。但是，我们的资料充分证明，试动体形态变化语法词缀 -hi 或 -ʃi，要远远低于 -mhi 的使用率。

总而言之，鄂温克语动词类词的体形态变化语法范畴里，有以上讨论的十四种体形态变化现象。通过上面的系统研究可以充分了解到，这些体形态变化现象在表现形式、使用关系、语法意义等方面存在的区别性特征。对此，我们紧密结合体形态变化现象的分析，从以下几个方面进行概括性阐述。

第一，根据以上分析，鄂温克语动词类词体形态变化范畴包括完成体（-ʧʧi）、进行体（-ʤisa、-ʤisə、-ʤiso、-ʤisɵ）、未进行体（-ddi、-dda、-ddə、-ddo、-ddɵ ~ -ʤaa、-ʤəə、-ʤoo、-ʤɵɵ）、执行体（-na、-nə、-no、-nɵ）、延续体（-taal、-təəl、-tool、-tɵɵl）、多次体（-mal、-məl、-mol、-mɵl）、一次体（-ʧʧil）、反复体（-guuʧ、-gʉʉʧ）、固定体（-taŋ、-təŋ、-toŋ、-tɵŋ）、中断体（-ʤiʧʧi）、愿望体（-kki）、未完成体（-ʤi ~ -maaŋ、-məəŋ、-mooŋ、-mɵɵŋ）、假装体（-haʃi、-həʃi、-hoʃi、-hɵʃi ~ -haʃim、-həʃim、-hoʃim、-hɵʃim）、试动体（-mhi）十四种。其中，完成体、进行体、未进行体、延续体、多次体、一次体、反复体、固定体、中断体、愿望体、假装体（第二套语法词缀）十一个形态变化语法词缀属于动词终止形或结束形结构类型。与此相反，像执行体、试动体、未完成体三个形态变化语法词缀则属于动词词中形结构类型。这其中，试动体有终止形和词中形两种结构特征。

第二，像进行体、未进行体、执行体、延续体、多次体、反复体、固定体、未完成体、假装体九个形态变化语法词缀有元音和谐现象。其中，未进行体形态变化语法词缀由以短元音 a、ə、i、o、ɵ 为中心的五元一体元音和谐原理组合而成，反复体形态变化语法词缀由以长元音 uu、ʉʉ 为核心的二元一体元音和谐原理组合而成。那么，除了刚才提到的未进行体和反复体形态变化语法词缀之外的，像进行体、执行体、延续体、多次体、固定体、未完成体、假装体七个形态变化语法词缀，均由以短元音 a、ə、o、ɵ 为主的四元一体元音和谐原理组合而成。再说，假装体形态变化语法词缀不仅有两套表现形式，而且还有词缀首辅音交替现象。总之，有元音和谐内容的体形态变化语法词缀，要严格遵循其元音和谐原理，分门别类地接缀于由不同元音及不同形式和内容和谐构成的动词词根或词干后面。同上面提到的九个体形态变化现象不同，像完成体、一次体、中断体、愿望体、试动体五个体形态变化语法词缀没有元音和谐现象，使用时不受元音和谐原理的制约和影响，自由用于任何动词词根或词干后面。

第三，在体形态变化现象的表现形式中，未进行体有 -ddi、-dda、-ddə、-ddo、-ddɵ 以及 -ʤaa、-ʤəə、-ʤoo、-ʤɵɵ 两套形态变化语法词缀；中断体也用 -ʤiʧʧi 与 -ʤiger 两个形态变化语法词缀表示其语法概念；未完成体形态变化语法词缀，根据使用关系及其特点，要分为词中形结构类型的 -ʤi 及终止形结构类型的 -maaŋ、-məəŋ、-mooŋ、-mɵɵŋ 两种；假装体形态变化语法词缀也要分词中形（-həʃi、-hoʃi、-hɵʃi）及终止形（-haʃim、-həʃim、-hoʃim、-hɵʃim）两种结构类型。同时，假装体形态变化现象内部，还按照词缀首辅音 h 与 k 的交替原理，要分类出 -haʃi、-həʃi、-hoʃi、-hɵʃi ~ -haʃim、-həʃim、-hoʃim、-hɵʃim 以及 -kaʃi、-kəʃi、-koʃi、-kɵʃi ~ -kaʃim、-kəʃim、-koʃim、-kɵʃim 两种不同使用关系的四套形态变化语法词缀；试动体形态变化现象具有 -mhi 及 -hi 与 -ʃi 三种词中形结构特征的形态变化语法词缀。所有这些，均有特定使用要求和条件。不过，属于同一个体形态变化语法概念下的不同结构特征的语法词缀，要表示完全相同的语法概念。

第四，从体形态变化现象的表现形式及其使用关系、使用特征的角度来讲，像进行体、未进行体、延续体、多次体、反复体、固定体、中断体、未完成体、假装体（第二套形态变化语法词缀）等语法概念，要在肯定助动词 biʃiŋ 与 bi- 的积极配合和协助下才能够得以充分发挥；完成体的语法概念要借助肯定助动词 nəəsə 来完美表现；未进行体和愿望体的语法意义，要通过允许助动词 oodoŋ，以及接缀动词类词式形态变化语法词缀的判断助动词 oo-、能愿助动词 ətə- 等来表达；一次体的语法概念，要借助其后使用的否定助动词 aaʃiŋ，或者在肯定助动词 biʃiŋ 的积极配合下才能表现出来。

第五，像接缀有执行体、未完成体、假装体、试动体形态变化语法词缀的动词词干后面，再接缀动词类词式形态变化语法词缀的前提下，才能够完整无缺地发挥其体形态变化现象的语法功能。换言之，这四种体形态变化语法词缀，不能够作为动词类词的终止形来使用，所以在它们后面还要接缀式形态变化现象的语法词缀，从而才能够在句中被使用，才能够表达出它们包含的语法概念。而且，在未完成体形态变化语法词缀后面，接缀陈述式形态变化语法词缀的现象占绝对多数。另外，属于此种结构类型的体形态变化语法词缀，往往用于句子末尾的动词词根或词干后面。

第六，我们的研究还表明，有的体形态变化语法词缀还可以表达两个或两个以上的语法概念。比如，一次体形态变化现象，就可以阐述一次体和经常体语法概念；而多次体形态变化现象，除了表示一次体之外，还可以表示反复体和连续体的语法含义。

综上所述，鄂温克语动词类词的形态变化范畴里，体形态变化现象是一个相当复杂的语法系统。我们认为，除了在这里讨论的实例以外，可能还有一些尚未发现或涉及的体形态变化现象。因此，需要再进一步深入探讨。

第三章

陈述式形态变化现象

鄂温克语的动词类词里，有表示动作行为的不同时间和不同人称关系的形态变化语法词缀系统。而且，这一系统在该语言内几乎属于最为复杂、最为烦琐、最为精细的式形态变化语法范畴。它的复杂性，远远超出动词类词的任何一种结构类型的形态变化现象。其内部，根据不同语法功能及作用，首先区分出陈述式、祈求式、命令式、假定式、疑问式五大类结构类型。进而，在各自内部，还可以分类出若干个表示不同时间、不同数（单复数）、不同人称形态变化现象的词缀系统。特别是我们将要分析和讨论的陈述式形态变化现象，有其极为丰富多样、层次鲜明、结构严谨、各具特定语法含义的形态变化表现形式。按照人们在陈述这些复杂多变的动作行为时表现出的不同时间概念、不同人称关系，以及单数和复数的不同，一是在其内部要分出现在时、现在将来时、将来时、过去时、过去进行时五种类别的结构系统；二是还要按照数形态变化现象表现出的不同概念，在五种类别的结构系统内部均分出单数类和复数类两种结构类型；三是在单数和复数形态变化结构类型内部，依据动作行为者的不同，各自分出第一人称、第二人称、第三人称形态变化现象。

根据我们所掌握的资料，经过全面系统的分析归纳，鄂温克语动词类词的陈述式形态变化语法范畴里，主要包括现在时、现在将来时、将来时、过去时、过去进行时的五种时间概念、五种语法关系、五种结构类型、五种使用特征的形态变化现象及其表现形式。而且，陈述式的这些形态变化现象均有特定形态变化语法词缀，并均作为句子终止形用于句末出现的动词词根或词干后面，进而明确阐述陈述式形态变化现象中，与不同时间、不同人称、不同数（单复数）密切相关的语法概念。以下结合田野调查中获取的第一手资料，以及实际例子和具体情况，分别分析和讨论动词陈述式的现在时、现在将来时、将来时、过去时、过去进行时的结构特征、使用原理、语法功能和作用等。再说，它们各自不同的语法概念，虽然均用各自不同的形态变化语法词缀来表示，但其中单数和复数第三人称形态变化现象则用完全相同的语法词缀。区分它们在数形态结构方面存在的不同点，主要看动作行为的施事者是 tari “他” 还是 talar “他们”。

第一节　陈述式现在时

鄂温克语动词陈述式现在时形态变化现象，主要表示现在正在进行的动作行为。而且，根据形态变化语法词缀表现出的不同形式和内容，其内部先分出单数和复数两种结构类型，进而在单数和复数两种结构类型中各自分出第一人称、第二人称、第三人称三种形态变化现象。当然，其中的单数和复数第三人称形态变化语法词缀，在语音结构方面保持了高度一致。同时，单数和复数第三人称、复数第一人称以及复数第二人称形态变化语法词缀均有元音和谐现象。因此，使用这些形态变化语法词缀时，一定要严格遵循元音和谐原理，分别接缀于由不同元音和谐构成的动词词根或词干后面。与此相反，陈述式现在时单数第一人称和第二人称形态变化语法词缀没有元音和谐现象，所以自由使用于由不同元音构成的动词词根或词干后面。表 3－1 展示了陈述式现在时形态变化语法词缀的分类及结构特征。

表 3－1　**陈述式现在时形态变化现象**

单数形态变化现象			复数形态变化现象		
第一人称	第二人称	第三人称	第一人称	第二人称	第三人称
-ʤime	-ʤinde	-ʤiraŋ、-ʤirəŋ -ʤiroŋ、-ʤirɵŋ	-ʤimuŋ -ʤimʉŋ	-ʤiʧʧuŋ -ʤiʧʧʉŋ	-ʤiraŋ、-ʤirəŋ -ʤiroŋ、-ʤirɵŋ

从表 3－1 中，我们不难看出，陈述式现在时形态变化现象的分类情况，以及各自表现出的形态变化语法词缀的结构形式和特征，几乎都是以在 -ʤi

后面接缀陈述式现在时形态变化语法词缀的形式构成。同时，除了单数第一人称和第二人称之外，均有不同程度的元音和谐现象。我们结合具体例句，分别展开分析讨论。

1. **单数第一人称形态变化语法词缀 -ʤime 的使用关系**

动词陈述式现在时单数第一人称的语法概念，要用形态变化语法词缀 -ʤime 来表示。该词缀是在包含有现在时间概念的形态变化语法词缀 -ʤi 后面，接缀现在将来时单数第一人称形态变化语法词缀 -me 而构成。由于该词缀没有元音和谐现象，使用时不受其影响和限制，可以自由接缀于由不同元音构成的动词词根或词干后面。例如，

bi tari nandahaŋ təggəʧʧiwə ga-ʤime.
我 那 漂亮 衣服 买 着我
我现在买那件漂亮衣服。

bi əʃi əmʉhəjə ʤʉligʉ ʤʉʉdʉ təgə-ʤime.
我 现在 独自 南边 房间 住 着我
我现在独自住朝阳的房间。

bi əʃi hara əggəəlwi mʉʉ imoha(ŋ)nam nini-ʤime.
我 现在 黑的 犍牛把自己 水 喝 让 去 着我
我现在去让黑犍牛饮水。

现在时单数第一人称形态变化语法词缀 -ʤime，在上述三个例句中，先后接缀于以阳性短元音 a、阴性短元音 ə、中性短元音 i 等为核心构成的动词词根 ga-“买”、təgə-“住”、nini-“去”，构成具有现在时单数第一人称形态变化现象的动词 gaʤime（ga-ʤime）、təgəʤime（təgə-ʤime）、niniʤime（nini-ʤime），进而陈述了“我现在正在买”、“我现在正在住”、“我现在正在去”等包含有现在时单数第一人称语法概念的动作行为。

2. 单数第二人称形态变化语法词缀 -ʤinde 的使用关系

根据分析，动词陈述式现在时单数第二人称语法词缀是表示现在时间概念的形态变化语法词缀 -ʤi 与现在将来时单数第二人称形态变化语法词缀 -nde 联合构成的产物。-ʤinde 也没有元音和谐内容，所以不受元音和谐原理的影响和限制。例如，

ʃi　əʃi tari　moo　təggəəŋbə　ana-ʤinde.
你 现在 那　木　　车　　推 着你
你现在正在推木车。

ʃi　məəni　bogdu　tihiwʉsə　toʧʧiwi　gələə-ʤinde.
你　自己　地上　掉的　扣子　寻找　着你
你现在正在寻找掉地上的扣子。

ʃi　əri　əmʉŋ　ʉgwi　adirahat　ʤiŋʤi-ʤinde.
你　这　一　话　几次　说　着你
你现在正在把那句话说好几遍。

上述三个例句中，现在时单数第一人称形态变化语法词缀 -ʤinde，分别接缀于以阳性短元音 a、阴性短元音 ə 及长元音 əə、中性短元音 i 等为核心构成的动词词根 ana-“推”、gələə-“寻找”、ʤiŋʤi-“说”，构成具有现在时单数第二人称形态变化内涵的动词 anaʤinde（ana-ʤinde）、gələəʤinde（gələə-ʤinde）、ʤiŋʤiʤinde（ʤiŋʤi-ʤinde）。在此基础上，陈述了“你现在正在推”、“你现在正在寻找”、“你现在正在说”等承载现在时单数第二人称语法概念的动作行为。

3. 单数第三人称形态变化语法词缀 -ʤiraŋ、-ʤirəŋ、-ʤiroŋ、-ʤireŋ 的使用关系

就像在表 3－1 所展示的那样，陈述式现在时单数第三人称的语法概念

要用形态变化语法词缀 -ʤiraŋ、-ʤirəŋ、-ʤiroŋ、-ʤirɵŋ 等表示。毫无疑问，它们也是由现在时间概念的形态变化语法词缀 -ʤi 同现在将来时单数第三人称形态变化语法词缀 -raŋ、-rəŋ、-roŋ、-rɵŋ 等组合而成。此外，由于它们是以四元一体元音和谐原理构成，使用时一定要严格遵循其元音和谐要求与条件。例如，

tari bəj əʃi ikkiŋ ʤʉʉ ʤawa-ʤiraŋ.
那 人 现在 新的 房子 搭建 着他
那个人现在正在搭建新房子。

ahiŋbi tari giltariŋ moriŋbo ugu-ʤiroŋ
哥哥 那 白 马 骑 着他
我哥哥现在正在骑白马

mini nəhʉŋbi paas təggəəŋdʉ əlgə-ʤirəŋ.
我的 弟弟 公交 车 驾驶 着他
我弟弟现在正在驾驶公交车。

tari bəj əri goddo ʉrdʉ jʉʉ-ʤirɵŋ.
那 人 这 高的 山 攀登 着他
那个人现在正在攀登那座高山。

haŋbo ʤahuŋ tʉʉggʉni ʉnʉgʉlwʉ ʤiŋʤi-ʤirəŋ.
汗宝 八 狼 故事 讲述 着他
汗宝现在正在讲述八条狼的故事。

显而易见，上面的句子中，陈述式现在时单数第三人称形态变化语法词缀 -ʤiraŋ、-ʤirəŋ、-ʤiroŋ、-ʤirɵŋ 等，按照元音和谐要求接缀于由阳性短元音 a、u 与阴性短元音 ə、长元音 ʉʉ 及中性短元音 i 为主形成的动词词根或词干 ʤawa-“搭建”、ugu-“骑”、əlgə-“驾驶”、jʉʉ-“攀登”、ʤiŋʤi-

“讲述”等后面，派生出了 ʤawaʤiraŋ（ʤawa-ʤiraŋ）、uguʤiroŋ（ugu-ʤiroŋ）、əlgəʤirəŋ（əlgə-ʤirəŋ）、jʉʉʤirɵŋ（jʉʉ-ʤirɵŋ）、ʤiŋʤiʤirəŋ（ʤiŋʤi-ʤirəŋ）等具有陈述式现在时单数第三人称形态变化结构特征的动词，进而明确陈述了“他现在正在搭建”、“他现在正在骑”、“他现在正在驾驶”、“他现在正在攀登”、“他现在正在讲述”等包含有陈述式现在时单数第三人称语法概念的动作行为。与此相关的实例还有 taanaʤraŋ（taana-ʤraŋ）“现在正在拉”、gələəʤirəŋ（gələə-ʤirəŋ）“现在正在寻找”、hɵɵsɵrɵʤirɵŋ（hɵɵsɵrɵ-ʤirɵŋ）“现在正在起泡儿”、guʧuhutʤiroŋ（guʧuhut-ʤiroŋ）“现在正在结盟”、hʉmʉliʤirɵŋ（hʉmʉli-ʤirɵŋ）“现在正在拥抱”、iiŋʤirəŋ（iiŋ-ʤirəŋ）“现在正在磨蹭”、teweʤirəŋ（tewe-ʤirəŋ）“现在正在拾”等。

4. 复数第一人称形态变化语法词缀 -ʤimuŋ、-ʤimʉŋ 的使用关系

根据调研资料，动词陈述式现在时复数第一人称的语法概念，用形态变化语法词缀 -ʤimuŋ、-ʤimʉŋ 来表示。它们的构成因素，自然是表示现在时间概念的形态变化语法词缀 -ʤi，以及现在将来时复数第一人称形态变化语法词缀 -muŋ、-mʉŋ。由于该词缀有二元一体的元音和谐现象，使用时根据要求将 -ʤimuŋ 接缀于以阳性元音为主构成的动词词根或词干后面，把 -ʤimʉŋ 用于以阴性元音及中性元音为主构成的动词词根或词干后面。例如，

bʉ tari nandahaŋ təggəʧʧiwə ga-ʤimuŋ.
我们 那 漂亮 衣服 买 着我们
我们现在正在买那件漂亮衣服。

bʉ hokko honnoriŋ moriŋ ugu-ʤimuŋ.
我们 都 黑的 马 骑 着我们
我们现在正在骑那匹黑马。

bʉ əʃi ʤʉligʉ ʤʉʉdʉ təgə-ʤimʉŋ.
我们 现在 南边 房间 住 着我们
我们现在独自住朝阳的房间。

bʉ əʃi hara əggəəlwə ʤawanam nini-ʤimʉŋ.
我 现在 黑的 犍牛把 抓 去 着我们
我们现在正在去抓黑犍牛。

不难看出，陈述式现在时复数第一人称形态变化语法词缀 -ʤimuŋ、-ʤimʉŋ，在以上列举的句子里分别接缀于由阳性短元音 a 与 u、阴性短元音 ə、中性短元音 i 等为主构成的动词词根 ga-“买”、ugu-“骑”、təgə-“住”、nini-“去”，进而形成 gaʤimuŋ（ga-ʤimuŋ）、uguʤimuŋ（ugu-ʤimuŋ）、təgəʤimʉŋ（təgə-ʤimʉŋ）、niniʤimʉŋ（nini-ʤimʉŋ）等动词。在此条件上，明确陈述了“我们现在正在买”、“我们现在正在骑”、“我们现在正在住”、“我们现在正在去”等包含有现在时复数第一人称语法概念的动作行为。

5. 复数第二人称形态变化语法词缀 -ʤiʧʧuŋ、-ʤiʧʧʉŋ 的使用关系

我们的研究表明，动词陈述式现在时复数第二人称语法词缀，主要由表示现在时间概念的形态变化语法词缀 -ʤi 与现在将来时复数第二人称形态变化语法词缀 -suŋ > -ʧʧuŋ、-sʉŋ > -ʧʧʉŋ 组合而成。而且，它们同样是由二元一体元音和谐原理构成，所以使用时严格遵循其使用规则，把 -ʤiʧʧuŋ 用于以阳性元音为核心构成的动词词根或词干后面，将 -ʤiʧʧʉŋ 用于以阴性元音或中性元音为核心的动词词根或词干后面。例如，

sʉ əʃi moo təggəəŋbə ana-ʤiʧʧuŋ.
你们 现在 木 车 推 着你们
你们现在正在推木车。

sʉ bikki əmʉŋ mandi aja bajta oo-ʤiʧʧuŋ.
你们 是 一 非常 好的 事 办 着你们
你们现在正在办一件好事。

sʉ　bogdu　tihiwʉsə　totʃtʃiwol　gələə-ʤitʃtʃʉŋ.
你们 地上　掉的　扣子　寻找　着你们
你们现在正在寻找掉在地上的扣子。

sʉ　əʃi　əri　ikkiŋ　ʤʉʉdʉ　nʉʉggim　ii-ʤitʃtʃʉŋ.
你们 现在 这　新的　房子　搬　进 着你们
你们现在正在搬进这间新房子。

上述四个例句中，现在时复数第二人称形态变化语法词缀 -ʤitʃtʃuŋ 与 -ʤitʃtʃʉŋ，按照元音和谐原理，分别接缀于以阳性短元音 a 和长元音 oo、阴性短元音 ə 及长元音 əə、中性短元音 i 等为中心形成的动词词根 ana-“推”、oo-“办”、gələə-“寻找”、ii-“进”，派生出具有现在时复数第二人称形态变化现象的动词 anaʤitʃtʃuŋ（ana-ʤitʃtʃuŋ）、ooʤitʃtʃuŋ（oo-ʤitʃtʃuŋ）、gələəʤitʃtʃʉŋ（gələə-ʤitʃtʃʉŋ）、iiʤitʃtʃʉŋ（ii-ʤitʃtʃʉŋ）。以此为前提，充分陈述了“你们现在正在推”、“你们现在正在办理”、“你们现在正在寻找”、“你们现在正在搬”等含有现在时复数第二人称的语法概念的动作行为。

6. 复数第三人称形态变化语法词缀 -ʤiraŋ、-ʤirəŋ、-ʤiroŋ、-ʤirɵŋ 的使用关系

很有意思的是，陈述式现在时复数第三人称的语法概念同样用形态变化语法词缀 -ʤiraŋ、-ʤirəŋ、-ʤiroŋ、-ʤirɵŋ 等表示。在这一点上，与陈述式现在时单数第三人称形态变化现象保持了高度的一致性。所以，在构成原理及其使用关系上，也没有什么区别性特征。不同点就在于动作行为的施事者是复数第三人称的 talar、tatʃtʃil、nugaŋtiŋ“他们”、“她们”、“它们”等。例如，

talar　əʃi　ikkiŋ　ʤʉʉ ʤawa-ʤiraŋ.
他们 现在　新的　房子 搭建 着他们
他们现在正在搭建新房子。

taʧʧil　mʉni　giltariŋ　moriŋbo　ugu-ʤiroŋ.
他们　我们的　白　马　骑 着他们
他们现在正在骑我们的白马。

nugaŋtiŋ　əʃi　paas　təggəəŋdʉ　təgəʧʧi　əmə-ʤirəŋ.
她们　现在 公交　车　乘坐　来 着她们
她们现在正在乘坐公交车来呢。

honiŋsol　sʉt　tari　nəttə　ʉrdʉ　jʉʉ-ʤirɵŋ.
羊　们　都　那　矮　山　爬 着它们
羊群现在正在爬那座矮山。

haŋboʃeŋ　ʤahuŋ　tʉʉggʉni　ʉnʉgʉlwʉ　ʤiŋʤi-ʤirəŋ.
汗宝们　八　狼　故事　讲述 着他们
汗宝他们现在正在讲述八条狼的故事。

这五个句子中，陈述式现在时复数第三人称形态变化语法词缀 -ʤiraŋ、-ʤiroŋ、-ʤirəŋ、-ʤirɵŋ 等，依据使用要求和规律，分别接缀于以阳性短元音 a 与 u、阴性短元音 ə 及长元音 ʉʉ、中性短元音 i 为核心构成的动词词根 ʤawa-“盖”、ugu-“骑”、əmə-“来”、jʉʉ-“爬”、ʤiŋʤi-“讲述”等后面，进而形成 ʤawaʤiraŋ（ʤawa-ʤiraŋ）、uguʤiroŋ（ugu-ʤiroŋ）、əməʤirəŋ（əmə-ʤirəŋ）、jʉʉʤirɵŋ（jʉʉ-ʤirɵŋ）、ʤiŋʤiʤirəŋ（ʤiŋʤi-ʤirəŋ）等有陈述式现在时复数第三人称形态变化结构特征的动词。并且，在动作行为的施事者 talar、taʧʧil、nugaŋtiŋ“他们”、“她们”、“它们”等的参与下，陈述了“他们现在正在盖”、“他们现在正在骑”、“她们现在正在来”、“它们现在正在爬”、“他们现在正在讲述”等涵括陈述式现在时复数第三人称语法概念的动作行为。

第二节 陈述式现在将来时

鄂温克语动词陈述式现在将来时形态变化现象，要表示现在或将来进行的动作行为。也就是说，该系列的形态变化语法词缀，不仅能够表示现在时，而且也可以表示将来时，也能够同时表示现在和将来两个时间概念。不过，专门用于表示现在时间，或者专门用于表示将来时间时，句子中必须使用有指称现在或将来时间的词语。如果句子里，没有使用专门表示现在或将来时间概念的特定用语或时间词，那么它们阐述的应该是现在和将来双重时间概念。我们依据这套形态变化语法词缀所承载的语法含义，其内部首先分类出单数和复数两种结构类型，其次是在单数和复数两种结构类型中各自分类出第一人称、第二人称、第三人称三种形态变化现象。其中，单数和复数第三人称形态变化现象的表现形式完全一致。单数第一人称和第二人称形态变化语法词缀无元音和谐现象，复数第一人称及第二人称形态变化语法词缀体现出二元一体的元音和谐现象，单数和复数第三人称形态变化语法词缀涉及四元一体的元音和谐现象。因此，在具体的语句中使用陈述式现在将来时形态变化语法词缀时，一定要严格遵循各自的使用规则及其原理。表 3-2 全面展示了陈述式现在将来时形态变化语法词缀的分类及结构特征。

表 3-2 **陈述式现在将来时形态变化现象**

单数形态变化现象			复数形态变化现象		
第一人称	第二人称	第三人称	第一人称	第二人称	第三人称
-me	-nde	-raŋ、-rəŋ、-roŋ、-rɵŋ -daŋ、-dəŋ、-doŋ、-dɵŋ -naŋ、-nəŋ、-noŋ、-nɵŋ	-muŋ -mʉŋ	-ʧʧuŋ -ʧʧʉŋ	-raŋ、-rəŋ、-roŋ、-rɵŋ -daŋ、-dəŋ、-doŋ、-dɵŋ -naŋ、-nəŋ、-noŋ、-nɵŋ

从表 3-2 中，我们完全可以清楚地看出，陈述式现在将来时形态变化现象的结构性特征，以及具体的分类情况。从它们的结构特征来看，单数和复数第三人称形态变化语法词缀最为复杂和烦琐，但它们都有约定俗成的使用要求和条件。为了更加清楚地论述，陈述式现在将来时形态变化语法词缀具有的能够陈述不同时间概念的功能和作用，分别从现在将来时、现在时、

将来时三个角度进行例句说明和分析讨论。

1. 单数第一人称形态变化语法词缀 -me 的使用关系

动词陈述式现在将来时单数第一人称的语法概念，要用形态变化语法词缀 -me 来表示。很显然，该词缀没有元音和谐现象，可以不受限制和区别地自由接缀于由不同元音构成的动词词根或词干后面，进而陈述动作行为中涵盖的现在将来时单数第一人称的语法概念。

（1）-me 陈述的现在将来时语法概念

bi əwəŋkə sujtaŋdu əwəŋkə bitig tati-me.
我 鄂温克 学校在 鄂温克 文 学 现在将来我
我现在和将来在鄂温克学校学鄂温克文。

bi moriŋ ugutʃtʃi məəni ʤʉʉdʉwi nənʉ-me.
我 马 骑 自己 家 回去 现在将来我
我现在和将来骑马回自己家。

bi aʃeʤi ʤʉʉri əri ikkiŋ kinowo iʃi-me.
我 妻子 俩 这 新 电影 看 现在将来我
我和妻子俩现在和将来看这部新影片。

以上例句中，陈述式现在将来时单数第一人称形态变化语法词缀 -me，接缀于以阳性短元音 a、阴性短元音 ə 及 ʉ、中性短元音 i 为主构成的动词词根 tati-“学”、nənʉ-“回去”、iʃi-“看” 后面，形成包含有陈述式现在将来时单数第一人称形态变化现象的动词 tatime（tati-me）、nənʉme（nənʉ-me）、iʃime（iʃi-me），进而陈述了“我现在将来学”、“我现在将来回去”、“我现在将来看”等涵盖陈述式现在将来时单数第一人称语法意义的动作行为。也就是说，由于这些句子里没有使用专门表示现在或将来时间的特定用语及时间词，所以它们陈述的是某一动作行为中包含的现在和将来双重时间概念。

（2）-me 陈述的现在时语法概念

bi əʃi əwəŋkə sujtaŋdu əwəŋkə bitig tati-me.
我 现在 鄂温克 学校在 鄂温克 文 学 现在我
我现在在鄂温克学校学鄂温克文。

bi əʃi moriŋ ugutʃtʃi məəni ʤʉʉdʉwi nənʉ-me
我 现在 马 骑 自己 家 回去 现在我
我现在骑马回自己家。

bi əʃi aʃeʤi ʤʉʉri əri ikkiŋ kinowo iʃi-me.
我 现在 妻子 俩 这 新 电影 看 现在我
我现在和妻子俩看这部新影片。

上面的例句也是（1）中的三个句子，但由于句中均使用了时间名词 əʃi “现在”，所以接缀有陈述式现在将来时单数第一人称形态变化语法词缀 -me 的动词 tatime（tati-me）、nənʉme（nənʉ-me）、iʃime（iʃi-me），都陈述了“我现在学”、“我现在回去”、“我现在看”等具有现在时语法概念的动作行为。

（3）-me 陈述的将来时语法概念

bi uʤidu əwəŋkə sujtaŋdu əwəŋkə bitig tati-me.
我 将来 鄂温克 学校在 鄂温克 文 学 将来我
我将来在鄂温克学校学鄂温克文。

bi uʤidu moriŋ ugutʃtʃi məəni ʤʉʉdʉwi nənʉ-me.
我 将来 马 骑 自己 家 回去 将来我
我将来骑马回自己家。

bi udʒidu aʃedʒi dʒʉʉri əri ikkiŋ kinowo iʃi-me.
我 将来 妻子 俩 这 新 电影 看 将来我
我将来和妻子俩看这部新影片。

毫无疑问，上述三个例句还是（1）中的实例。然而，由于句中均用了表示将来时间概念的名词 udʒidu“将来”，因此接缀有陈述式现在将来时单数第一人称形态变化语法词缀 -me 的动词 tatime（tati-me）、nənʉme（nənʉ-me）、iʃime（iʃi-me），都无一例外地陈述了“我将来学”、“我将来回去”、“我将来看”等具有将来时语法概念的动作行为。

2. 单数第二人称形态变化语法词缀 -nde 的使用关系

鄂温克语动词陈述式现在将来时单数第二人称的语法概念，要用形态变化语法词缀 -nde 来表示。毋庸置疑，这一词缀同样没有元音和谐功能，所以使用起来不受元音和谐原理的制约，自由接缀于由不同元音构成的动词词根或词干后面，进而陈述动作行为中包含的陈述式现在将来时单数第二人称的语法概念。

（1）-nde 陈述的现在将来时语法概念

ʃi nihaŋ sujtaŋdu nihaŋ bitig tati-nde.
你 汉语 学校在 汉 文 学 现在将来我
你现在和将来在汉语学校学汉文。

ʃi ʉhʉr təggəəŋdʉ təgətʃtʃi məəni dʒʉʉdʉwi nənʉ-nde.
你 牛 车 乘坐 自己 家 回去 现在将来我
你现在和将来乘坐牛车回自己家。

ʃi əri honnoriŋ ninihinbə iggi-nde.
你 这 黑的 狗 养 现在将来我
你现在和将来养这条黑狗。

这三个句子中，陈述式现在将来时单数第二人称形态变化语法词缀 -nde，先后接缀于以阳性短元音 a、阴性短元音 ə 及 ʉ、中性短元音 i 为核心构成的动词词根 tati-“学”、nənʉ-“回去”、iggi-“养”后面，派生出含有陈述式现在将来时单数第二人称形态变化现象的动词 tatinde（tati-nde）、nənʉnde（nənʉ-nde）、igginde（iggi-nde）等。在此前提下，明确陈述了“你现在将来学”、“你现在将来回去”、“你现在将来养”等包含有陈述式现在将来时单数第二人称语法概念的动作行为。当然，这跟句子中没有使用表示现在或将来时间概念的词语有关。

（2）-nde 陈述的现在时语法概念

ʃi　əʃi　nihaŋ　sujtaŋdu　nihaŋ　bitig　tati-nde.
你　现在　汉语　学校在　汉　文　学　现在我
你现在在汉语学校学汉文。

ʃi　əʃi　ʉhʉr　təggəəŋdʉ　təgəʧʧi　məəni　ʤʉʉdʉwi　nənʉ-nde
你　现在　牛　车　乘坐　自己　家　回去　现在我
你现在乘坐牛车回自己家。

ʃi　əʃi　əri　honnoriŋ　ninihinbə　iggi-nde.
你　现在　这　黑的　狗　养　现在我
你现在养这条黑狗。

不难看出，上述例句中，由于都使用了时间名词 əʃi“现在”，所以接缀有陈述式现在将来时单数第二人称形态变化语法词缀 -nde 的动词 tatinde（tati-nde）、nənʉnde（nənʉ-nde）、igginde（iggi-nde），无一例外地陈述了“你现在学”、“你现在回去”、“你现在看”等具有现在时单数第二人称语法概念的动作行为。

（3）-nde 陈述的将来时语法概念

ʃi udʒidu əwəŋkə sujtaŋdu əwəŋkə bitig tati-me.
你 将来 鄂温克 学校在 鄂温克 文 学 将来你
你将来在鄂温克学校学鄂温克文。

ʃi udʒidu moriŋ uguʧʧi məəni dʒʉʉdʉwi nənʉ-me
你 将来 马 骑 自己 家 回去 将来你
你将来骑马回自己家。

ʃi udʒidu aʃedʒi dʒʉʉri əri ikkiŋ kinowo iʃi-me.
你 将来 妻子 俩 这 新 电影 看 将来你
你将来和妻子俩看这部新影片。

同样，上述例句还是（1）中的三个句子。然而，由于句中均用了表示将来时间概念的名词 udʒidu“将来”，因此接缀有陈述式现在将来时单数第二人称形态变化语法词缀 -me 的动词 tatime（tati-me）、nənʉme（nənʉ-me）、iʃime（iʃi-me），均陈述了“你将来学”、“你将来回去”、“你将来看”等具有将来时单数第二人称语法概念的动作行为。

3. 单数第三人称形态变化语法词缀 -naŋ、-nəŋ、-noŋ、-nɵŋ ~ -daŋ、-dəŋ、-doŋ、-dɵŋ ~ -raŋ、-rəŋ、-roŋ、-rɵŋ **等的使用关系**

我们掌握的第一手资料充分表明，该语言中动词陈述式现在将来时单数第三人称的表现形式比较复杂，一般要用以四元一体元音和谐原理组成的 -naŋ、-nəŋ、-noŋ、-nɵŋ ~ -daŋ、-dəŋ、-doŋ、-dɵŋ ~ -raŋ、-rəŋ、-roŋ、-rɵŋ 三套形态变化语法词缀来表示。可以看得出来，这是一个较为复杂的词缀结构系统。好在它们都有固定的和十分明确的使用要求和规定。而且，很明显，它们的异同点，或者说区别性特征，主要在于词缀首辅音和词缀中短元音的变化上。也就是说，词缀首辅音的交替现象及其元音和谐现象，导致了陈述式现在将来时单数第三人称表现形式的多样性、异同性和复杂性。那么，这其中，因四元一体元音和谐原理出现的 a、ə、o、ɵ 四种元音似乎不难理解，在前面我们已经见过多次，问题在于对复杂多变的词缀首辅音交替现象的科学把握和准确解释。对此问题，我们在接下来的分析中逐一进行研究和说明。在这里还需要交代的是，考虑到按照陈述式现在将来时单数第一人称和第二人称形态变化语法词缀的分析方式与原理，讨论陈述式现在将来时单数第三人称的形态变化语法词缀，难免会把书稿的篇幅拉得过长。为此，在下面的论述中，主要以词缀首辅音交替现象引起的区别性特征为依据，分成三个部分具体谈论陈述式现在将来时单数第三人称形态变化语法词缀的使用关系及其特点。与此同时，对于它们具有的现在将来时、现在时、将来时三个不同时间概念及功能一并展开讨论。

（1）-naŋ、-nəŋ、-noŋ、-nɵŋ 陈述的现在将来时、现在时、将来时语法概念

根据分析，现在将来时单数第三人称形态变化语法词缀 -naŋ、-nəŋ、-noŋ、-nɵŋ 主要用于由鼻辅音结尾的动词词根或词干后面。特别是接缀有使动态形态变化语法词缀 -haŋ、-həŋ、-hoŋ、-hɵŋ 的动词词干，都要使用由鼻辅音 n 开头的这套词缀。然而，很有意思的是，在由鼻辅音 ŋ 结尾的动词词根或词干后面，接缀现在将来时单数第三人称形态变化语法词缀 -naŋ、-nəŋ、-noŋ、-nɵŋ 时，动词词根或词干末尾的鼻辅音 ŋ 要产生脱落现象。例如，

əmmə　addaʧʧi　nəhʉŋbə　noho(ŋ)-noŋ.
母亲　高兴完　弟弟 把　亲 现在将来她
母亲现在或将来高兴得亲弟弟。

amiŋbi　miniʤi　ʉhʉr　təggəənʤi　moo　ʤʉgʉhɵ(ŋ)-nɵŋ.
父亲我　我的用　牛　车　用　木料　搬运 使 现在将来他
父亲现在或将来让我用牛车搬运木料。

上述两个例句中，现在将来时单数第三人称形态变化语法词缀 -noŋ 和 -nɵŋ 遵循元音和谐原理，分别接缀于由阳性短元音 o 与阴性短元音 ʉ、ɵ 为主

构成并以鼻辅音 ŋ 结尾的动词词干 nohoŋ- > noho(ŋ)- > noho-“亲”和 ʤʉgʉhəŋ- > ʤʉgʉhə(ŋ)- > ʤʉgʉhə-“搬运”后面，进而构成含有现在将来时单数第三人称形态变化现象的动词 nohonoŋ（noho-noŋ）、ʤʉgʉhənəŋ（ʤʉgʉhə-nəŋ）“搬运”。在此基础上，明确阐述了“她现在或将来亲”、“他现在或将来搬运”等具有现在将来时单数第三人称形态变化语法概念的动作行为。如前所述，动词词干 nohoŋ- 末尾的鼻辅音 ŋ，以及动词词根 ʤʉgʉ- 上接缀的使动态形态变化现象 -həŋ 的鼻辅音 ŋ 均产生了脱落现象。不过，我们在调研中还发现，也有将动词词根或词干末尾的鼻辅音保留的前提下，把 nohonoŋ（noho-noŋ）与 ʤʉgʉhənəŋ（ʤʉgʉhə-nəŋ）发音成 nohoŋnoŋ（nohoŋ-noŋ）> nohonnoŋ（nohon-noŋ）、ʤʉgʉhəŋnəŋ（ʤʉgʉhəŋ-nəŋ）> ʤʉgʉhənnəŋ（ʤʉgʉhən-nəŋ）的情况。与此相关的例子还有不少，比如说 gahaŋnaŋ > gahanaŋ（gaha-naŋ）“使他现在或将来拿”、gələəhəŋnəŋ > gələəhənəŋ（gələəhə-nəŋ）“使他现在或将来找”、oohoŋnoŋ > oohonoŋ（ooho-noŋ）“使他现在或将来做”、ədiŋnəŋ > ədinəŋ（ədi-nəŋ）“他现在或将来刮风”、susaŋnaŋ > susanaŋ（susa-naŋ）“他现在或将来要逃走”、ənʉŋnəŋ > ənʉnəŋ（ənʉ-nəŋ）“他现在或将来疼”、uduŋnoŋ > udunoŋ（udu-noŋ）“它现在或将来下雨”、utuŋnoŋ > utunoŋ（utu-noŋ）“他现在或将来痒痒”、usuŋnoŋ > usunoŋ（usuŋ-noŋ）“他现在或将来累”、aaʃiŋnaŋ > aaʃinaŋ（aaʃi-naŋ）“他现在或将来睡”、əjəəŋnəŋ > əjəənəŋ（əjəə-nəŋ）“它现在或将来流动”、taaŋnaŋ > taanaŋ（taa-naŋ）“他现在或将来拉”、nəəʃiŋnəŋ > nəəʃinəŋ（nəəʃi-nəŋ）“他现在或将来出汗”、tiiŋnəŋ > tiinəŋ（tii-nəŋ）“他现在或将来抢”、ʤooŋnoŋ > ʤoonoŋ（ʤoo-noŋ）“他现在或将来怀念”、bөөgөŋnөŋ > bөөgөnөŋ（bөөgө-nөŋ）“它现在或将来吼叫”、ʉʉŋnəŋ > ʉʉnəŋ（ʉʉ-nəŋ）“它现在或将来融化”、ammaŋnaŋ > ammanaŋ（amma-naŋ）“他现在或将来咬”、gʉʤəŋnəŋ > gʉʤənəŋ（gʉʤə-nəŋ）“他现在或将来爱惜”、mulaŋnaŋ > mulanaŋ（mula-naŋ）“他现在或将来珍惜”、tomiŋnoŋ > tominoŋ（tomi-noŋ）“他现在或将来吐痰”、ʤəmʉŋnəŋ > ʤəmʉnəŋ（ʤəmʉ-nəŋ）“他现在或将来饿”、toʧʧaŋnaŋ > toʧʧanaŋ（toʧʧa-naŋ）“他现在或将来跳”等。毫无疑问，在这些由鼻辅音 ŋ 结尾的动词词干后面，接缀现在将来时单数第三人称形态变化语法词缀时，词根或词干末尾的鼻辅音 ŋ 无一例外地产

生脱落现象。而且，现代鄂温克语里，现在将来时单数第三人称形态变化语法词缀 -naŋ、-nəŋ、-noŋ、-nɵŋ 前出现的那些动词词尾的鼻辅音 ŋ 也基本上被省略，甚至会给人们留下难以判断是否曾经有过鼻辅音 ŋ 的感觉。正因为如此，现在的人们将上述接缀有现在将来时单数第三人称形态变化语法词缀的动词，均发音成 ʤʉgʉhɵnɵŋ、nohonoŋ、gahanaŋ、gələəhənəŋ、oohonoŋ、ədinəŋ、usanaŋ、ənʉnəŋ、udunoŋ、utunoŋ、usunoŋ、aaʃinaŋ、əjəənəŋ、taanaŋ、baanaŋ、nəəʃinəŋ、tiinəŋ、ʤoonoŋ、bɵɵgɵnɵŋ、ʉʉnɵŋ、ammanaŋ、gʉʤənəŋ、molanaŋ、tominoŋ、ʤəmʉnəŋ、toʧʧanaŋ 等。同时，现在鄂温克语研究，以及有关科研成果里，也都遵循现在的发音形式和特征进行转写或记录。

当然，动词词根或词干末尾的鼻辅音 ŋ 后面，使用的现在将来时单数第三人称形态变化语法词缀 -naŋ、-noŋ、-nəŋ、-nɵŋ 等，根据句子所要陈述的具体内容，也能够单独表示现在时或将来时语法概念。例如，

əri　ninihin　əʃi　jəəməwə　amma(ŋ)-naŋ.
这　狗　现在　东西　咬　现在它
这条狗现在咬东西。

tari　bəj　əʃi　əri　bajtawa　miniʤi　ooho(ŋ)-noŋ.
那　人　现在 这　事　我用　处理使 现在他
那个人现在正在让我处理这件事情。

nəlkilni　əriŋdʉ　gəttisə　imiŋ　doo　dahi　əəkkəʧʧi　əjəə(ŋ)-nəŋ.
春天　时节　冰冻　伊敏　河　又　开始　流动 将来它
到了春季冰冻的伊敏河又开始流动。

amiŋbi　uʤidu　ʉhʉr　təggəəŋʤi　moo　ʤʉgʉhɵ(ŋ)-nɵŋ.
父亲我　将来　牛　车　用　木料　搬运　使 将来他
父亲将来让我用牛车搬运木料。

显而易见，上述四个例句中的第一句和第二句内，现在将来时单数第三人称形态变化语法词缀 -naŋ 与 -noŋ，严格按照元音和谐原理接缀于由鼻辅音 ŋ 结尾的动词词干 amma(ŋ)-“咬”、ooho(ŋ)-“让做”后面，形成包含有现在将来时单数第三人称形态变化结构特征的动词 amma(ŋ)naŋ > ammanaŋ（amma-naŋ）、oohoŋ-noŋ > oohonoŋ（ooho-noŋ）等。并且，在现在时名词 əʃi“现在”的积极配合下，陈述了“它现在咬”、“他让我现在处理”等具有现在时单数第三人称形态变化语法概念的动作行为。在第三句和第四句中，现在将来时单数第三人称形态变化语法词缀 -nəŋ 与 -nɵŋ，也是依据元音和谐要求和条件，用于由鼻辅音 ŋ 结尾的动词词干 əjəə(ŋ)-“流动”、ʤʉgʉhɵ(ŋ)-“让搬运”后面，形成包含有现在将来时单数第三人称形态变化结构特征的动词 əjəə(ŋ)nəŋ > əjəənəŋ（əjəə-nəŋ）、ʤʉgʉhɵ(ŋ)nɵŋ > ʤʉgʉhɵnɵŋ（ʤʉgʉhɵ-nɵŋ）等。与此同时，在将来时名词 uʤidu“将来”的有力配合下，陈述了“将来咬”、“将来搬运”等含有现在时单数第三人称形态变化语法概念的动作行为。另外，像 -naŋ、-nəŋ、-noŋ、-nɵŋ 等直接用于动词词根或词干的概率不是很高，绝大多数情况下用于接缀有使动态形态变化语法词缀的动词词干后面。

（2）-daŋ、-dəŋ、-doŋ、-dɵŋ 陈述的现在将来时、现在时、将来时语法概念

在对我们掌握的第一手资料进行全面系统的分析后，发现陈述式现在将来时单数第三人称形态变化语法词缀 -daŋ、-dəŋ、-doŋ、-dɵŋ 基本上用于由舌面后辅音 g 以及舌尖中辅音 l、d、t 结尾的动词词根或词干后面。与此同时，研究中还发现，早期在动词词根或词干末尾出现的舌面后辅音 g 已被省略或脱落后消失得无影无踪。尽管如此，经过深入细致分析，还是能够一定程度上弄清楚它们早期存在的基本情况。比如说，动词词根 ga-“要”、“拿”后面就会有接缀 -daŋ 的习惯。起初，我们不知道为什么在动词词根 ga- 后面要接缀 -daŋ，后来在调研中发现，鄂温克语有的方言土语里将 ga- 发音成 gag- 的现象，特别是在农区鄂温克族老年人的口语中说得较多。比如：

tari minidihi　əmʉŋ　moriŋ　ga-daŋ.
他　我　从　一　马　要 现在将来他
他现在或将来跟我要一匹马。

这一句，就会说成是：

tari　minidihi　əmʉŋ　moriŋ　gag-daŋ.
他　我　从　一　马　要 现在将来他
他现在或将来跟我要一匹马。

通过这两个例句，我们完全可以看出，上一句中出现的动词 gadaŋ（ga-daŋ）“要”，在下句子里却发音成 gagdaŋ（gag-daŋ）。如果说，gag- 是 ga- 的早期说法的话，那么在 gag- 后面接缀 -daŋ 自然合乎其使用原理。后来，伴随 gag- 的词根末尾辅音 g 的音变而出现脱落现象，就导致了上一个例句中见到的把 gagdaŋ（gag-daŋ）发音成 gadaŋ（ga-daŋ）的实例。如果这种说法成立，那么就会对动词词根 ga- 后面接缀 -daŋ 的现象，有一个完整而科学的认识和把握。与此相关的例子还有 taag-daŋ > taad-daŋ > taa-daŋ “认识”、ʤalug-daŋ > ʤalud-daŋ > ʤalu-daŋ “饱和”、nəəg-dəŋ > nəəd-dəŋ > nəədəŋ “放下”、oogdoŋ > ood-doŋ > oodoŋ “可以”、bʉgdəŋ > bʉddəŋ > bʉdəŋ “死亡”等。在这里，还应该提到的是，根据我们的调研资料，已出现将 gadaŋ、taa-daŋ、ʤalu-daŋ、nəədəŋ、oodoŋ、bʉdəŋ 等发音成 garaŋ（ga-raŋ）、taaraŋ（taa-raŋ）、ʤaluraŋ（ʤalu-raŋ）、nəərəŋ（nəə-rəŋ）、ooroŋ（oo-roŋ）、bʉrəŋ（bʉ-rəŋ）等的现象。这些说法虽然现在还不具有代表性，但一定程度上展现出该特定语音环境中，应有的 gd > dd > d > r 式音变规律及其语音发展趋势。

除了以上谈到的舌面后辅音 g 后面被使用之外，陈述式现在将来时单数第三人称形态变化语法词缀 -daŋ、-dəŋ、-doŋ、-dəŋ 等也可以按照元音和谐原理，用于由舌尖中辅音 l、d、t 等结尾的动词词根或词干后面。例如，

tarini tadu toŋ moriŋ təggəəŋ abil-daŋ.
他 那里 五 马 车 缺少 现在将来他
他那里现在或将来还缺五辆马车。

tari bəj əri moriŋbo ugutʃtʃi imiŋ doowu ədil-dəŋ.
那 人 这 马 骑完 伊敏 河把 渡 现在将来他
那个人骑上这匹马现在或将来渡伊敏河。

mini ahiŋbi moriŋ ugutʃtʃi gʉggʉl-dɵŋ.
我的 哥哥 马 骑 动身 现在将来他
我哥哥现在将来骑马动身。

tari mini moriŋbo narikkuŋ boggoŋdʒi ʃikkid-daŋ.
他 我 马把 细 柳 抽打 现在将来他
他现在或将来用细柳条抽打我的马。

tari ʉldʉwʉ dʒʉʉdu nəəkkiwi ərʉt-dəŋ.
那 肉 把 屋里 放的话 变馊 现在将来它
如果把那个肉放屋里现在或将来变馊。

nəhʉŋbi saasuŋ soŋkowo unuhuŋdʒi solpot-doŋ.
弟弟我 纸 窗户 手指用 刺破 现在将来他
我弟弟用手指头把纸窗户现在或将来刺破。

ahiŋni moriŋniŋ hadalni dʒolowi pʉʃit-dɵŋ.
哥哥的 马 它 马嚼子 缰绳 弄断 现在将来它
哥哥的马将马嚼子的缰绳现在或将来弄断。

上述这些句子中，陈述式现在将来时单数第三人称形态变化语法词缀 -daŋ、-dəŋ、-doŋ、-dɵŋ 严格遵循元音和谐原理，先后接缀于 abil-“缺少”、

ədil-“渡”、gʉggʉl-“动身”、ʃikkid-“抽打”、ərʉt-“变馊”、solpot-“刺破”、pʉʃit-“弄断”等由舌尖中辅音 l、d、t 结尾的动词词根或词干后面，从而构成具有陈述式现在将来时单数第三人称形态变化内涵的动词 abildaŋ（abil-daŋ）、ədildəŋ（ədil-dəŋ）、gʉggʉldɵŋ（gʉggʉl-dɵŋ）、ʃikkiddaŋ（ʃikkid-daŋ）、ərʉtdəŋ（ərʉt-dəŋ）、solpotdoŋ（solpot-doŋ）、pʉʃitdɵŋ（pʉʃit-dɵŋ）等。在此前提下，表达了“他现在或将来还缺”、“他现在或将来渡”、“他现在或将来动身”、“他现在或将来抽打”、“它现在或将来变馊”、“他现在或将来刺破”、“它现在或将来弄断”等带有陈述式现在将来时单数第三人称形态变化概念的动作行为。不过，如果在句子内使用表明现在时间的名词 əʃi“现在”，或者是说明将来时间的名词 uʤidu“将来”等，在由舌尖中辅音 l、d、t 结尾的动词词根或词干后面，接缀的现在将来时单数第三人称形态变化语法词缀 -daŋ、-dəŋ、-doŋ、-dɵŋ 等，就能够单独陈述现在时或将来时语法概念。例如，

tarini　tadu　əʃi　toŋ　moriŋ　təggəəŋ　abil-daŋ.
他　那里　现在　五　马　车　缺少 现在他
他那里现在还缺五辆马车。

tari　bəj　əri　moriŋbo　əʃi　uguʧʧi　imiŋ　doowu　ədil-dəŋ.
那　人　这　马　现在　骑完　伊敏　河把　渡 现在他
那个人骑上这匹马现在渡伊敏河。

tari　uʤidu　mini　moriŋbo　narikkuŋ　boggoŋʤi　ʃikkid-daŋ.
他　将来　我　马把　细　柳　抽打 将来他
他将来用细柳条抽打我的马。

mini　ahiŋbi　uʤidu　əri　səl　ʃirittəwə　pʉʃit-dɵŋ.
我的　哥哥　将来　这　铁　线　弄断 将来他
我哥哥将要骑马动身。

不难看出，这四个例句中，因前两个例句使用了现在时名词 əʃi “现在”，所以在由辅音 l 结尾的动词词根后面接缀的 -daŋ、-dəŋ 表示现在时语法概念。同样，在后两个例句中，使用了将来时名词 uʤidu “将来”，由此以辅音 d、t 结尾的动词词根后面接缀的 -daŋ、-dɵŋ 陈述的是将来时语法概念。另外，根据深入细致的调研，在这些动词词根或词干后面接缀的陈述式现在将来时单数第三人称形态变化语法词缀 -daŋ、-dəŋ、-doŋ、-dɵŋ 也将发生或已发生 -raŋ、-rəŋ、-roŋ、-rɵŋ 之音变。也就是说，词缀首辅音 d 逐步、逐渐、逐一发生着 r 音变。比如，现在鄂温克语的一些方言土语里就出现把 abildaŋ、ədildəŋ、gʉggʉldɵŋ、ʃikkiddaŋ、ərʉtdəŋ、solpotdoŋ、pʉʃitdɵŋ 等发音成 abilraŋ（abil-raŋ）、ədilrəŋ（ədil-rəŋ）、gʉggʉlrɵŋ（gʉggʉl-rɵŋ）、ʃikkidraŋ（ʃikkid-raŋ）、ərʉtrəŋ（ərʉt-rəŋ）、solpotroŋ（solpot-roŋ）、pʉʃitrɵŋ（pʉʃit-rɵŋ）等的现象。特别是，把用于由辅音 d、t 结尾的动词词根或词干后面的 -daŋ、-dəŋ、-doŋ、-dɵŋ 发音成 -raŋ、-rəŋ、-roŋ、-rɵŋ 的现象比较突出和明显。

（3）-raŋ、-rəŋ、-roŋ、-rɵŋ 陈述的现在将来时、现在时、将来时语法概念

作为动词陈述式现在将来时单数第三人称的形态变化现象的表现形式，由四元一体元音和谐原理组合而成的形态变化语法词缀 -raŋ、-rəŋ、-roŋ、-rɵŋ 有其十分广泛的使用面，以及相当高的使用率。而且，在这些方面，远远超出 -daŋ、-dəŋ、-doŋ、-dɵŋ 以及 -naŋ、-nəŋ、-noŋ、-nɵŋ 等词缀的使用面和使用率。甚至，我们完全可以说，除了与上面谈到的两组现在将来时单数第三人称形态变化语法词缀相关的动词词根或词干以外，其他所有动词词根或词干后面均可按照元音和谐规律接缀 -raŋ、-rəŋ、-roŋ、-rɵŋ 等语法词缀，从而表示具有陈述式现在将来时单数第三人称语法概念的动作行为。例如，

mini　ahiŋbi　boŋgoŋ　sujtaŋdu　bitig　tati-raŋ.
我的　哥我　大的　学校在　书　读 现在将来他
我哥哥现在或将来在大学里读书。

əhiŋbi　əri　giltariŋ　moriŋbo　ugu-roŋ.
姐姐我 这　白　马　把　骑 现在将来她
我姐姐现在或将来骑这匹马。

tari　bəj　əddə　taŋiŋ　aaŋgil　bitig　əəri-rəŋ.
那　人 早晨　每　英　文　读 现在将来他
那个人现在或将来每天早晨读英文。

tari　ninihin　əri　jəəməwə　məəni　ʉʉgedʉwi　ʤʉgʉ-rɵŋ.
那　狗　这　东西把　自己　狗窝　搬　现在将来它
那条狗现在或将来把这个东西搬运到自己的狗窝。

按照四元一体元音和谐原理，陈述式现在将来时单数第三人称形态变化语法词缀 -raŋ、-roŋ、-rəŋ、-rɵŋ 分别接缀于 tati-“学”、ugu-“骑”、əəri-“读”、ʤʉgʉ-“搬运”等动词词根后面，构成 tatiraŋ（tati-raŋ）、uguroŋ（ugu-roŋ）、əərirəŋ（əəri-rəŋ）、ʤʉgʉrɵŋ（ʤʉgʉ-rɵŋ）等。在此基础上，充分表达了“他现在或将来学”、“她现在或将来骑”、“他现在或将来读”、“它现在或将来搬运”等包含有陈述式现在将来时单数第三人称形态变化语法内涵的动作行为。句中有明确表明现在时间或将来时间的 əʃi“现在”及 uʤidu“将来”等的前提下，接缀于动词词根或词干后面的 -raŋ、-roŋ、-rəŋ、-rɵŋ 就能够单独陈述现在时或者将来时的语法概念。例如，

mini　ahiŋbi　əʃi　boŋgoŋ　sujtaŋdu　bitig　tati-raŋ.
我的　哥我　现在 大的　学校在　书　读 现在他
我哥哥现在在大学里读书。

əhiŋbi　əʃi　əri　giltariŋ　moriŋbo　ugu-roŋ.
姐姐我 现在　这　白　马 把　骑 现在她
我姐姐现在骑这匹马。

tari bəj uʤidu əddə taŋiŋ aaŋgil bitig əəri-rəŋ.
那 人 将来 早晨 每 英 文 读 将来他
那个人将来每天早晨读英文。

tari ninihin uʤidu əri jəəməwə məəni ʉʉgedʉwi ʤʉgʉ-rɵŋ.
那 狗 将来 这 东西把 自己 狗窝 搬 将来它
那条狗将来把这个东西搬运到自己狗窝。

很显然，上面的四个例句中，由于前两个句子用有现在时名词 əʃi “现在”，所以接缀 -raŋ、-roŋ 的动词 tatiraŋ（tati-raŋ）、uguroŋ（ugu-roŋ），陈述了含有陈述式现在时单数第三人称内涵的“他现在学”、“她现在骑”等动作行为。与此相反，后两个句子中却出现了表示将来时概念的时间名词 uʤidu “将来”，因此接缀 -rəŋ、-rɵŋ 的动词 əərirəŋ（əəri-rəŋ）、ʤʉgʉrɵŋ（ʤʉgʉ-rɵŋ），陈述了“他将来读”、“它将来搬运”等具有陈述式将来时单数第三人称含义的动作行为。

4. **复数第一人称形态变化语法词缀 -muŋ、-mʉŋ 的使用关系**

陈述式现在将来时复数第一人称由形态变化语法词缀 -muŋ、-mʉŋ 来表示。因为它们属于以阳性短元音 u 及阴性短元音 ʉ 为核心，由二元一体元音和谐原理组合而成的产物。所以在具体使用时，要严格按照其元音和谐要求，分别接缀于以阳性元音和阴性元音为主构成的动词词根或词干后面，进而陈述包含有陈述式现在将来时复数第一人称语法概念的动作行为。例如，

（1）-muŋ、-mʉŋ 陈述的现在将来时语法概念

由二元一体元音和谐原理组合而成的陈述式现在将来时复数第一人称形态变化语法词缀 -muŋ 与 -mʉŋ，要严格按照元音和谐要求和条件，将其中的 -muŋ 接缀于以阳性短元音为核心的动词词根或词干后面，把 -mʉŋ 接缀于以阴性短元音或中性元音为主的动词词根或词干后面，而且在句子中，它们要陈述的动作行为者是“我们”。例如，

bʉ əri sujtaŋdu əwəŋkə bitig tati-muŋ.
我们 这 学校在 鄂温克 文 学 现在将来我们
我们现在或将来在这所学校学鄂温克文。

bʉ ʉkkʉni tʉllənii imandawa əsʉʉrdə-mʉŋ.
我们 门的 外的 雪 把 扫 现在将来我们
我们现在或将来打扫门外的积雪。

bʉ əri ikkiŋ nandahaŋ kinoni ʤʉʉdʉ kino iʃi-mʉŋ.
我们 这 新 漂亮 电影 屋 电影 看 现在将来我们
我们现在或将来在这又新又漂亮的电影院里看电影。

陈述式现在将来时复数第一人称语法词缀 -muŋ 和 -mʉŋ，遵循元音和谐原理先后接缀于以阳性短元音 a、阴性短元音 ə 和长元音 ʉʉ、中性短元音 i 为主的动词词根及词干 tati-“学”、əsʉʉrdə-“扫”、iʃi-“看”后面，进而构成 tatimuŋ（tati-muŋ）、əsʉʉrdəmʉŋ（əsʉʉrdə-mʉŋ）、iʃimʉŋ（iʃi-mʉŋ）等包含有陈述式现在将来时复数第一人称语法概念的动词。在此基础上，表现出了“我们现在或将来学”、“我们现在或将来扫”、“我们现在或将来看”等具有陈述式现在将来时复数第一人称语法内涵的动作行为。

（2）-muŋ、-mʉŋ 陈述的现在时语法概念

依据分析结果，陈述式现在将来时复数第一人称语法词缀 -muŋ 或 -mʉŋ，出现于明确表示现在时间概念的语句时，自然要陈述复数第一人称的“我们”现在要施事的某一动作行为。一般情况下，属于此种结构类型的句子，都会使用表示现在时间的名词 əʃi“现在”。例如，

bʉ əʃi əri sujtaŋdu əwəŋkə bitig tati-muŋ.
我们 现在 这 学校在 鄂温克 文 学 现在我们
我们现在在这所学校学鄂温克文。

bʉ əʃi ʉkkʉni tʉlləni imandawa əsʉʉrdə-mʉŋ.
我们 现在 门的 外的 雪 把 扫 现在我们
我们现在打扫门外的积雪。

bʉ əʃi əri ikkiŋ nandahaŋ kinoni ʤʉʉdʉ kino iʃi-mʉŋ.
我们现在 这 新 漂亮 电影 屋 电影 看 现在我们
我们现在在这家又新又漂亮的电影院里看电影。

不难看出，由于这三个句子使用了表示现在时间的名词 əʃi “现在”，所以句尾出现的动词 tatimuŋ（tati-muŋ）、əsʉʉrdəmʉŋ（əsʉʉrdə-mʉŋ）、iʃimʉŋ（iʃi-mʉŋ）等，无一例外地陈述了“我们现在学”、“我们现在扫”、“我们现在看”等带有陈述式现在时复数第一人称语法概念的动作行为。

（3）-muŋ、-mʉŋ 陈述的将来时语法概念

陈述式现在将来时复数第一人称语法词缀 -muŋ 或 -mʉŋ 同样能够单独表示将来时语法意义。但是，表示将来时的语句中，必须要使用阐述将来时间概念的名词 uʤidu “将来”。例如，

bʉ uʤidu əri sujtaŋdu əwəŋkə bitig tati-muŋ.
我们 将来 这 学校在 鄂温克 文 学 将来我们
我们将来在这所学校学鄂温克文。

bʉ uʤidu ʉkkʉni tʉlləni imandawa əsʉʉrdə-mʉŋ.
我们 将来 门的 外的 雪 把 扫 将来我们
我们将来打扫门外的积雪。

bʉ uʤidu əri ikkiŋ nandahaŋ kinoni ʤʉʉdʉ kino iʃi-mʉŋ.
我们 将来 这 新 漂亮 电影 屋 电影 看 将来我们
我们将来在这又新又漂亮的电影院里看电影。

上述三个例句中，为陈述 bʉ “我们” 将来要施事的某一动作行为之目的，均使用了表示将来时间的名词 uʤidu “将来”，进而导致句子末尾出现

的动词 tatimuŋ（tati-muŋ）、əsʉʉrdəmʉŋ（əsʉʉrdə-mʉŋ）、iʃimʉŋ（iʃi-mʉŋ）等，陈述“我们将来学”、“我们将来在扫”、“我们将来看”等含有陈述式将来时复数第一人称语法概念的动作行为。

5. **复数第二人称形态变化语法词缀 -ʧʧuŋ、-ʧʧʉŋ 的使用关系**

陈述式现在将来时复数第二人称的语法概念，要用形态变化语法词缀 -ʧʧuŋ与 -ʧʧʉŋ 来表示。然而，-ʧʧuŋ 与 -ʧʧʉŋ 的构成原理，就像在前面分析和讨论陈述式现在时复数第二人称的形态变化语法词缀时所说的那样，它们同复数第二人称形态变化语法词缀 -suŋ 与 -sʉŋ 有着十分密切的渊源关系。它们同样是由二元一体元音和谐原理组合而成，所以使用时一定要严格遵循其元音和谐现象及其要求。毫无疑问，含有陈述式现在将来时复数第二人称语法概念的形态变化语法词缀 -ʧʧuŋ 与 -ʧʧʉŋ，无一例外地既能够同时陈述现在或将来的时间概念，也能够单独陈述现在时间概念或者是将来时间概念等。

（1）-ʧʧuŋ 与 -ʧʧʉŋ 陈述的现在将来时语法概念

根据现已掌握的调研资料，陈述式现在将来时复数第二人称形态变化现象的表现形式为 -ʧʧuŋ 与 -ʧʧʉŋ。很有意思的是，这两个语法词缀同样以阳性短元音 u 与阴性短元音 ʉ 为核心构成。使用时，严格按照元音和谐原理，将 -ʧʧuŋ 接缀于以阳性元音为主的动词词根或词干后面，将 -ʧʧʉŋ 用于以阴性元音及其中性元音为主的动词词根或词干后面。在句中若没有明确表示现在时间概念或将来时间概念的词语的话，用于动词词根或词干后面的形态变化语法词缀 -ʧʧuŋ 与 -ʧʧʉŋ，所陈述的应该是现在和将来双重时间概念下实施的动作行为。例如，

sʉ　əri　honnoriŋ　moriŋbo　gada-ʧʧuŋ.
你们 这　黑　马 把　买　现在将来你们
你们现在或将来买这匹黑马。

sʉ　ənnəgəŋ　nandahaŋ　molgar　təggəəŋdʉ　təgə-ʧʧʉŋ.
你们　这样　漂亮的　桦树皮　车　坐　现在将来你们
你们现在或将来乘坐这样漂亮的桦树皮篷车。

sʉ ʤʉligʉ urdʉ tʉʉggʉ bəjʉnəm nini-ʧʧʉŋ.
你们 南 山在 狼 狩猎 去 现在将来你们
你们现在或将来到南面的山里去猎狼。

陈述式现在将来时复数第二人称形态变化现象的表现形式为 -ʧʧuŋ 与 -ʧʧʉŋ，遵循元音和谐规律，分别接缀于以阳性短元音 a 为主的动词词根 gada-“买”、以阴性短元音 ə 为主的动词词根 təgə-“乘坐”、以中性短元音 i 为主的动词词根 nini-“去”后面，形成具有陈述式现在将来时复数第二人称形态变化现象的动词 gadaʧʧuŋ（gada-ʧʧuŋ）、təgəʧʧʉŋ（təgə-ʧʧʉŋ）、niniʧʧʉŋ（nini-ʧʧʉŋ）等。毋庸置疑，它们陈述的是“你们现在或将来买”、“你们现在或将来乘坐”、“你们现在或将来去”等承载陈述式现在将来时复数第二人称形态变化语法内涵的动作行为。

（2）-ʧʧuŋ 与 -ʧʧʉŋ 陈述的现在时语法概念

如前所述，陈述式现在将来时复数第二人称形态变化语法词缀 -ʧʧuŋ 与 -ʧʧʉŋ，不仅能够同时表示现在或将来双重时间概念下施事的某一动作行为，同时也能够单独陈述现在时动作行为。但它的前提是，必须句中有表示现在时的名词 əʃi“现在”。除此之外的使用关系和特征，与（1）中分析的情况完全一致。例如，

sʉ əʃi əretər honnoriŋ moriŋbo gada-ʧʧuŋ.
你们 现在 这 黑 马 把 买 现在你们
你们现在买这匹黑马。

sʉ əʃi tari nandahaŋ molgar təggəəŋdʉ təgə-ʧʧʉŋ.
你们现在 那 漂亮的 桦树皮 车 坐 现在你们
你们现在乘坐那辆漂亮的桦树皮篷车。

sʉ əʃi ʤʉligʉ urdʉ tʉʉggʉ bəjʉnəm nini-ʧʧʉŋ.
你们现在 南 山在 狼 狩猎 去 现在你们
你们现在到南面的山里去猎狼。

上述三个例句中，均使用了表示现在时间的名词 əʃi “现在”。这使句末出现的，接缀有形态变化语法词缀 -ʧʧuŋ 与 -ʧʧʉŋ 的动词 gadaʧʧuŋ（gada-ʧʧuŋ）、təgəʧʧʉŋ（təgə-ʧʧʉŋ）、niniʧʧʉŋ（nini-ʧʧʉŋ）等，无一例外地陈述了“你们现在买”、“你们现在乘坐”、“你们现在去”等包含有陈述式现在将来时复数第二人称形态变化语法概念的动作行为。

（3）-ʧʧuŋ 与 -ʧʧʉŋ 陈述的将来时语法概念

同样，在句子中，如果出现明确表示将来时意义的特定名词 uʤidu “将来”的话，陈述式现在将来时复数第二人称形态变化语法词缀 -ʧʧuŋ 与 -ʧʧʉŋ，就会毫无疑义地单独陈述具有将来时复数第二人称形态变化语法内涵的动作行为。使用时，还是要严格遵循元音和谐原理。例如，

sʉ　uʤidu　əretər　honnoriŋ　moriŋbo　gada-ʧʧuŋ.
你们 将来　这　黑　马 把　买　将来你们
你们将来买这匹黑马。

sʉ　uʤidu　tari　nandahaŋ　molgar　təggəəndʉ　təgə-ʧʧʉŋ.
你们 将来　那　漂亮的　桦树皮　车　坐　将来你们
你们将来乘坐那辆漂亮的桦树皮篷车。

sʉ　uʤidu　ʤʉligʉ　ʉrdʉ　tʉʉggʉ　bəjʉnəm　nini-ʧʧʉŋ.
你们 将来　南　山在　狼　狩猎　去　将来你们
你们将来到南面的山里去猎狼。

依照前面的交代，这三例句中都有表示将来时间的特定名词 uʤidu “将来”。其结果是，接缀陈述式现在将来时复数第二人称形态变化语法词缀 -ʧʧuŋ与 -ʧʧʉŋ 的动词 gadaʧʧuŋ（gada-ʧʧuŋ）、təgəʧʧʉŋ（təgə-ʧʧʉŋ）、niniʧʧʉŋ（nini-ʧʧʉŋ），也都陈述了“你们将来买”、“你们将来乘坐”、“你们将来去”等含有陈述式将来时复数第二人称形态变化语法概念的动作行为。

总而言之，陈述式现在将来时复数第二人称形态变化语法词缀 -ʧʧuŋ 与 -ʧʧʉŋ，同陈述式现在将来时其他形态变化现象一样，具有陈述现在和将来双重时间概念下发生的动作行为之特定功能的同时，也具备了能够单独陈述现在或是将来某一时间里发生的动作行为之功能。但所有这些，均取决于句中使用的时间名词 əʃi“现在”或 unʤidu“将来”。另外，在这里，我们还想进一步探讨陈述式现在将来时复数第二人称形态变化语法词缀 -ʧʧuŋ 与 -ʧʧʉŋ的来源问题。就如前面所说，-ʧʧuŋ 与 -ʧʧʉŋ 源自人称领属复数第二人称形态变化语法词缀 -suŋ 与 -sʉŋ 是不辨的事实。问题在于，词缀首辅音 s 怎么变成了 ʧʧ 音。如果 -suŋ 与 -sʉŋ 的词缀首辅音 s 出现 ʧ 音变似乎还可以接受，然而连把 ʧʧ 也都说成是 s 的演变形式，就显得有些牵强。由此，我们可以思考，动词词根（或词干）与形态变化语法词缀 -suŋ（或 -sʉŋ）之间是否存在过另一种辅音。出现这一假定，是因为有的方言土语里把 -ʧʧuŋ 与 -ʧʧʉŋ 发音成 -rʧuŋ、-rʧʉŋ 或 -bʧuŋ、-bʧʉŋ 等。比如，把 gadaʧʧuŋ（gada-ʧʧuŋ）、təgəʧʧʉŋ（təgə-ʧʧʉŋ）、niniʧʧʉŋ（nini-ʧʧʉŋ）等，发音成 gadarʧuŋ（gada-rʧuŋ）、təgərʧʉŋ（təgə-rʧʉŋ）、ninirʧʉŋ（nini-rʧʉŋ），或者是发作 gadabʧuŋ（gada-bʧuŋ）、təgəbʧʉŋ（təgə-bʧʉŋ）、ninibʧʉŋ（nini-bʧʉŋ）等。-rʧuŋ、-rʧʉŋ 或 -bʧuŋ、-bʧʉŋ 等是早期语音结构形式，其中 -ʧuŋ 与 -ʧʉŋ 肯定是 -suŋ 及 -sʉŋ 的变体，也就是词缀首辅音 s 产生了 ʧ 音变。如此说来，-rʧuŋ、-rʧʉŋ 或 -bʧuŋ、-bʧʉŋ 的词缀首辅音 r 和 b 是怎么来的呢？这其中有一点可以肯定，那就是形态变化语法词缀 -r 可以用来表示现在正在进行的某一动作行为。与此相关，形动词的现在将来时概念也是用 -r 来表示。这就是说，在早期动词词根（或词干）及其形态变化语法词缀 -suŋ、-sʉŋ之间，使用过表示现在将来时的形态变化语法词缀 -r。根据相关音变规律，-r 后面接缀的 -suŋ、-sʉŋ 的词缀首辅音 s 产生了 ʧ 音变。类似的实例，在鄂温克语里确实有不少。比如，他们把蒙语中说的 arsalaŋ“狮子”、tərsəlgʉ“反动的”等就会发音成 arʧalaŋ > aʧʧalaŋ、tərʧəlgʉ > təʧʧəlgʉ 等。从这个角度分析，可以把 -ʧʧuŋ 与 -ʧʧʉŋ 的音变规律解释为 -rsuŋ > -rʧuŋ > -ʧʧuŋ、-rsʉŋ > -rʧʉŋ > -ʧʧʉŋ。像 -bʧuŋ、-bʧʉŋ 的词缀首辅音 b 又是怎么来的呢？或许这也是 r 音的另一种音变形式，抑或来自早期的某一形态变化语法词缀，这需要进一步深入、系统、全面的分析研究。

6. 复数第三人称形态变化语法词缀 -naŋ、-nəŋ、-noŋ、-nɵŋ ~ -daŋ、-dəŋ、-doŋ、-dɵŋ ~ -raŋ、-rəŋ、-roŋ、-rɵŋ **等的使用关系**

陈述式现在将来时复数第三人称形态变化现象的表现形式，跟现在将来时单数第三人称完全相同，也是用语法词缀 -daŋ、-dəŋ、-doŋ、-dɵŋ ~ -naŋ、-nəŋ、-noŋ、-nɵŋ ~ -raŋ、-rəŋ、-roŋ、-rɵŋ 等来表示，而且其使用条件和要求也完全相同。不同之处就在于，动作行为的施事者是 taʧʧil、talar、tajjasal、nugaŋtiŋ、nugar 等，也就是“他们”、“她们”、“它们”。除此之外，没有其他进行区别的方法与特征。所以，下文中不做更多分析和讨论，只是用例句阐述这些形态变化语法词缀具有的复数第三人称概念，以及能够分别表示现在将来时、现在时、将来时三种语法含义的功能和作用。

（1）-naŋ、-nəŋ、-noŋ、-nɵŋ ~ -daŋ、-dəŋ、-doŋ、-dɵŋ ~ -raŋ、-rəŋ、-roŋ、-rɵŋ 陈述的现在将来时语法概念

nugaŋtiŋ　mʉni　ədʉ　əmətəŋ　mandi　baa(ŋ)-naŋ.
他们　我们　这里　来　非常　寂寞　现在将来他们
他们来我们这里后现在或将来感到非常寂寞。

ahiŋsal　nəhʉŋsəlwə　ʉhʉr　təggəəŋʤi　moo　ʤʉgʉhɵ(ŋ)-nɵŋ.
哥哥们　弟弟们把　牛　车　用　木料　拉运使　现在将来他们
哥哥们现在或将来让弟弟们用牛车拉运木料。

tajjasal　əʃi　dattaŋ　bəjni　jəəəwəni　ga-daŋ
她们　现在　经常　人家的　东西　拿 现在将来她们
她们现在或将来经常拿人家东西。

talar　əʃi　moriŋ　uguʧʧi　hajlar　doowu　ədil-dəŋ.
他们　现在　马　骑完　海拉尔　河把　渡 现在将来他们
他们现在或将来骑马渡海拉尔河。

taʧʧil əʃi imiŋ dooni ʤəəŋgidədʉ inig baldi-raŋ.
她们 现在 伊敏 河的 东 侧 在 日 生 现在将来她们
她们现在或将来在伊敏河东岸生活。

talar əʃi mʉni ədʉ təhəərəm əmə-rəŋ.
他们 现在我们的 这里 旅游 来 现在将来他们
他们现在或将来到我们这里来旅游。

这六个句子中，陈述式现在将来时复数第三人称的形态变化语法词缀-naŋ、-nəŋ ~ -daŋ、-dəŋ ~ -raŋ、-rəŋ 按照使用要求和条件及元音和谐原理，先后接缀于句末出现的动词词根或词干 baa(ŋ)- “寂寞”、ʤʉgʉhө(ŋ)- “使拉运”、ga- “拿”、ədil- “渡”、inig baldi- “生活”、əmə- “来” 后面，构成了动词 baa(ŋ)naŋ （baa-naŋ）、ʤʉgʉhө(ŋ)nөŋ（ʤʉgʉhө-nөŋ）、gadaŋ （ga-daŋ）、ədildəŋ （ədil-dəŋ）、baldiraŋ （baldi-raŋ）、əmərəŋ （əmə-rəŋ） 等。而且，作为动作行为施事者的复数第三人称代词 nugaŋtiŋ “他们”、ahiŋsal “哥哥们”、tajjasal “她们”、talar “他们”、taʧʧil “她们”、talar “他们” 等的直接支配下，明确陈述了 “他们现在或将来寂寞”、“哥哥们现在或将来使拉运”、“她们现在或将来拿”、“他们现在或将来渡”、“她们现在或将来生活”、“他们现在或将来来旅游” 等包含有陈述式现在将来时复数第三人称语法内涵的动作行为。不过，正如例句中所见，由鼻辅音结尾的动词词根或词干后面，接缀由鼻辅音 n 开头的陈述式现在将来时复数第三人称形态变化语法词缀 -naŋ、-nəŋ、-noŋ、-nөŋ 时，动词词根或词干末尾的鼻辅音均产生脱落现象。比如，动作行为的施事者是单数第三人称代词的句子里使用 gaha(ŋ)-naŋ “现在或将来让他拿”、gələəhə(ŋ)-nəŋ “现在或将来让他找”、ooho(ŋ)-noŋ “现在或将来让他做”、ədi(ŋ)-nəŋ “现在或将来刮风”、usa(ŋ)-naŋ “他现在或将来要逃走”、ənʉ(ŋ)-nəŋ “他现在或将来得病”、udu(ŋ)-noŋ “现在或将来下雨”、utu(ŋ)-noŋ “那儿现在或将来痒痒”、usu(ŋ)-noŋ “他现在或将来累”、aaʃi(ŋ)-naŋ “他现在或将来睡”、əjəə-nəŋ “它现在或将来流动”、taa(ŋ)-naŋ “他现在或将来拉”、baa(ŋ)-naŋ “他现在或将来寂寞”、nəəʃi(ŋ)-nəŋ “他现在或将来出汗”、tii(ŋ)-nəŋ “他现在或将来抢”、ʤoo-noŋ “他现在或将来怀念”、bɵɵgɵ(ŋ)-nɵŋ “它现在或将来吼叫”、ʉʉ(ŋ)-nɵŋ “它现在或将来溶化”、amma(ŋ)-naŋ “他现在或将来咬”、gʉʤə(ŋ)-nəŋ “他现在或将来爱惜”、mola(ŋ)-naŋ “他现在或将来珍惜”、tomi(ŋ)-naŋ “他现在或将来吐痰”、ʤəmʉ(ŋ)-nəŋ “他现在或将来饿”、gʉ(ŋ)-nɵŋ “他现在或将来说”、toʧʧa(ŋ)-naŋ “他现在或将来跳” 等由鼻辅音 ŋ 结尾的动词词根或词干接缀现在将来时单数第三人称形态变化语法词缀的动词时，鼻辅音 ŋ 无一例外地产生了脱落现象。结果，在现代鄂温克语里，现在将来时单数第三人称形态变化语法词缀 -naŋ、-nəŋ、-noŋ、-nɵŋ 前出现的鼻辅音 ŋ 等基本上都消失得无影无踪，甚至人们难以感悟曾经有过的鼻辅音 ŋ 之音迹。正因为如此，现在的人们将上述接缀有现在将来时单数第三人称形态变化语法词缀的动词，均发音成 ʤʉgʉhɵnɵŋ、gahanaŋ、gələəhənəŋ、oohonoŋ、ədinəŋ、usanaŋ、ənʉnəŋ、udunoŋ、utunoŋ、usunoŋ、aaʃinaŋ、əjəənəŋ、taanaŋ、baanaŋ、nəəʃinəŋ、tiinəŋ、ʤoonoŋ、bɵɵgɵnɵŋ、ʉʉnɵŋ、ammanaŋ、gʉʤənəŋ、molanaŋ、tominaŋ、ʤəmʉnəŋ、gʉnɵŋ、toʧʧanaŋ 等。同时，在鄂温克语研究方面的有关专著，以及相关学术论文或基本词汇集或者是辞书里，也都遵循现在的发音形式和特征进行转写或记录，不会出现已被省略而消失的鼻辅音的音迹。

（2）-naŋ、-nəŋ、-noŋ、-nɵŋ ~ -daŋ、-dəŋ、-doŋ、-dɵŋ ~ -raŋ、-rəŋ、-roŋ、-rɵŋ 陈述的现在时语法概念

nugaŋtiŋ　mʉni　ədʉ　əmətəŋ　əʃi　mandi　baa(ŋ)-naŋ.
他们　我们　这里　来　现在　非常　寂寞　现在他们
他们来我们这里后现在感到非常寂寞。

ahiŋsal　əʃi　nəhʉŋsəlwə　ʉhʉr　təggəəŋʤi　moo　ʤʉgʉhɵ(ŋ)-nɵŋ.
哥哥们　现在 弟弟们 把　牛　车　用　木料　拉运 使　现在他们
哥哥们现在让弟弟们用牛车拉运木料。

tajjasal əʃi dattaŋ bəjni jəəəwəni ga-daŋ
她们 现在 经常 人家的 东西 拿 现在他们
她们现在经常拿人家东西。

talar əʃi moriŋ uguʧʧi hajlar doowu ədil-dəŋ.
他们 现在 马 骑完 海拉尔 河把 渡 现在他们
他们现在骑马渡海拉尔河。

taʧʧil əʃi imiŋ dooni ʤəəŋgidədʉ inig baldi-raŋ.
她们 现在 伊敏 河的 东 侧 在 日 生 现在她们
她们现在在伊敏河的东岸生活。

talar əʃi mʉni ədʉ təhəərəm əmə-rəŋ.
他们 现在 我们的 这里 旅游 来 现在他们
他们现在或将来到我们这里来旅游。

很显然，以上列举的句子中，陈述式现在将来时复数第三人称的形态变化语法词缀 -naŋ、-nəŋ ~ -daŋ、-dəŋ ~ -raŋ、-rəŋ 严格遵循元音和谐原理，先后接缀于动词词根或词干 baa(ŋ)- “寂寞”、ʤʉgʉhɵ(ŋ)- “使拉运”、ga- “拿”、ədil- “渡”、inig baldi- “生活”、əmə- “来”，进而形成 baa(ŋ)naŋ（baa-naŋ）、ʤʉgʉhɵ（ŋ）nɵŋ（ʤʉgʉhɵ-nɵŋ）、gadaŋ（ga-daŋ）、ədildəŋ（ədil-dəŋ）、baldiraŋ（baldi-raŋ）、əmərəŋ（əmə-rəŋ）等动词。而且，在动作行为的施事者复数第三人称代词 nugaŋtiŋ “他们”、ahiŋsal “哥哥们”、tajjasal “她们”、talar “他们”、taʧʧil “她们”、talar “他们” 的直接支配下，陈述了“他们现在寂寞”、“哥哥们现在使拉运”、“她们现在拿”、“他们现在渡”、“她们现在生活”、“他们现在旅游”等具有陈述式现在时复数第三人称语法概念的动作行为。

（3）-naŋ、-nəŋ、-noŋ、-nɵŋ ~ -daŋ、-dəŋ、-doŋ、-dɵŋ ~ -raŋ、-rəŋ、-roŋ、-rɵŋ 陈述的将来时语法概念

nugaŋtiŋ　mʉni　ədʉ　əmətəŋ　udʒidu　mandi　baa(ŋ)-naŋ.
他们　我们　这里　来　将来　非常　寂寞 现在他们
他们来我们这里后将（来）感到非常寂寞。

ahiŋsal udʒidu nəhʉŋsəlwə ʉhʉr təggəəŋdʒi moo dʒʉgʉhɵ(ŋ)-nɵŋ.
哥哥们　将来　弟弟们 把 牛　车　用　木料　拉运 使现在他们
哥哥们将（来）让弟弟们我用牛车拉运木料。

tajjasal　udʒidu　dattaŋ　bəjni　jəəəwəni　ga-daŋ
她 们　将来　经常　人家的　东西　拿 将来他们
她们将（来）经常拿人家东西。

talar　udʒidu　moriŋ　ugutʃtʃi　hajlar　doowu　ədil-dəŋ.
他们　将来　马　骑完　海拉尔　河把　渡 将来他们
他们将（来）骑马渡海拉尔河。

tatʃtʃil udʒidu　imiŋ　dooni　dʒəəŋgidədʉ　inig　baldi-raŋ.
她们　将来　伊敏　河的　东　侧　在　日　生 将来她们
她们将（来）在伊敏河的东岸生活。

talar　udʒidu　mʉni　ədʉ　təhəərəm　əmə-rəŋ.
他们　将来　我们的 这里　旅游　来 将来他们
他们将（来）到我们这里来旅游。

可以看出，以上列举的六个句子，同样是前面用过的例句，不同的是在句中使用了表示将来时间的名词 udʒidu“将来”。结果，原来表示现在将来时或现在时语法概念的形态变化现象变换成陈述将来时的语法词缀。与此同时，由

于动作行为的施事者从单数第三人称变换为复数第三人称代词 nugaŋtiŋ“他们”、ahiŋsal“哥哥们”、tajjasal“她们”、talar“他们”、taʧʧil“她们”、talar“他们”等，所以陈述现在将来时或现在时单数第三人称形态变化语法概念的词缀 -naŋ、-nəŋ、-noŋ、-nɵŋ ~-daŋ、-dəŋ、-doŋ、-dɵŋ ~-raŋ、-rəŋ、-roŋ、-rɵŋ也自然而然地演化为陈述复数概念的产物。正因为如此，我们分析和论述上述句子时，就应该指出，陈述式现在将来时复数第三人称形态变化语法词缀 -naŋ、-nəŋ ~ -daŋ、-dəŋ ~-raŋ、-rəŋ 等，严格遵循元音和谐原理，先后接缀于动词词根或词干 baa(ŋ)-“寂寞”、ʤʉgʉhɵ(ŋ)-“使拉运”、ga-“拿”、ədil-“渡”、inig baldi-“生活”、əmə-“来”，进而构成包含有将来时复数第三人称形态变化语法内涵的 baa(ŋ)naŋ（baa-naŋ）、ʤʉgʉhɵ(ŋ)nɵŋ（ʤʉgʉhɵ-nɵŋ）、gadaŋ（ga-daŋ）、ədildəŋ（ədil-dəŋ）、baldiraŋ（baldi-raŋ）、əmərəŋ（əmə-rəŋ）等动词。在此前提下，陈述了“他们将来寂寞”、“哥哥们将来使拉运”、“她们将来拿”、“他们将来渡”、“她们将来生活”、“他们将来旅游”等具有陈述式将来时复数第三人称语法含义的动作行为。

如上所述，形态变化语法词缀 -naŋ、-nəŋ、-noŋ、-nɵŋ ~-daŋ、-dəŋ、-doŋ、-dɵŋ ~-raŋ、-rəŋ、-roŋ、-rɵŋ 等用于以单数第三人称代词为主的句子时，要表示现在将来时单数第三人称形态变化现象的语法概念，当它们用于由复数第三人称代词为主的句子时，就会表示现在将来时复数第三人称形态变化现象的语法概念。总之，他们所表示的单数或复数语法概念，要取决于句中使用的单数或复数现在将来时第三人称代词。不论怎么说，这些形态变化语法词缀是陈述式现在将来时单数和复数第三人称形态变化现象之共同的表现形式，它们无论陈述单数还是复数，在具体使用时原有语音形式不产生任何变化。

另外，鄂温克语里，为了更加突出或进一步强调形态变化语法词缀 -naŋ、-nəŋ、-noŋ、-nɵŋ ~-daŋ、-dəŋ、-doŋ、-dɵŋ ~-raŋ、-rəŋ、-roŋ、-rɵŋ 所包含的复数语法概念，有时还在句中使用确定代词 hokko“都”、sʉt“都”，以及 baraaŋʤi“大家”等。例如，

talar əʃi sʉt ʤʉligʉ hosdu ʉgiinɵ-rɵŋ.
他们 这 都 前面 林子里 玩去 现在他们
他们现在都到前面的林子里去玩。

taʧʧil baraaŋʤi əmʉŋdʉ ikkiŋ təggəʧʧi ʉniim ga-daŋ.
她们 大家 一起 新的 衣服 买 要现在将来她们
他们大家现在或将来一起买新衣服。

概言之，动词陈述式现在将来时第三人称形态变化语法词缀的构成原理、结构特征、使用关系都比较复杂。其中，不仅有元音和谐现象，还有语法词缀首辅音的音变特征。所以，在语句中具体使用时，一定要严格遵守元音和谐规律，以及词缀首辅音的音变原理，否则在使用上会遇到许多不必要的麻烦。另外，现在的鄂温克族青少年，甚至是一些中年人，在口语里一般都使用现在将来时第三人称形态变化语法词缀中的 -naŋ、-nəŋ ~ -daŋ、-dəŋ ~ -raŋ、-rəŋ，而很少使用 -noŋ、-nɵŋ ~ -doŋ、-dɵŋ ~ -roŋ、-rɵŋ 等。

总的来说，动词陈述式现在将来时形态变化现象是个比较复杂的语法范畴。它的复杂性和系统性完全体现在包含不同人称概念的语法词缀，以及具备能表述现在将来时、现在时、将来时三种不同时间概念的语法功能上。所以，在具体接触或使用此种结构类型的形态变化语法词缀时，一定要依据说话人在语句中表现出的实际内容阐述其语法含义。否则，在人们的日常语言交流中，会造成意想不到的麻烦。另外，陈述式现在将来时形态变化现象中，除了单数第一人称和第二人称形态变化语法词缀之外，其他单数或复数人称形态变化语法词缀均有元音和谐形式和内容。其中，复数第一人称和第二人称形态变化语法词的元音和谐现象是由以短元音 u、ʉ 为核心的二元一体元音和谐原理组合而成，单数和复数第三人称形态变化语法词缀的元音和谐现象是由以短元音 a、ə、o、ɵ 为主的四元一体元音和谐原理组合而成。所以，在语句中，使用具有不同元音和谐现象的语法词缀时，必须要严格遵循其不相一致的元音和谐原理。另外，值得一提的是，根据实地调查中掌握的第一手资料，现代鄂温克语口语里，使用现在将来时第三人称形态变化语法词缀 -noŋ、-nɵŋ ~ -doŋ、-dɵŋ ~ -roŋ、-rɵŋ 的人越来越少，取而代之的是现在将来时第三人称形态变化语法词缀 -naŋ、-nəŋ ~ -daŋ、-dəŋ ~ -raŋ、-rəŋ。

第三节　陈述式将来时

研究资料表明，鄂温克语动词陈述式形态变化现象里，还有专门用于表示将来时语法概念的词缀系统。而且，这套形态变化语法词缀，还有区分单数和复数以及不同人称的区别功能和作用。根据其结构原理、使用特征和语法关系，我们可以在将来时形态变化语法词缀系统内部，先分出单数和复数两大结构类型，然后在单数和复数中各自分出第一人称、第二人称、第三人称三种形态变化结构内容。从严格意义上讲，动词将来时形态变化现象的表现形式，或者说形态变化语法词缀是以短元音 a、ə、o、ɵ 为核心的四元一体元音和谐原理构成的语法词缀 -ʤiga、-ʤigə、-ʤigo、-ʤigɵ 及不同人称形态变化语法词缀组合而成。表 3－3 展示了陈述式将来时形态变化语法词缀的分类及结构特征。

表 3－3　**陈述式将来时形态变化现象**

单数形态变化现象			复数形态变化现象		
第一人称	第二人称	第三人称	第一人称	第二人称	第三人称
-ʤigu -ʤigʉ	-ʤigaʃi -ʤigəʃi -ʤigoʃi -ʤigɵʃi	-ʤiga -ʤigə -ʤigo -ʤigɵ	-ʤigamuŋ -ʤigamʉŋ -ʤigomuŋ -ʤigɵmʉŋ	ʤigasuŋ- ʤigasʉŋ- ʤigosuŋ- ʤigɵsʉŋ-	-ʤiga -ʤigə -ʤigo -ʤigɵ

从表 3－3 我们看出，单数第一人称的形态变化现象的表现形式似乎不是按照四元一体元音和谐原理组合而成，而是由以短元音 u、ʉ 为核心的二元一体元音和谐原理构成。其实不然，-ʤigu、-ʤigʉ 原来也是四元一体元音和谐原理组合的产物，后经一系列音变过程才演化为现在的这一语音结构形式。另外，陈述将来时单数和复数第三人称概念的形态变化现象，不仅在语音结构方面保持高度一致，同时在原有的基本结构形式的形态变化语法词缀上没有接缀任何其他成分。毫无疑问，陈述式将来时形态变化语法词缀，要表示“将来”进行的某一动作行为。

1. **单数第一人称形态变化语法词缀 -ʤigu、-ʤigʉ 的使用关系**

陈述式将来时单数第一人称形态变化语法概念，要用形态变化语法词缀 -ʤigu、-ʤigʉ 来表示。我们在前面提出过，-ʤigu 与 -ʤigʉ 的原有结构形式，也属于四元一体元音和谐原理组合而成的产物。也就是说，它们原来应该是，由将来时形态变化语法词缀 -ʤiga、-ʤigə、-ʤigo、-ʤigɵ 及单数第一人称领属形态变化语法词缀 -wi 组合而成的产物。但是，在后来的使用过程中 -ʤigawi、-ʤigəwi、-ʤigowi、-ʤigɵwi 等却出现 -ʤigawi > -ʤigaw > -ʤigu、-ʤigəwi > -ʤigəw > -ʤigʉ、-ʤigowi > -ʤigow > -ʤigu、-ʤigɵwi > -ʤigɵw > -ʤigʉ 式音变。换言之，形态变化语法词缀 -ʤigawi、-ʤigəwi、-ʤigowi、-ʤigɵwi 末尾的语音结构形式 -awi、-owi、-əwi、-ɵwi 等出现 -awi > -aw > -u、-owi > -ow > -u、-əwi > -əw > -ʉ、-ɵwi > -ɵw > -ʉ 式音变，其结果是-ʤigawi、-ʤigəwi、-ʤigowi、-ʤigɵwi 演化为 -ʤigu、-ʤigʉ。在语句中，-ʤigu、-ʤigʉ 表示“将来我……”这一将来时单数第一人称形态变化现象的语法概念。例如，

bi　tadu　əmʉŋ　nandahaŋ　moo　ʤʉʉ　ʤawa-ʤigu.
我　那里　一　漂亮的　木　屋　搭建　将来我
我将来在那里搭建一栋漂亮的木屋。

bi　uʤidu　əmʉŋ　əwəŋkə　həggəŋ　ʃilbaar　səwə　oo-ʤigu.
我　将来　一　鄂温克　文　教　老师　当　将来我
我将来当一名教鄂温克文的老师。

bi　bəəʤiŋ　hotondu　ʉgiinəm　əmə-ʤigʉ.
我　北京　城　旅游　来　将来我
我将来来北京城旅游。

bi　uʤidu　əddʉg　sujtaŋdu　ii-ʤigʉ.
我　将来　大的　学校　考入　将来我
我将来要考入大学。

可以看得出来，在这些句子末尾出现的动词词根 ʤawa-“搭建”、oo-“当”、əmə-“来”、ii-“考入”后面，按照四元一体元音和谐原理，先后接缀将来时形态变化语法词缀 -ʤigu 与 -ʤigʉ，构成具有将来时单数第一人称形态变化现象的动词 ʤawaʤigu（ʤawa-ʤigu）、ooʤigu（oo-ʤigu）、əməʤigʉ（əmə-ʤigʉ）、iiʤigʉ（ii-ʤigʉ）等。在此基础上，陈述了“我将来搭建”、“我将来当”、“我将来来”、“我将来考入”等含有将来时单数第一人称形态变化语法概念的动作行为。另外，还有 bi ugu-ʤigu.“我将来骑”，bi bʉʉ-ʤigʉ.“我将来给”、bi ɵlɵɵhɵʃi-ʤigʉ.“我将来欺骗”、bi eʃe-ʤigʉ.“我将来到达”等。现代鄂温克语口语里，至今还有人保留着对于 -ʤigu、-ʤigʉ 的 -ʤigawi、-ʤigəwi、-ʤigowi、-ʤigɵwi 等发音形式。比如，农区鄂温克族的个别老人将 ʤawaʤigu、ooʤigu、əməʤigʉ、iiʤigʉ、uguʤigu、bʉʉʤigʉ、ɵlɵɵhɵʃiʤigʉ、eʃeʤigʉ 等，遵循原来的发音形式说成 ʤawaʤigawi（ʤawa-ʤigawi）、ooʤigowi（oo-ʤigowi）、əməʤigəwi（əmə-ʤigəwi）、iiʤigəwi（ii-ʤigəwi）、uguʤigowi（ugu-ʤigowi）、bʉʉʤigɵwi（bʉʉ-ʤigɵwi）、ɵlɵɵhɵʃiʤigɵwi（ɵlɵɵhɵʃi-ʤigɵwi）、eʃeʤigəwi（eʃe-ʤigəwi）等。

2. 单数第二人称形态变化语法词缀 -ʤigaʃi、-ʤigəʃi、-ʤigoʃi、-ʤigɵʃi 的使用关系

就如前面所说，陈述式将来时单数第二人称形态变化现象要用 -ʤigaʃi、-ʤigəʃi、-ʤigoʃi、-ʤigɵʃi 等语法词缀来表现。从它们的构成因素和特征来看，显然是在以四元一体元音和谐原理组合而成的将来时形态变化语法词缀 -ʤiga、-ʤigə、-ʤigo、-ʤigɵ 后面，接缀单数第二人称领属形态变化语法词缀 -ʃi 而形成。这套语法词缀按照元音和谐要求用于由不同元音构成的动词词根或词干，进而陈述带有单数第二人称语法内涵的将来进行的某一动作行为。例如，

ʃi tari giltariŋ moriŋbo ajawu-ʤigaʃi.
你 那 白 的 马 把 喜欢 将来你
你将来会喜欢那匹白马。

ʃi uʤidu law mʉni təgəəŋdʉ əmə-ʤigəʃi.
你 将来 肯定 我们 家乡 来 将来你
你将来肯定来我们的家乡。

ʃi mini gʉnɵsɵ ʉgwɵ ommo-ʤigoʃi.
你 我的 说的 话 忘 将来你
你将来会把我说的话忘记的。

ʃi timaaniŋʧi əddə moriŋ uguʧʧi gʉggʉl-ʤigɵʃi.
你 后天 早晨 马 骑 动身 将来你
你后天早晨骑马动身。

在这里，陈述式将来时单数第二人称形态语法词缀 -ʤigaʃi、-ʤigəʃi、-ʤigoʃi、-ʤigɵʃi，严格遵照四元一体元音和谐原理，分别接缀位于句末的动词词干 ajawu-“喜欢”及动词词根 əmə-“来”、ommo-“忘”、gʉggʉl-“动身”后面，形成有陈述式将来时单数第二人称形态变化现象的动词 ajawuʤigaʃi（ajawu-ʤigaʃi）、əməʤigəʃi（əmə-ʤigəʃi）、ommoʤigoʃi（ommo-ʤigoʃi）、gʉggʉlʤigɵʃi（gʉggʉl-ʤigɵʃi）等。在此前提下，陈述了“你将来喜欢”、“你将来来”、“你将来忘记”、“你（将来）后天动身”等具有将来时单数第二人称语法概念的动作行为。与此相关的例子还有 ʃi ugu-ʤigoʃi.“你将来骑”、ʃi ɵlɵɵhɵʃi-ʤigɵʃi.“将来你欺骗”、ʃi iʃi-ʤigɵʃi.“你将来看”等。

3. 单数第三人称形态变化语法词缀 -ʤiga、-ʤigə、-ʤigo、-ʤigɵ 的使用关系

陈述式将来时单数第三人称的语法概念，要用形态变化语法词缀 -ʤiga、-ʤigə、-ʤigo、-ʤigɵ 来表示。这些语法词缀是将来时形态变化现象的基本结构形式，它们是在没有接缀任何人称领属形态变化语法词缀的前提下，以其原有语音直接用于动词词根或词干后面，从而表示具有“将来他（她、它）”这一将来时单数第三人称语法概念的动作行为。例如，

mini unaadʒ nəhʉŋbi timaaʃiŋ miniwə alaaʃi-dʒiga.
我的 女的 弟弟 明天 我 等待 将来她
明天妹妹在家里等我。

mini amiŋbi tari moriŋbo ahiŋdu bʉʉ-dʒigə.
我的 父亲我 那 马 把 哥哥与 给 将来他
父亲将来会把那匹马交给我哥哥的。

tari honnoriŋ tətʃtʃi udʒidu uduŋni mʉʉ oo-dʒigo.
那 黑的 云彩 将来 雨的 水 成 将来它
那片黑云将来会变成雨水。

nugaŋ əri ikkiŋ kinowo iʃi-dʒigə.
他 这 新的 电影 看 将来他
他将来看这部新影片。

除此之外，有关将来时单数第三人称的形态变化语法词缀 -dʒiga、-dʒigə、-dʒigo、-dʒigə 的使用实例还有 tari adda-dʒiga. “他将来高兴”、tari əməggi-dʒigə. “他将来回来”、tari ələəhəʃi-dʒigə. “他将来欺骗”、tari uruu-dʒigo. “他将来搜集”、tari eʃe-dʒigə. “他将来到来” 等。那么，无论是上述例句中接缀有将来时单数第三人称形态变化语法词缀的 alaaʃidʒiga（alaaʃi-dʒiga）“她（将来）明天等待”、bʉʉdʒigə（bʉʉ-dʒigə）“他将来给”、oodʒigo（oo-dʒigo）“它将来变成”、iʃidʒigə（iʃi-dʒigə）“他将来看”，还是刚才列举的 addadʒiga（adda-dʒiga）“他将来高兴”、əməggidʒigə（əməggi-dʒigə）“他将来回来”、ələəhəʃidʒigə（ələəhəʃi-dʒigə）“他将来欺骗”、uruudʒigo（uruu-dʒigo）“他将来搜集”、eʃedʒigə（eʃe-dʒigə）“他将来到来” 等，都无一例外地陈述了含有将来时单数第三人称形态变化语法含义的动作行为。很有意思的是，现代鄂温克语口语里，已出现把 -dʒiga、-dʒigə、-dʒigo、-dʒigə 发音成 -dʒaa、-dʒəə、-dʒoo、-dʒəə，甚至是说成 -dʒa、-dʒə、-dʒo、-dʒə 的现象。毫无疑问，这种发音形式的出现，是因为

-ʤiga、-ʤigə、-ʤigo、-ʤigɵ 中的语音形式 iga、igə、igo、igɵ 发生 iga、igə、igo、igɵ > ia、iə、io、iɵ > aa、əə、oo、ɵɵ 式音变的结果。而且，已演化为长元音 aa、əə、oo、ɵɵ 的语音形式，甚至有时还被发音成短元音 a、ə、o、ɵ 等。这就是说，在有些人的口语中，形态变化语法词缀 -ʤiga、-ʤigə、-ʤigo、-ʤigɵ 经缩合式音变，演化为 -ʤaa、-ʤəə、-ʤoo、-ʤɵɵ，以及 -ʤa、-ʤə、-ʤo、-ʤɵ 等。根据这一音变原理，我们把上面的例句里出现的 alaaʃiʤiga、bʉʉʤigɵ、ooʤigo、iʃiʤigə 等可以发音为 alaaʃiʤaa、bʉʉʤɵɵ、ooʤoo、iʃiʤəə 或 alaaʃiʤa、bʉʉʤɵ、ooʤo、iʃiʤə 等。依据调查资料，现在的鄂温克青少年甚至一些中年人中说 ʤaa、ʤəə、ʤoo、ʤɵɵ 或 ʤa、ʤə、ʤo、ʤɵ 的现象不断增多。

4. 复数第一人称形态变化语法词缀 -ʤigamuŋ、-ʤigəmʉŋ、-ʤigomuŋ、-ʤigɵmʉŋ 的使用关系

陈述式将来时复数第一人称形态变化现象，要用语法词缀 -ʤigamuŋ、-ʤigəmʉŋ、-ʤigomuŋ、-ʤigɵmʉŋ 来表示。显而易见，这套语法词词缀是在 -ʤiga、-ʤigə、-ʤigo、-ʤigɵ 后面，根据四元一体元音和谐原理分别接缀复数第一人称领属形态变化语法词缀 -muŋ、-mʉŋ 而构成。从而表示“将来我们”这一将来时复数第一人称的语法概念。例如，

bʉ　tadu　əmʉŋ　nandahaŋ　moo　ʤʉʉ　ʤawa-ʤigamuŋ.
我们　那里　一　漂亮的　木　屋　搭建　将来我们
我们将来在那里搭建一栋漂亮的木屋。

bʉ　uʤidu　əwəŋkə　həggəŋ　ʃilbaar　səwə　oo-ʤigomuŋ.
我们　将来　鄂温克　文　教　老师　当　将来我们
我们将来当教鄂温克文的老师。

bʉ　bəəʤiŋ　hotondu　ʉgiinəm　əmə-ʤigəmʉŋ.
我们　北京　城　旅游　来　将来我们
我们将来来北京城旅游。

bʉ udʒidu əddə taŋiŋ niŋʉŋ əriŋdʉ jʉʉ-dʒigəmʉŋ.
我们 将来 早晨 每 六 点 起床 将来我们
我们将来每天早晨六点起床。

毫无疑问，在上述四句句尾出现的动词词根 dʒawa- “搭建”、oo- “当”、əmə- “来”、jʉʉ- “起床” 后面，按照四元一体元音和谐原理，分别接缀将来时形态变化语法词缀 -dʒigamuŋ、-dʒigomuŋ、-dʒigəmʉŋ、-dʒigəmʉŋ，构成具有将来时复数第一人称形态变化现象的动词 dʒawadʒigamuŋ（dʒawa-dʒigamuŋ）、oodʒigomuŋ（oo-dʒigomuŋ）、əmədʒigəmʉŋ（əmə-dʒigəmʉŋ）、jʉʉdʒigəmʉŋ（jʉʉ-dʒigəmʉŋ）等。在此基础上，明确陈述了“我们将来搭建”、“我们将来当”、“我们将来来”、“我们将来起床”等含有将来时复数第一人称形态变化语法概念的动作行为。另外，与此相关的例子还有 bʉ ugu-dʒigomuŋ. “我们将来骑”，bʉ bʉʉ-dʒigəmʉŋ. “我们将来给”、bʉ ələəhəʃi-dʒigəmʉŋ. “我们将来欺骗”、bʉ eʃe-dʒigəmʉŋ. “我们将来到达”等。就像分析将来时单数第一人称形态变化现象时所见到的那样，有人将 -dʒigamuŋ、-dʒigəmʉŋ、-dʒigomuŋ、-dʒigəmʉŋ 发音成 -dʒaamuŋ、-dʒəəmʉŋ、-dʒoomuŋ、-dʒəəmʉŋ 的情况。毋庸置疑，这里出现的长元音 aa、əə、oo、əə 同样是属于前面提到的 iga、igə、igo、igə > ia、iə、io、iə > aa、əə、oo、əə 式音变现象导致的结果。按其说法，我们把上面的例句中出现的 dʒawadʒigamuŋ、oodʒigomuŋ、əmədʒigəmʉŋ、jʉʉdʒigəmʉŋ 都会说成是 dʒawadʒaamuŋ（dʒawa-dʒaamuŋ）、oodʒoomuŋ（oo-dʒoomuŋ）、əmədʒəəmʉŋ（əmə-dʒəəmʉŋ）、jʉʉdʒəəmʉŋ（jʉʉ-dʒəəmʉŋ）等。不单如此，甚至有人会把它们索性发音成 dʒawadʒamuŋ、oodʒomuŋ、əmədʒəmʉŋ、jʉʉdʒəmʉŋ。不过，以上这些说法现在还没有什么代表性，还是说 dʒawadʒigamuŋ、oodʒigomuŋ、əmədʒigəmʉŋ、jʉʉdʒigəmʉŋ 的人占绝大多数。

5. 复数第二人称形态变化语法词缀 -dʒigasuŋ、-dʒigəsʉŋ、-dʒigosuŋ、-dʒigəsʉŋ 的使用关系

根据分析，陈述式将来时复数第二人称的形态变化语法词缀有 -dʒigasuŋ、-dʒigəsʉŋ、-dʒigosuŋ、-dʒigəsʉŋ。很显然，它们属于在将来时形态变化现象的基本结构形式 -ʤiga、-ʤigə、-ʤigo、-ʤigɵ 后面，接缀复数第二人称领属形态变化语法词缀 -suŋ 或 -sʉŋ 构成的产物。同时，在它们的构成音素中，还要遵照四元一体元音和谐原理。那么，这套形态变化语法词缀，按照使用规则和要求，接缀于动词词根或词干后面时，就会陈述具有“将来你们……”这一将来时复数第二人称语法概念的动作行为。例如，

sʉ tari giltariŋ moriŋbo ajawu-ʤigasuŋ.
你们 那 白 的 马 把 喜欢 将来你们
你们将来会喜欢骑那匹白马。

sʉ mini gʉnɵsɵ ʉgwɵ ommo-ʤigosuŋ.
你们 我的 说的 话 忘 将来你们
你们将来会把说的话忘记的。

sʉ uʤidu law mʉni təgəəŋdʉ əmə-ʤigəsʉŋ.
你们 将来 肯定 我们 家乡 来 将来你们
你们将来肯定来我们的家乡。

sʉ timaaniŋʧi əddə moriŋ uguʧʧi gʉggʉl-ʤigɵsʉŋ.
你们 后天 早晨 马 骑 动身 将来你们
你们是后天早晨骑马动身。

遵照四元一体元音和谐原理，陈述式将来时单数第二人称形态语法词缀 -ʤigasuŋ、-ʤigəsʉŋ、-ʤigosuŋ、-ʤigɵsʉŋ，分别接缀于上述四个例句句末出现的动词词根 ajawu-“喜欢”、ommo-“忘”、əmə-“来”、gʉggʉl-“动身”后面，形成有陈述式将来时复数第二人称形态变化现象的动词 ajawuʤigasuŋ（ajawu-ʤigasuŋ）、ommoʤigosuŋ（ommo-ʤigosuŋ）、əməʤigəsʉŋ（əmə-ʤigəsʉŋ）、gʉggʉlʤigɵsʉŋ（gʉggʉl-ʤigɵsʉŋ）等。这也是它们能够陈述“你将来喜欢”、“你将来忘记”、“你将来来”、“你（将来）后天动身”等带有将来时复数第二人称语法概念之动作行为的前提条件。相关实例还有

sʉ oo-ʤigosuŋ. “你们将来做”、sʉ bʉʉ-ʤigɵsʉŋ. “你们将来给”等。我们掌握的资料还显示，将来时复数第二人称形态变化语法词缀 -ʤigasuŋ、-ʤigəsʉŋ、-ʤigosuŋ、-ʤigɵsʉŋ，也同将来时复数第一人称的形态变化语法词缀一样，在现代鄂温克语口语里有发音为 -ʤaasuŋ、-ʤəəsʉŋ、-ʤoosuŋ、-ʤɵɵsʉŋ等的现象。其中的长元音 aa、əə、oo、ɵɵ 也是经 iga、igə、igo、igɵ > ia、iə、io、iɵ > aa、əə、oo、ɵɵ 的音变原理演化而来的产物。由此，有人会把以上提到的 ajawuʤigasuŋ、ommoʤigosuŋ、əməʤigəsʉŋ、gʉggʉlʤigɵsʉŋ、ooʤigosuŋ、bʉʉʤigɵsʉŋ 等说成是 ajawuʤaasuŋ（ajawu-ʤaasuŋ）、ommoʤigosuŋ（ommo-ʤoosuŋ）、əmməʤəsʉŋ（əmmə-ʤəəsʉŋ）、gʉlgʉlʤɵsʉŋ（gʉlgʉl-ʤɵɵsəŋ）、ooʤoosuŋ（oo-ʤoosuŋ）、bʉʉʤɵɵsʉŋ（bʉʉ-ʤɵɵsʉŋ）等。而且，还有把将来时复数第二人称形态变化语法词缀里出现的长元音 aa、əə、oo、ɵɵ 发音为短元音 a、ə、o、ɵ 的情况。

6. 复数第三人称形态变化语法词缀 -ʤiga、-ʤigə、-ʤigo、-ʤigɵ 的使用关系

陈述式将来时复数第三人称形态变化现象，跟将来时单数第三人称形态变化现象一样，要用语法词缀 -ʤiga、-ʤigə、-ʤigo 、-ʤigɵ 来表示。而且，该套形态变化语法词缀的形成构成及其使用原理，和前面谈到的将来时单数第三人称形态变化语法词缀完全相同。所以，在此不再进行重复说明和论述。然而，它们之间的区别关系，往往体现在动作行为的施事者是单数还是复数第三人称代词的问题上。当然，将来时复数第三人称形态变化语法词缀 -ʤiga、-ʤigə、-ʤigo、-ʤigɵ，必须要用于动作行为的施事者是复数第三人称代词的句子里，进而陈述含有“将来他们（她们、它们）”之将来时复数第三人称形态变化语法内涵的动作行为。例如，

mʉni unaaʤ nəhʉŋsəlmʉŋ timaaʃiŋ mʉniwɵ alaaʃi-ʤiga.
我们的 女的 弟弟 们 明天 我们 等待 将来她们
明天妹妹们（她们）在家里等我们。

nugaŋtiŋ　əri　ikkiŋ　ʤawasa　moo　ʤʉʉdʉ　ii-ʤigə.
她们　这　新的　搭建的　木　房　搬进 将来她们
她们将来会搬进这一新搭建的木屋。

taril　honnoriŋ　təʧʧi　uʤidu　uduŋni　mʉʉ　oo-ʤigo.
那些　黑的　云彩　将来　雨的　水　成 将来它们
那些黑云（它们）将来会变成雨水。

taʧʧil　tari　aja　moriŋbo　ahiŋdu　bʉʉ-ʤigɵ.
他们　那　好　马　把　哥哥与 给 将来他们
他们将来会把那匹好马给我哥哥的。

除此之外的相关实例还有 taʧʧil ʤoono-ʤigo. “将来他们思念”、talar ɵlɵɵhɵʃi-ʤigɵ. “他们将来欺骗”等。就像分析将来时单数第三人称形态变化现象的音变情况时所阐述的内容完全相同，将来时复数第三人称形态变化语法词缀 -ʤiga、-ʤigə、-ʤigo、-ʤigɵ 也会出现 iga、igə、igo、igɵ > ia、iə、io、iɵ > aa、əə、oo、ɵɵ > a、ə、o、ɵ 式音变。也就是说，陈述式将来时第三人称形态变化现象，虽然有单数和复数之分，但在形态变化语法词缀的语音结构上完全相同。因为，它们在语音结构方面保持高度一致，没有任何的区别性结构特征。在这种情况下，如前所述，主要看动作行为的施事者是单数第三人称代词还是复数第三人称代词。如果动作行为的施事者是单数第三人称代词，那么该句子里的 -ʤiga、-ʤigə、-ʤigo、-ʤigɵ 要陈述具有将来时单数第三人称语法概念的动作行为；如果是动作行为的施事者是复数第三人称代词，那么该句子里的 -ʤiga、-ʤigə、-ʤigo、-ʤigɵ 要陈述包含有将来时复数第三人称语法概念的动作行为。

总而言之，鄂温克语动词陈述式将来时形态变化现象，分有单数和复数以及不同人称区别，同时均使用固定的形态变化语法词缀。而且，从源头上讲，所有形态变化语法词缀都是依据短元音 a、ə、o、ɵ 为核心的四元一体元音和谐原理组合而成。不过，后来将来时单数第一人称形态变化语法词缀

演化为 -ʤigu、-ʤigʉ。所以，一定要严格按照元音和谐要求和条件来使用。如前所述，将来时形态变化语法词缀在使用过程中，都产生了不同程度的音变现象。我们一般把这些音变称为缩合式音变现象，并认为其具有一定的未来性和发展性，特别是在中青年的鄂温克人当中有一定使用率。通过以上讨论，我们还可以进一步认识到，将来时单数和复数第三人称形态变化现象的表现形式 -ʤiga、-ʤigə、-ʤigo、-ʤigɵ，有可能属于动词陈述式将来时形态变化现象的原始结构类型。然而，将来时单数和复数第一人称、第二人称形态变化语法词缀是在 -ʤiga、-ʤigə、-ʤigo、-ʤigɵ 后面，接缀单数或复数第一人称领属形态变化语法词缀，或接缀单数或复数第二人称领属形态变化语法词缀而构成的产物。

第四节　陈述式过去时

鄂温克语动词陈述式形态变化现象系统内部，有专门陈述已经过去了的时间里进行的某一动作行为的语法手段。我们将它称为陈述式过去时形态变化现象，把它的表现形式叫陈述式过去时形态变化语法词缀。根据现已掌握的资料，过去时形态变化语法词缀，同样具有区分单数和复数，以及区别第一人称、第二人称、第三人称的功能和作用。很有意思的是，它们的元音和谐现象跟陈述式将来时形态变化语法词缀完全相同，也是由以短元音 a、ə、o、ɵ 为核心的四元一体元音和谐原理构成，不同点就在于陈述式过去时形态变化现象的最为基本的语音形式是 -sa、-sə、-so、-sɵ。那么，它们作为陈述式过去时不同数、不同人称的形态变化语法词缀而出现于句子时，有的会按基本结构形式被使用，有的会接缀不同人称领属形态变化语法词缀，有的会以经一系列音变过程产生的语音形式出现。表 3 – 4 展示了陈述式过去时形态变化语法词缀的分类及结构特征。

表 3－4　　陈述式过去时形态变化现象

单数形态变化现象			复数形态变化现象		
第一人称	第二人称	第三人称	第一人称	第二人称	第三人称
-su	-saʃi、-səʃi	-sa、-sə	-samuŋ、-səmʉŋ	-sasuŋ、-səsʉŋ	-sa、-sə
-sʉ	-soʃi、-sɵʃi	-so、-sɵ	-somuŋ、-sɵmʉŋ	-sosuŋ、-sɵsʉŋ	-so、-sɵ

就如分析将来时形态变化现象时所指出的那样，表 3－4 中的单数第一人称形态变化语法词缀 -su、-sʉ，也属于从原有的四元一体元音和谐结构类型的形态变化语法词缀演化为二元一体元音和谐结构类型的产物。另外，陈述过去时单数和复数第三人称形态变化语法词缀，显然是由过去时形态变化现象的基本结构类型构成，没有接缀人称领属形态变化语法词缀。过去时单数第二人称以及复数第一人称、第二人称形态变化现象，均是由过去时形态变化语法词缀与人称领属形态变化语法词缀组合而成的实例。毫无疑问，陈述式过去时形态变化语法词缀，在句中表示的语法概念相当于汉语的“过去”之意。以下结合例句，对于过去时不同数（单复数）、不同人称形态变化现象，以及不同表现形式展开具体分析和讨论。

1. 单数第一人称形态变化语法词缀 -su、-sʉ 的使用关系

陈述式过去时单数第一人称形态变化语法概念，要用形态变化语法词缀 -su、-sʉ 来表示。如前所说，我们认为这套由二元一体元音和谐原理构成的形态变化语法词缀，原来应该也是四元一体元音和谐结构类型的产物。换言之，它们原来的结构应该是由过去时形态变化现象之基本结构形式 -sa、-sə、-so、-sɵ 及单数第一人称领属形态变化语法词缀 -wi 组合而成的语法词缀 -sawi、-səwi、-sowi、-sɵwi。然而，在后来的使用过程中 -sawi、-səwi、-sowi、-sɵwi 却出现 -sawi ＞-saw ＞-su、-səwi ＞-səw ＞-sʉ、-sowi ＞-sow ＞-su、-sɵwi ＞-sɵw ＞-sʉ 式音变。也就是说，形态变化语法词缀 -sawi、-səwi、-sowi、-sɵwi 中的语音结构形式 -awi、-əwi、-owi、-ɵwi 等出现 -awi ＞-aw ＞-u、-əwi ＞-əw ＞-ʉ、-owi ＞-ow ＞-u、-ɵwi ＞-ɵw ＞-ʉ 式音变。其结果，具有四元一体元音和谐现象的形态变化语法词缀 -sawi、-səwi、-sowi、-sɵwi 演化为二元一体元音和谐现象的语法词缀 -su、-sʉ。在句子中，-su 与 -sʉ

陈述的过去时语法概念可以用“了”来替代。例如，

bi tiŋaŋ saaguʤiŋ əri ikkiŋ moo ʤʉʉwө ʤawa-su.
我 去年 前 这 新 木 屋 搭建 了我
我前年搭建了这栋木屋。

tbi tinʉg tari giltariŋ moriŋbo ugu-su.
我 昨天 那 白 马 骑 了我
我昨天骑了那匹白马。

bi tiŋaŋ tʉŋgʉs əwəŋkə ʉrirəŋdʉ təhəərnə-sʉ.
我 去年 通古斯 鄂温克 村 旅游去 了我
我去年去通古斯鄂温克村旅游过。

bi nʉʧʧisө ane өggө ʤʉʉdʉwi nʉʉggimi ii-sʉ.
我 过去的 年 圆 房子里自己 搬 进 了我
我去年搬进了自己的游牧包。

按照二元一体元音和谐原理，过去时单数第一人称形态变化语法词缀 -su 用于由阳性元音为主的动词词根 ʤawa-“搭建”、ugu-“骑”后面，而 -sʉ 接缀于动词词干 təhəərnə-“旅游去”及动词词根 ii-“进”后面。由此构成了 ʤawasu（ʤawa-su）、ugusu（ugu-su）、təhəərnəsʉ（təhəərnə-sʉ）、iisʉ（ii-sʉ）等动词。进而陈述了“我搭建了”、“我骑了”、“我去旅游了”、“我进了”等含有过去时单数第一人称形态变化语法概念的动作行为。相关例子，还如 bi oo-su.“我做了”、bi өlөөhөʃi-sʉ.“我欺骗了”、bi ʉʉgʉ-sʉ.“我吹了”、bi eʃe-sʉ.“我到了”等。

2. 单数第二人称形态变化语法词缀 -saʃi、-səʃi、-soʃi、-sөʃi 的使用关系

陈述式过去时单数第二人称的形态变化现象，用语法词缀 -saʃi、-səʃi、-soʃi、-sөʃi 来表示。我们认为，这套形态变化语法词缀是，在过去时形态变

化现象的基本语音结构形式 -sa、-sə、-so、-sɵ 后面，接缀单数第二人称领属形态变化语法词缀 -ʃi 而构成。这些语法词缀，遵循四元一体元音和谐原理，分别接缀于由不同元音和谐构成的动词词根或词干后面，主要陈述过去时单数第二人称形态变化语法概念。例如，

ʃi　əmməwʉsə　honiŋbi　gələəm　baha-saʃi.
你　丢失了的　羊把　寻找　找到 了你
你找到了自己丢失的羊。

ʃi　əri　əddə　adi　əriŋdʉ　ədʉ　əmə-səʃi?
你　这　早晨　几　点　这里　来　了你
你今天早晨几点来这里了？

ʃi　tiinʉg　ʃikkisa　əkkiwi　ilə　bogdu　loho-soʃi?
你　昨天　洗了的　裤子把 什么 地在　挂　了你
你把昨天洗好的衣服挂在什么地方了？

ʃi　əri　maʃiŋni　bajtalar　geeŋba　nandahaŋ　gʉʉrʉ-sɵʃi.
你　这　机器　使用　方法　好　明白　了你
你把这个机器的使用方法掌握了。

另外，与过去时单数第二人称形态变化语法词缀 -səʃi 或 -sɵʃi 有关的实例还有 ʃi ugu-soʃi. “你骑了”，ʃi ɵlɵɵhɵʃi-sɵʃi. “你欺骗了” 等。不难看出，无论是上述例句中的 baha-“找到”、əmə-“来”、loho-“挂”、gʉʉrʉ-“明白”，还是下面列举的 ugu-“骑”、ɵlɵɵhɵʃi-“欺骗”，按照元音和谐原理接缀过去时单数第二人称形态变化语法词缀 -saʃi、-səʃi、-soʃi、-sɵʃi 之后，就成为含有过去时单数第二人称形态变化语法概念的动词 bahasaʃi（baha-saʃi）“你找到了”、əməsəʃi（əmə-səʃi）“你来了”、lohosoʃi（loho-soʃi）“你挂了”、gʉʉrʉsɵʃi（gʉʉrʉ-sɵʃi）“你明白了”、ugusoʃi（ugu-soʃi）“你骑了”、ɵlɵɵhɵʃisɵʃi（ɵlɵɵhɵʃi-sɵʃi）“你欺骗了” 等。

3. **单数第三人称形态变化语法词缀** -sa、-sə、-so、-sɵ **的使用关系**

陈述式过去时单数第三人称形态变化现象，要用 -sa、-sə、-so、-sɵ 等语法词缀来表示。如前所述，过去时单数第三人称形态变化语法词缀是过去时形态变化现象的基本表现形式和手段，甚至可以说，它们是过去时形态变化现象最为原始的语法词缀结构。过去时形态变化现象的其他语法词缀，都是在 -sa、-sə、-so、-sɵ 后面接缀相关人称领属形态变化语法词缀后派生出来的产物。那么，这套语法词缀根据四元一体元音和谐原理，接缀于由不同元音和谐构成的动词词根或词干后面，从而陈述过去时单数第三人称的形态变化语法概念。例如，

tari bəjʉʉʃeŋ bəj naaŋ əmʉŋ tʉʉggʉ waa-sa.
那个 狩猎的 人 又 一 狼 杀 了他
那个猎人又杀了一只狼。

tari honnoriŋ moriŋ əmʉrəŋ toŋ baaʧʧi oo-so.
那 黑 马 已经 五 岁 成 了它
那匹黑骏马已经五岁了。

tajja tadu biʤir jəəmə mʉnʉ-sɵ.
那 那里 在的 东西 腐烂 了它
在那里的那个东西腐烂了。

tari tiinʉg bitig iʃiʧʧi namattiwi tihiwʉ-sə.
她 昨天 书 看完 泪 把自己 流下 了她
她昨天看小说时流下了眼泪。

在上述四个例句中，过去时单数第三人称形态变化语法词缀 -sa、-so、-sɵ、-sə，按照四元一体元音和谐原理，先后接缀于由阳性长元音 aa 与 oo、阴性短元音 ʉ 与 ɵ、中性短元音 i 为核心的动词词根 waa-“杀”、oo-“成”、

mʉnʉ-“腐烂”及动词词干 tihiwʉ-“掉落”后面，构成了 waasa（waa-sa）“他杀了”、ooso（oo-so）“它成了”、mʉnʉsɵ（mʉnʉ-sɵ）“它腐烂了”、tihiwʉsə（tihiwʉ-sə）“她流下了”等具有过去时单数第三人称形态变化现象的动词。

4. 复数第一人称形态变化语法词缀 -samuŋ、-səmʉŋ、-somuŋ、-sɵmʉŋ **的使用关系**

陈述式过去时复数第一人称形态变化现象，用语法词缀 -samuŋ、-səmʉŋ、-somuŋ、-sɵmʉŋ 来表示。毋庸置疑，它们是由过去时形态变化现象的基本语音结构 -sa、-sə、-so、-sɵ 与复数第一人称领属形态变化语法词缀 -muŋ、-mʉŋ 相结合而构成的产物。显而易见，在它们的构成音素中，也使用了四元一体元音和谐原理。因此，要按照元音和谐所需的基本要求和条件，把它们分别接缀于由不同和谐元音构成的动词词根或词干后面，从而表示过去时复数第一人称的形态变化语法概念。例如，

bʉ tiŋaŋ saaguʤiŋ əri ikkiŋ moo ʤʉʉwɵ ʤawa-samuŋ.
我 去年 前 这 新 木 屋 搭建 了我们
我们前年搭建了这栋木屋。

bʉ nʉʧʧisɵ əriŋdʉ sʉt moo ʤʉʉdʉ təgə-səmʉŋ.
我们 过去的 岁月里 都 木 屋里 住 了我们
我们在过去的岁月里住的都是木屋。

bʉ tiinʉg tari giltariŋ moriŋbo ugu-somuŋ.
我 昨天 那 白 马 骑 了我们
我们昨天骑了那匹白马。

bʉ nʉʧʧisɵ ane ɵggɵ ʤʉʉdʉwi nʉʉggimi ii-səmʉŋ.
我 过去的 年 圆 房子里自己 搬 进 了我
我们去年搬进了自己的游牧包。

相关例子还有 bʉ ommo-somuŋ. “我们忘了”、bʉ ʤʉgʉ-sɵmʉŋ. “我们搬运了”等。也就是说，以上例句里的 ʤawa-“搭建”、təgə-“住”、ugu-“骑”、ii-“进”及下面列举的 ommo-“忘”、ʤʉgʉ-“搬运”等动词词根，按照元音和谐条件和要求，接缀过去时复数第一人称形态变化语法词缀 -samuŋ、-səmʉŋ、-somuŋ、-sɵmʉŋ 之后，就变成了 ʤawasamuŋ（ʤawa-samuŋ）、təgəsəmʉŋ（təgə-səmʉŋ）、ugusomuŋ（ugu-somuŋ）、iisəmʉŋ（ii-səmʉŋ）、ommosomuŋ（ommo-somuŋ）、ʤʉgʉsɵmʉŋ（ʤʉgʉ-sɵmʉŋ）等陈述“我们搭建了”、“我们居住了”、“我们骑了”、“我们搬进了”、“我们忘了”、“我们搬运了”等含有过去时复数第一人称形态变化语法概念的动作行为。

5. 复数第二人称形态变化语法词缀 -sasuŋ、-səsʉŋ、-sosuŋ、-sɵsʉŋ 的使用关系

陈述式过去时复数第二人称的形态变化现象的表现形式为 -sasuŋ、-səsʉŋ、-sosuŋ、-sɵsʉŋ 等由四元一体元音和谐原理构成的形态变化语法词缀。从它们的结构特征完全可以清楚地看出，这套形态变化语法词缀同样是，由过去时形态变化现象之基本语音结构形式 -sa、-sə、-so、-sɵ 与复数第二人称领属形态变化语法词缀 -suŋ、-sʉŋ 组合而成。那么，将 -sasuŋ、-səsʉŋ、-sosuŋ、-sɵsʉŋ 接缀于由不同元音和谐构成的动词词根或词干时，它们就会陈述过去时复数第二人称形态变化现象的语法概念。例如，

sʉ əmməwʉsə honiŋbol gələəm baha-saʃi.
你们 丢失了的 羊把 寻找 找到 了你们
你们找到了自己丢失的羊。

sʉ əri əddə adi əriŋdʉ ədʉ əmə-səʃi?
你们 这 早晨 几 点 这里 来 了你们
你们今天早晨几点来这里了？

sʉ tiinʉg ʃikkisa jəəməwə ilə bogdu loho-soʃi?
你们 昨天 洗了的 裤子把 什么 地在 挂 了你们
你们把昨天洗的东西挂在什么地方了？

sʉ əri maʃiŋni bajtalar geeŋba nandahaŋ gʉʉrʉ-sɵʃi.
你们 这 机器 使用 方法 好 明白 了你们
你们把这个机器的使用方法掌握得很好。

毋庸置疑，这些例句的主体都是复数第二人称代词 sʉ“你们”，所以句末动词 baha-“找到”、əmə-“来”、loho-“挂”、gʉʉrʉ-“明白”后面，均按照四元一体元音和谐原理接缀了过去时单数第二人称形态变化语法词缀 -saʃi、-səʃi、-soʃi、-sɵʃi，进而构成了 bahasaʃi（baha-saʃi）、əməsəʃi（əmə-səʃi）、lohosoʃi（loho-soʃi）、gʉʉrʉsɵʃi（gʉʉrʉ-sɵʃi）等动词。在此前提下，明确陈述了“你们找到了”、“你们来了”、“你们挂了”、“你们明白了”等具有过去时复数第二人称形态变化语法概念的动作行为。

6. **复数第三人称形态变化语法词缀 -sa、-sə、-so、-sɵ 的使用关系**

如前所述，陈述式过去时复数第三人称形态变化现象，也同过去时单数第三人称的语法词缀完全一样，用 -sa、-sə、-so、-sɵ 来陈述其语法概念。不同之处就在于，动作行为的主体是复数第三人称代词。例如，

taʧʧil noogu ʤʉligʉ ʉrdʉ baraaŋ ane inig baldi-sa.
他们 过去 南 山 多 年 日子 生 了他们
他们过去在南山上生活了好多年。

nugaŋtiŋ tiinʉg kino iʃiʧʧi namattiwi tihiwʉ-sə.
她们 昨天 电影 看完 泪 把 流下 了她们
她们昨天看电影时流下了眼泪。

talarni honnoriŋ mori(ŋ)solniŋ ʤahuŋ baaʧʧi oo-so.
他们的 黑 马 们 八 岁 成 了它们
他们的那些黑骏马都八岁了。

tajjasalni tadu nəəsə ʉldʉsʉlniŋ sʉt mʉnʉ-sɵ.
他们的 那里 放的 肉 们 都 腐烂 了它们
他们放在那里的那些肉都腐烂了。

以上几个句子里，过去时复数第三人称形态变化语法词缀 -sa、-sə、-so、-sɵ，按照四元一体元音和谐原理，分别出现于动词词根或词干 inig baldi- “生活”、tihiwʉ- “掉落”、oo- “成”、mʉnʉ- “腐烂” 后面，并形成 inig baldisa（inig baldi-sa）“他们生活过”、tihiwʉsɵ（tihiwʉ-sɵ）“她们流下了”、ooso（oo-so）“它们成了”、mʉnʉsɵ（mʉnʉ-sɵ）“它们腐烂了” 等带有过去时复数第三人称形态变化现象的动词，进而陈述了过去时复数第三人称形态变化现象的语法概念。

总而言之，在前面的分析和讨论中，我们把鄂温克语动词过去时形态变化现象，根据语句中具体发挥的功能与作用，分类出单数第一人称、单数第二人称、单数第三人称，以及复数第一人称、复数第二人称、复数第三人称等。而且，它们都有固定的形态变化语法词缀。其中，除了单数第一人称形态变化语法词缀是由二元一体元音和谐原理构成之外，其他形态变化语法词缀都是由四元一体元音和谐原理组成。就如前面的分析，陈述过去时单数和复数第三人称形态变化现象的表现形式是，该系列形态变化语法词缀的原型或称基本语音结构形式。那么，其他形态变化语法词缀都是在它们后面接缀不同人称领属形态变化语法词缀而构成，或者由此演化为其他结构类型的语法词缀。在这里还有必要指出的是，由舌尖中辅音 s 开头的动词陈述过去时形态变化语法词缀系统，用于由鼻音或边音等辅音结尾的动词词根或词干后面时，要产生舌叶送气音 ʧ 之音变。其结果，陈述过去时形态变化语法词缀 -su、-sʉ ～ -saʃi、-səʃi、-soʃi、-sɵʃi ～ -sa、-sə、-so、-sɵ ～ -samuŋ、-səmʉŋ、-somuŋ、-sɵmʉŋ ～ -sasuŋ、-səsʉŋ、-sosuŋ、-sɵsʉŋ 都会被发音为 -ʧu、-ʧʉ ～ -ʧaʃi、-ʧəʃi、-ʧoʃi、-ʧɵʃi ～ -ʧa、-ʧə、-ʧo、-ʧɵ ～ -ʧamuŋ、-ʧəmʉŋ、-ʧomuŋ、-ʧɵmʉŋ ～ -ʧasuŋ、-ʧəsʉŋ、-ʧosuŋ、-ʧɵsʉŋ 等。比如，taaŋ-ʧu “我拉过了”、gələəhəŋ-ʧʉ “我让找过了”、gaal-ʧa “（天）晴了”、uduŋ-ʧo “（雨）下过了”、ədiŋ-ʧə “（风）吹过了”、gahaŋ-ʧamuŋ “我们让拿过了”、gʉggʉl-ʧɵmʉŋ“我们出发了”、ʃihiŋ-ʧəsʉŋ“你们小便过了”、alehaŋ-ʧasuŋ“让你们生气了”等。

第五节　陈述式过去进行时

依据我们现已掌握的第一手资料，鄂温克语动词陈述式有过去进行时形态变化现象。顾名思义，过去进行时形态变化现象，主要陈述在过去的某一特定时间段进行的动作行为。比如，mini tinʉg ninirdʉ aaʃiŋ-ʤisa. “昨天我去时他正在睡觉”。很显然，在该句句末使用的动词 aaʃiŋʤisa（aaʃiŋ-ʤisa）表示的是，“我昨天去他那里时他正在睡觉来着”这一过去进行时单数第三人称形态变化现象之语法概念。另外，从这一简单句中使用的过去时形态变化语法词缀，也能够感悟到该领域的形态变化现象，不仅有约定俗成的形态变化语法词缀，同时还有元音和谐现象及数与人称区别。而且，它们的构成音素中，表示现在进行时的语音结构形式 -ʤi 有很高的使用率和很广泛的使用面。简言之，陈述式过去进行时形态变化语法词缀是在 -ʤi 后面接缀过去时形态变化语法词缀而构成。表 3－5 展示了陈述式过去进行时形态变化语法词缀的分类及结构特征。

表 3－5　**陈述式过去进行时形态变化现象**

单数形态变化现象			复数形态变化现象		
第一人称	第二人称	第三人称	第一人称	第二人称	第三人称
-ʤisu -ʤisʉ	-ʤisaʃi -ʤisəʃi -ʤisoʃi -ʤisɵʃi	-ʤisa -ʤisə -ʤiso -ʤisɵ	-ʤisamuŋ -ʤisəmʉŋ -ʤisomuŋ -ʤisɵmʉŋ	-ʤisasuŋ -ʤisəsʉŋ -ʤisosuŋ -ʤisɵsʉŋ	-ʤisa -ʤisə -ʤiso -ʤisɵ

表 3－5 使我们清楚地看出，陈述式过去进行时形态变化语法词缀的形成原理及结构特征。如前所述，它们都是现在进行时的语音结构形式 -ʤi 与过去时形态变化语法词缀的结合体。因此，在元音和谐原理、单数和复数的分类、不同人称的表现形式及使用要求与条件等方面，没有什么特别之处，跟过去时形态变化语法词缀基本保持一致性。如果说，有什么区别关系的

话，就体现在过去进行时形态变化语法词缀首增加了 -ʤi 这一表示现在进行时特定音素，进而陈述过去进行时形态变化现象的语法概念。以下结合实际句子，对于过去进行时的不同数、不同人称形态变化现象，以及不同表现形式展开具体分析。

1. 单数第一人称形态变化语法词缀 -ʤisu、-ʤisʉ 的使用关系

如表 3 - 5 所示，陈述式过去进行时单数第一人称的语法概念，要用形态变化语法词缀 -ʤisu、-ʤisʉ 来表示。毫无疑问，这两个形态变化语法词缀，也是经过如下音变规律演化而来的产物：

-ʤi + -sawi = -ʤisawi > -ʤisaw > -ʤisu
-ʤi + -sowi = -ʤisowi > -ʤisow > -ʤisu
-ʤi + -səwi = -ʤisəwi > -ʤisəw > -ʤisʉ
-ʤi + -sɵwi = -ʤisɵwi > -ʤisɵw > -ʤisʉ

这就是说，它们原来是四元一体元音和谐原理构成的形态变化语法词缀，后来在使用过程中却演化为二元一体元音和谐结构形式。所以，我们在使用时，要遵循二元一体元音和谐原理，分别用于以阳性元音或阴性元音为主的动词词根或词干后面。以中性元音为主的动词词根或词干，一般都接缀 -ʤisʉ。陈述式过去进行时单数第一人称形态变化语法词缀 -ʤisu、-ʤisʉ 接缀于动词词根或词干后面，主要陈述包含有过去进行时单数第一人称语法内涵的动作行为。例如，

bi ʧugadu iirdihi noogu moriŋ adola-ʤisu.
我 军 参加 前 马 放牧 着了我
参军前我放马来着。

bi tiinʉg tarini əmər əriŋdʉ hɵɵmɵjɵ oo-ʤisu.
我 昨天 他的 来的 时候 饭 把 做 着了我
昨天他来时我正在做饭来着。

bi tiŋaŋ nələki ɵggɵ ʤʉʉdʉ təgə-ʤisʉ.
我 去年 春天 圆的 房子里 住 着了我
去年春天我住游牧包来着。

bi nisʉhʉŋ əriŋduwi hɵdɵni sujtaŋdu bitig iʃi-ʤisʉ.
我 小 时候 草原的 学校里 书 读 着了我
我小时候在草原学校读书来着。

上述例句句末，都使用了接缀有过去进行时单数第一人称形态变化语法词缀 -ʤisu 或 -ʤisʉ 的动词 adolaʤisu（adola-ʤisu）、ooʤisu（oo-ʤisu）、təgəʤisʉ（təgə-ʤisʉ）、iʃiʤisʉ（iʃi-ʤisʉ）等。与此同时，它们先后陈述了在 noogu “以前”、tiinʉg “昨天”、tiŋaŋ nələki “去年春天”、nisʉhʉŋ əriŋduwi “小时候” 等过去的时间里进行的 “我放马来着”、“我做饭来着”、“我住游牧包来着”、“我读书来着” 等，具有过去进行时单数第一人称形态变化语法概念的动作行为。

2. 单数第二人称形态变化语法词缀 -ʤisaʃi、-ʤisəʃi、-ʤisoʃi、-ʤisɵʃi 的使用关系

陈述式过去进行时单数第二人称形态变化现象，要用语法词缀 -ʤisaʃi、-ʤisəʃi、-ʤisoʃi、-ʤisɵʃi 来体现。它们也是遵循四元一体元音和谐原理，将现在进行时语音结构形式 -ʤi 与过去时单数第二人称形态变化语法词缀 -saʃi、-səʃi、-soʃi、-sɵʃi 相互结合的手段组合而成。正是这一结构关系，形态变化语法词缀 -ʤisaʃi、-ʤisəʃi、-ʤisoʃi、-ʤisɵʃi 用于由不同元音和谐构成的动词词根或词干后面时，就会陈述过去进行时单数第二人称形态变化现象的语法概念。例如，

ʃi tiinʉg əddə iri ʤʉʉdʉ miniwə alaaʃi-ʤisaʃi?
你 昨天 早晨 哪 屋 我 把 等待 着了你
昨天早晨你在哪间屋里等我来着？

ʃi tiŋaŋ əmʉŋ tʉgʉŋkʉ əri sʉʉŋbə təti-ʤisəʃi.
你 去年 一 冬 都 这 皮袍把 穿 着了你
去年整个一冬天你都穿这件皮袍来着。

tari inig mini əmər əriŋdʉ ʃi joodoŋ soŋo-ʤisoʃi?
那 天 我 来 时 你 为何 哭 着了你
那天我来时你为何哭来着?

ʃi tari əriŋdʉ ʉrdʉ moo ʤʉgʉ-ʤisəʃi.
你 那 时 山 木料 搬运 着了你
那时你在山上搬运木料来着。

这四句中，过去进行时单数第二人称形态变化语法词缀 -ʤisaʃi、-ʤisəʃi、-ʤisoʃi、-ʤisəʃi，先后接缀于 alaaʃi-“等待”、təti-“穿”、soŋo-“哭”、ʤʉgʉ-“搬运”后面，构成动词 alaaʃiʤisaʃi（alaaʃi-ʤisaʃi）、tətiʤisəʃi（təti-ʤisəʃi）、soŋoʤisoʃi（soŋo-ʤisoʃi）、ʤʉgʉʤisəʃi（ʤʉgʉ-ʤisəʃi）。在此基础上，陈述了“你等待来着”、“你穿来着”、“你哭来着”、“你搬运来着”等含有过去进行时单数第二人称语法内涵的动作行为。与此相关的实例还有 ʃi ugu-ʤisoʃi.“你曾经骑来着”，ʃi tiinʉg ələəʃi-ʤisəʃi.“你昨天欺骗来着”等。

3. 单数第三人称形态变化语法词缀 -ʤisa、-ʤisə、-ʤiso、-ʤisə 的使用关系

陈述式过去进行时单数第三人称形态变化现象，由 -ʤisa、-ʤisə、-ʤiso、-ʤisə 等形态变化语法词缀来表示。很显然，它们是由现在进行时语音结构形式 -ʤi 与过去时单数第三人称形态变化语法词缀 -sa、-sə、-so、-sə 组合而成。这套语法词缀属于陈述式过去进行时形态变化现象的基本结构类型，或者称最基础的语音结构形式。因为，在原有的过去进行时形态变化语法词缀上，没有接缀任何形态变化语法词缀，连单数第三人称领属形态变化语法词缀都没有使用，只是用它们原来的基本语音结构形式来陈述过去进行

时单数第三人称形态变化现象的语法概念。例如，

tari bəj tari inig honiŋ waa-ʤisa.
那 人 那 天 羊 杀 着了他
那个人那天杀羊来着。

əddəni se imor əriŋdʉ ahiŋbi hosodu moriŋbi gələə-ʤisə.
早 茶 喝 时间 哥哥 林子里 马 找 着了他
喝早茶时哥哥在林子里找马来着。

tiinʉg mini əmərdʉ tari hɵɵmɵ oo-ʤiso.
昨天 我 来 她 饭 做 着了她
昨天我来时他做饭来着。

mini tiŋaŋ nələki ʉlirdʉwi ədʉ imanda ʉʉnʉ-ʤisɵ.
我的 去年 春天 走时 这里 雪 融化 着了它
去年春天我走时这里的雪融化来着。

有关过去进行时单数第三人称形态变化语法词缀的使用之例还有 tari tiinʉg luhu-ʤiso. “她昨天脱衣来着”、tari tiinʉg ɵlɵɵhɵʃi-ʤisɵ. “他昨天骗人来着”、tari tiinʉg iʃi-ʤisɵ. “他昨天看来着” 等。这些例句中接缀了过去进行时单数第三人称形态变化语法词缀 -ʤisa、-ʤisə、-ʤiso、-ʤisɵ 的动词 waaʤisa（waa-ʤisa）、gələəʤisə（gələə-ʤisə）、ooʤiso（oo-ʤiso）、ʉʉnʉʤisɵ（ʉʉnʉ-ʤisɵ）、luhuʤiso（luhu-ʤiso）、ɵlɵɵhɵʃiʤisɵ（ɵlɵɵhɵʃi-ʤisɵ）、iʃiʤisɵ（iʃi-ʤisɵ）等。而且，这些动词陈述了作为句子的主体 “那人（他）”、“哥哥（他）”、“她”、“它” 在过去的特定时间 “那天”、“喝早茶时”、“昨天”、“去年春天” 里进行的 “他杀羊来着”、“他找来着”、“她做饭来着”、“它融化来着”、“她脱衣来着”、“他骗人来着”、“他看来着” 等具有过去进行时单数第三人称语法概念的动作行为。

4. 复数第一人称形态变化语法词缀 -ʤisamuŋ、-ʤisəmʉŋ、-ʤisomuŋ、-ʤisɵmʉŋ 的使用关系

过去进行时复数第一人称的语法概念，要用形态变化语法词缀 -ʤisamuŋ、-ʤisəmʉŋ、-ʤisomuŋ、-ʤisɵmʉŋ 来表示。从它们的构成原理上看，很清楚是由现在进行时语音结构形式 -ʤi 同过去时复数第一人称形态变化语法词缀 -samuŋ、-səmʉŋ、-somuŋ、-sɵmʉŋ 组合而成。在句子里，这套语法词缀也根据元音和谐要求和条件，接缀于由不同元音和谐构成的动词词根或词干后面，从而表示过去进行时复数第一人称形态变化现象之语法概念。例如，

bʉ ʧugadu iirdihi noogu moriŋ adola-ʤisamuŋ.
我们 军 参加 前 马 放牧 着了我们
参军前我们放马来着。

bʉ ədʉ əmərdihi noogu ɵggɵ ʤʉʉdʉ təgə-ʤisəmʉŋ.
我们 这 来 从 前 圆的 房子里 住 着了我们
来这里之前我们住游牧包来着。

bʉ tiinʉg tarini əmər əriŋdʉ hɵɵmɵjɵ oo-ʤisomuŋ.
我们 昨天 他的 来的 时候 饭 把 做 着了我们
昨天他来时我们做饭来着。

bʉ nisʉhʉŋ əriŋdʉwɵl sʉt əwəŋkə ʉgʤi hɵɵrɵldi-ʤisɵmʉŋ.
我们 小 时候 都 鄂温克 语 交流 着了我们
小时候我们都用鄂温克语交流来着。

除此之外，还有 bʉ uruu-ʤisomuŋ. “那时我们正在搜集来着”、bʉ jʉʉ-ʤisɵmʉŋ. “那时我们正在往外走来着”、bʉ ili-ʤisəmʉŋ. “那时我们正在站着来着”等。这些例句均使用了接缀过去进行时复数第一人称形态变化语法词缀 -ʤisamuŋ、-ʤisəmʉŋ、-ʤisomuŋ、-ʤisɵmʉŋ 的动词 adolaʤisamuŋ （adola-ʤisamuŋ）、təgəʤisəmʉŋ（təgə-ʤisəmʉŋ）、ooʤisomuŋ（oo-ʤisomuŋ）、hɵɵrɵldiʤisɵmʉŋ（hɵɵrɵldi-ʤisɵmʉŋ）、uruuʤisomuŋ（uruu-ʤisomuŋ）、jʉʉʤisɵmʉŋ（jʉʉ-ʤisɵmʉŋ）、iliʤisəmʉŋ（ili-ʤisəmʉŋ）等。这些动词陈述了作为句子主体的 bʉ“我们”，在过去的特定时间 noogu“以前”、tiinʉg“昨天”、nisʉhʉŋ əriŋdʉwəl“小时候”进行着“放马来着”、“住来着”、“做饭来着”、“交流来着”等过去进行时复数第一人称语法概念。另外，在上述简单句里，同样阐述了“那时”我们正在“搜集来着”、“往外走来着”、“站着来着”等过去进行时动作行为。

5. 复数第二人称形态变化语法词缀 -ʤisasuŋ、-ʤisəsʉŋ、-ʤisosuŋ、-ʤisɵsʉŋ 的使用关系

陈述式过去进行时复数第二人称的语法概念，要用形态变化语法词缀 -ʤisasuŋ、-ʤisəsʉŋ、-ʤisosuŋ、-ʤisɵsʉŋ 来表示。不难看出，这套形态变化语法词缀是由现在进行时语音结构形式 -ʤi 同过去时复数第二人称形态变化语法词缀 -sasuŋ、-səsʉŋ、-sosuŋ、-sɵsʉŋ 组合而成。在具体的语句里，它们严格按照四元一体元音和谐原理，接缀于由不同元音和谐构成的动词词根或词干，进而陈述过去进行时复数第二人称形态变化现象的语法概念。例如，

sʉ tiinʉg əddə iri ʤʉʉdʉ miniwə alaaʃi-ʤisasuŋ?
你们 昨天 早晨 哪 屋 我 把 等待 着了你们
昨天早晨你们在哪间屋里等我来着？

sʉ tiŋaŋ əmʉŋ tʉgʉŋkʉ sʉʉŋbɵ təti-ʤisəsʉŋ.
你们 去年 一 冬 都 皮袍把 穿 着了你们
去年整个一冬天你们都穿皮袍来着。

tari inig mini əmər əriŋdʉ sʉ joodoŋ soŋo-ʤisosuŋ?
那 天 我 来 时 你们 为何 哭 着了你们
那天我来时你们为何哭来着？

sʉ tari əriŋdʉ ʉrdʉ moo ʤʉgʉ-ʤisəsʉŋ.
你们 那 时 山 木料 搬运 着了你们
那时你们在山上搬运木料来着。

遵循元音和谐规则和要求，过去进行时复数第二人称形态变化语法词缀 -ʤisasuŋ、-ʤisəsʉŋ、-ʤisosuŋ、-ʤisəsʉŋ，在上述复句中先后接缀于动词词根或词干 alaaʃi-“等待”、təti-“穿”、soŋo-“哭”、ʤʉgʉ-“搬运”后面，进而构成了 alaaʃiʤisasuŋ（alaaʃi-ʤisasuŋ）、tətiʤisəsʉŋ（təti-ʤisəsʉŋ）、soŋoʤisosuŋ（soŋo-ʤisosuŋ）、ʤʉgʉʤisəsʉŋ（ʤʉgʉ-ʤisəsʉŋ）等有过去进行时复数第二人称形态变化现象的动词。这些动词主要陈述了 sʉ“你们”在已经过去的时间 tiinʉg“昨天”、tiŋaŋ“去年”、tari inig“那天”、tari əriŋdʉ“那时”进行的“你们等待来着”、“你们穿（皮袍）来着”、“你们哭来着”、“你们搬运来着”等包含过去进行时复数第二人称语法内涵的动作行为。

6. 复数第三人称形态变化语法词缀 -ʤisa、-ʤisə、-ʤiso、-ʤisɵ 的使用关系

陈述式过去进行时复数第三人称形态变化现象的表现形式，同过去进行时单数第三人称的语法词缀完全一样，也用 -ʤisa、-ʤisə、-ʤiso、-ʤisɵ 表示其语法概念。也就是说，过去进行时单数和复数第三人称形态变化现象的语法词缀，在构成原理、语音结构、使用关系等方面完全一致。它们之间的区别，就在于动作行为的主体是单数第三人称代词还是复数第三人称代词上。简言之，如果动作行为的主体是单数第三人称代词，那么这套形态变化语法词缀就会陈述过去进行时单数第三人称语法概念；如果动作行为的主体是复数第三人称代词，那么它们就会陈述过去进行时复数第三人称语法概念。以下我们将复数第三人称代词作为句子主体，阐述 -ʤisa、-ʤisə、-ʤiso、-ʤisɵ 陈述的过去进行时复数第三人称语法概念的情况。例如，

taʧʧil tari əddə ʉnʉgʉŋ saga-ʤisa.
她们 那 早晨 乳牛 挤奶 着了她们
她们那天早晨挤奶来着。

əddəni　se　imor　əriŋdʉ　ahiŋsal　moriŋbol　gələə-ʤisə.
早　茶　喝　时间　哥哥们　马　找 着了他们
喝早茶时哥哥们在找马来着。

tiinʉg　mini　əmərdʉ　ʉrʉlsʉl　hɵɵmɵ　oo-ʤiso.
昨天　我　来　孩子们　饭　做 着了她们
昨天我来时孩子们做饭来着。

tiŋaŋ　nələki　əri　ʉrdʉ　ʤəgərəŋsəl　ilə　tala　ʉttʉli-ʤisɵ.
去年　春天　这　山　黄羊 们　哪　那　跑　着了它们
去年春天在这山上黄羊们到处奔跑来着。

很明显，上述四句中出现的主体均是 taʧʧil“她们”、ahiŋsal“哥哥们（他们）”、ʉrʉlsʉl“孩子们（她们）”、ʤəgərəŋsəl“黄羊们（它们）”等。正因为如此，接缀过去进行时第三人称形态变化语法词缀 -ʤisa、-ʤisə、-ʤiso、-ʤisɵ 的动词 sagaʤisa（saga-ʤisa）、gələəʤisə（gələə-ʤisə）、ooʤiso（oo-ʤiso）、ʉttʉliʤisɵ（ʉttʉli-ʤisɵ）等都陈述了“她们”、“哥哥们（他们）”、“孩子们（她们）”、“黄羊们（它们）”在过去的特定时间“那天早晨”、“喝早茶时”、“昨天”、“去年春天”里进行的“挤奶来着”、“找来着”、“做饭来着”、“奔跑来着”等具有过去进行时复数第三人称语法概念的动作行为。

通过以上分析和讨论，我们可以全面了解和掌握鄂温克语动词陈述式过去进行时形态变化现象的结构类型、词缀系统、使用规律、语法功能等。如前所述，陈述式过去进行时形态变化现象，不仅能够表示单数和复数的语法概念，同时还有区分第一人称、第二人称、第三人称的语法功能，并且均有约定俗成的语法词缀。此外，在它们的结构形式和内容中，还有严格意义上元音和谐现象。其中，单数第一人称形态变化语法词缀是以短元音 u、ʉ 为核心的二元一体元音和谐原理组合而成。除此之外的形态变化语法词缀，都是以短元音 a、ə、o、ɵ 为中心的四元一体元音和谐原理组合而成。尽管如此，就像前面所分析和论述的，即使是由二元一体元音和谐原理组成的单数第一人称形态变化语法词缀，也是从原来依据四元一体元音和谐原理构成的形态变化语法词缀演化而来的产物。不论怎么说，它们在使用上必须严格遵循元音和谐原理。

第四章

祈求式形态变化现象

根据我们掌握的第一手资料，鄂温克语动词有祈求式形态变化现象，而且主要用于阐述表示期盼、渴望、祈求内涵的动作行为。分析表明，祈求式的形态变化语法概念，也要用固定的语法词缀来表达。它们表达的概念，同样涉及数形态变化语法内容及人称形态变化语法内容，进而可以区别性地阐述单数和复数，以及第一人称、第二人称、第三人称等语法概念。另外，祈求式形态变化语法词缀的构成中，四元一体元音和谐原理发挥了相当重要的作用。正因为如此，它们的语音结构系统内，均可包含以短元音 a、ə、o、ɵ 为核心的元音和谐现象。甚至，有的形态变化语法词缀首，还出现辅音音素的交替现象。表 4－1 展示了祈求式形态变化语法词缀及其结构特征和分类情况。

表 4－1　**祈求式将来时形态变化现象**

单数形态变化现象			复数形态变化现象		
第一人称	第二人称	第三人称	第一人称	第二人称	第三人称
-gare -gəre -gore -gɵre	-ha、-ka -hə、-kə -ho、-ko -hɵ、-kɵ	-gane -gəne -gone -gɵne	-gatmuŋ、-katmuŋ -gətmʉŋ、-kətmʉŋ -gotmuŋ、-kotmuŋ -gɵtmʉŋ、-kɵtmʉŋ	-haldone、-kaldone -həldɵne、-kəldɵne -holdone、-koldone -hɵldɵne、-kɵldɵne	-gane -gəne -gone -gɵne

从表 4－1 可以看出，祈求式形态变化语法词缀中，单数和复数第三人称语法词缀同样保持了一致性。与此同时，单数和复数第三人称形态变化语法词缀与单数第一人称形态变化语法词缀之间，只是出现词缀中辅音 r 与 n 的区别特征，其他音素也都相同。除此之外，根据元音和谐规律接缀于动词

词根或词干后面，从而表现出人和人、人和物间产生的各种祈求关系。下面结合句子实例，分第一人称、第二人称、第三人称三个部分，具体讨论鄂温克语动词祈求式形态变化现象。同时，对于这些语法词缀在句中表现出的结构特征、构成原理、语音形式、使用关系以及语法功能和作用等进行全面系统的分析和阐述。

第一节　祈求式第一人称

根据表 4 – 1 所示和相关分析，鄂温克语动词祈求式形态变化现象中涵括的第一人称，根据其发挥的功能和作用要分单数和复数，均有约定俗成的形态变化语法词缀，同时也都按照四元一体元音和谐原理组合而成。所以，使用时表现为要遵循元音和谐条件和要求，接缀于由不同元音和谐而成的动词词根或词干后面，进而阐述祈求式第一人称形态变化现象的语法概念。

1. **单数第一人称形态变化语法词缀** -gare、-gəre、-gore、-gɵre **的使用关系**

动词祈求式单数第一人称的形态变化现象，要用语法词缀 -gare、-gəre、-gore、-gɵre 来体现。在我们看来，这套形态变化语法词缀是在祈求式形态变化语法词缀 -ga、-gə、-go、-gɵ 后面接缀 -re 这一语音形式而构成。其中的 -ga、-gə、-go、-gɵ 有可能是祈求式形态变化现象最为早期的语音结构形式，而 -re 是为表示第一人称语法概念新增加的语音形式。如前所述，它们分别接缀于由不同元音和谐构成的动词词根或词干后面，主要表示祈求式单数第一人称形态变化现象的语法概念。例如，

bi　əri　gooŋgol　ikkiŋ　təggətʃtʃi　ga-gare!
我　这　漂亮的　新的　衣服　买 吧我
请允许我买这件漂亮的新衣服吧!

bi　timaʃiŋ　əri　aja　moriŋʤi　ahiŋdula　əmə-gəre.
我　明天　这　好　马　用　哥　在　来　吧我
请允许我明天骑这匹好马来哥哥家吧!

bi　ʃiniwə　əmʉŋ　nohoŋ-gore!
我　你 把　一　　亲　吧我
请允许我亲你一口吧!

bi　əri　inig　ʤʉligʉ　goddo　ʉrdʉ　jʉʉgɵre!
我　这　天　　南　　高的　　山　　攀登 吧我
请允许我今天攀登南面的高山吧!

除此之外，还比如 bi ugu-gore. “请让我骑吧!”，bi hɵɵrɵldi-gɵre. “请让我聊吧!”，bi iʃi-gəre. “请让我看吧!” 等。例句中动词词根或词干 ga- “买”、əmə- “来”、nohoŋ- “亲”、jʉʉ- “攀登”、ugu- “骑”、hɵɵrɵldi- “聊天”、iʃi- “看” 后面，严格按照元音和谐规则和要求，先后接缀祈求式单数第一人称形态变化语法词缀 -gare、-gəre、-gore、-gɵre，从而构成具有祈求式单数第一人称形态变化现象的动词 gagare（ga-gare）、əməgəre（əmə-gəre）、nohoŋgore（nohoŋ-gore）、jʉʉgɵre（jʉʉ-gɵre）、ugugore（ugu-gore）、hɵɵrɵldi gɵre（hɵɵrɵldi-gɵre）、iʃigəre（iʃi-gəre）等。毫无疑问，这些动词无一例外地表示了 “请让我买吧!”、“请让我来吧!”、“请让我亲吧!”、“请让我攀登吧!”、“请让我骑吧!”、“请让我聊吧!”、“请让我看吧!” 等包含有祈求式单数第一人称语法概念的动作行为。

另外，在人们的日常交流中，作为句子主题的 bi “我” 强调性地表示希望或祈求进行某一动作行为时，也有使用 -gte 这一形态变化语法词缀的情况。例如，

bi　timaaʃiŋ　əddə　ʤʉʉ-dihiwi　əmə-gte.
我　明天　　早晨　家里　从　　来 希望我
我希望明天早晨从家里直接过来。

可以看出，该句子末尾出现的动词词根 əmə- “来” 接缀形态变化语法词缀 -gte 之后，同样构成了具有祈求式单数第一人称形态变化的动词

əməgte（əmə-gte）。在此基础上，强调性地表达了 bi “我” 要实施 “从家里过来” 这一动作行为的意愿。根据我们的分析，祈求式单数第一人称的这一形态变化现象，一般都在长辈或年纪大的人，希望或祈盼晚辈的 “我” 或年纪小的 “我” 去实施某一动作行为时使用。从形态变化语法词缀 -gte 的语音结构特征及其形成原理来看，它应该是在祈求式形态变化现象的基本语音形式 -ga、-gə、-go、-gɵ 上，接缀 -te 这一形态变化语法词缀而构成。那么，在具体使用过程中，由于词缀中短元音 a、ə、o、ɵ 的脱落，使原来的祈求式单数第一人称语法词缀 -gate、-gəte、-gote、-gɵte 出现 -gte 式音变。我们可以用 -ga ＋-te ＝-gate＞-gte、-gə ＋-te ＝-gəte＞-gte、-go ＋-te ＝-gote＞-gte、-gɵ ＋-te ＝-gɵte＞-gte 等格式展示它们的构成原理及音变规律。

2. 复数第一人称形态变化语法词缀 -gatmuŋ、-gətmʉŋ、-gotmuŋ、-gɵtmʉŋ ~ -katmuŋ、-kətmʉŋ、-kotmuŋ、-kɵtmʉŋ 的使用关系

祈求式复数第一人称形态变化现象，主要用含有四元一体元音和谐原理与二元一体元音和谐原理，以及词缀首辅音交替现象等特定音素构成的 -gatmuŋ、-gətmʉŋ、-gotmuŋ、-gɵtmʉŋ 和 -katmuŋ、-kətmʉŋ、-kotmuŋ、-kɵtmʉŋ两套语法词缀来表现。我们的分析表明，这两套形态变化语法词缀，在其语法关系上没有任何的区别性特征，同样都表示祈求式复数第一人称的语法概念。那么，它们之间的区别，主要表现在具体的使用条件和要求方面。也就是说，其中以辅音 g 开头的形态变化语法词缀 -gatmuŋ、-gətmʉŋ、-gotmuŋ、-gɵtmʉŋ要接缀于由元音结尾的动词词根或词干后面，以辅音 k 开头的形态变化语法词缀 -katmuŋ、-kətmʉŋ、-kotmuŋ、-kɵtmʉŋ 要接缀于由辅音结尾的动词词根或词干后面。另外，从它们的构成音素来看，除了因词缀首辅音交替而出现的 g 与 k 不同之外，这两套形态变化语法词缀保持了高度一致性。换言之，它们的区别功能和特点，就在于词缀首辅音 g 与 k。

（1）-gatmuŋ、-gətmʉŋ、-gotmuŋ、-gɵtmʉŋ 表示的祈求式复数第一人称语法概念

如上所述，作为祈求式复数第一人称形态变化现象的表现形式

-gatmuŋ、-gətmʉŋ、-gotmuŋ、-gɵtmʉŋ 中，我们首先明确认识到的是，由于四元一体元音和谐现象而出现的短元音 a、ə、o、ɵ 的不同，以及因二元一体元音和谐现象而出现的短元音 u 与 ʉ 的不同。也就是说，在这套形态变化语法词缀，有两个层面的元音和谐内容。那么，在具体使用时，要以四元一体元音和谐现象为主，而二元一体元音和谐现象将会失去使用功能和作用。其次，根据它们的构成原理来看，显然是在前面讨论祈求式单数第一人称形态变化现象时提及的语法词缀 -gate、-gəte、-gote、-gɵte 后面，接缀复数第一人称领属形态变化语法词缀 -muŋ、-mʉŋ 而构成的产物。不过，使用过程中，却出现如下规律的音变形式：

-gate + -muŋ = -gatemuŋ > -gatmuŋ
-gote + -muŋ = -gotemuŋ > -gotmuŋ
-gəte + -mʉŋ = -gətemʉŋ > -gətmʉŋ
-gɵte + -mʉŋ = -gɵtemʉŋ > -gɵtmʉŋ

正因为有上面分析的构成形式和内容，这套形态变化语法词缀出现于动词词根或词干后面时，就会表示作为句子主体的“我们”或“咱们”实施的含有祈求或希望内涵的动作行为。例如，

bʉ sʉnidʉlə moriŋ paarʤi anelana-gatmuŋ!
我们 你们与在 马 爬犁用 拜年去 请让我们
请让我们用马爬犁去你们家拜年吧！

bʉ boŋgoŋ ookkiwi bəəjiŋdʉ ninim bitig əəri-gətmʉŋ!
我们 大 成 北京 去 书 读 请让我们
请让我们长大了到北京读书吧！

bʉ sʉniwʉ ajaʃilam hɵɵmɵ oo-gotmuŋ!
我们 你们 帮助 饭 做 请让我们
请让我们帮助你们做饭吧！

miti əri bajtawa nandahaŋʤi hɵɵrɵldi-gɵtmʉŋ!
咱们 这 事 好好 商量 要求吧咱们
请让咱们好好商量此事吧。

除了以上提到的实例之外，还比如 bʉ ugu-gotmuŋ！“请让我们骑吧！”、bʉ hʉmʉli-gɵtmʉŋ！“请让我们拥抱吧！”、bʉ iʃi-gətmʉŋ！“请让我们看吧！”等。我们不难看出，例句中，动词词根或词干 anelana-“拜年”、əəri-“读”、oo-“做”、hɵɵrɵldi-“商量”、ugu-“骑”、hʉmʉli-“拥抱”、iʃi-“看”等接缀祈求式复数第一人称语法词缀 -gatmuŋ、-gətmʉŋ、-gotmuŋ、-gɵtmʉŋ之后，构成了 anelanagatmuŋ（anelana-gatmuŋ）、əərigətmʉŋ（əəri-gətmʉŋ）、oogotmuŋ（oo-gotmuŋ）、hɵɵrɵldigɵtmʉŋ（hɵɵrɵldi-gɵtmʉŋ）、ugugotmuŋ（ugu-gotmuŋ）、hʉmʉligɵtmʉŋ（hʉmʉli-gɵtmʉŋ）、iʃigətmʉŋ（iʃi-gətmʉŋ）等有祈求式复数第一人称形态变化现象的动词。这些动词，均无可怀疑地阐述了“请让我们拜年吧！”、“请让我们读吧！”、“请让我们做吧”、“请让我们商量吧！”、“请让我们骑吧！”、“请让我们拥抱吧！”、“请让我们看吧！”等包含祈求式复数第一人称语法概念的动作行为。同时，我们也清楚地看出，例句中，祈求式复数第一人称语法词缀 -gatmuŋ、-gətmʉŋ、-gotmuŋ、-gɵtmʉŋ 等均按照其使用规则，接缀于由元音结尾的动词词根或词干。在这里，还应该提出的是，有人把这套形态变化语法词缀也会说成 -gtamuŋ、-gtəmʉŋ、-gtomuŋ、-gtɵmʉŋ 等。比如，把上面的例句内出现的 anelanagatmuŋ、əərigətmʉŋ、oogotmuŋ、hɵɵrɵldigɵtmʉŋ、ugugotmuŋ、hʉmʉligɵtmʉŋ、iʃigətmʉŋ 等说成 anelanagtamuŋ（anelana-gtamuŋ）、əərigtəmʉŋ（əəri-gtəmʉŋ）、oogotmuŋ（oo-gtomuŋ）、hɵɵrɵldigtɵmʉŋ（hɵɵrɵldi-gtɵmʉŋ）、ugugtomuŋ（ugu-gtomuŋ）、hʉmʉligtɵmʉŋ（hʉmʉli-gtɵmʉŋ）、iʃigtəmʉŋ（iʃi-gtəmʉŋ）等。尽管如此，这种说法现在还不具有代表性和广泛性。

（2）-katmuŋ、-kətmʉŋ、-kotmuŋ、-kɵtmʉŋ 表示的祈求式复数第一人称语法概念

除了上面讨论的之外，还有一套由辅音 k 开头的 -katmuŋ、-kətmʉŋ、

-kotmuŋ、-kɵtmʉŋ 等表示祈求式复数第一人称语法概念的形态变化语法词缀。这套语法词缀主要用于以辅音结尾的动词词根或词干。另外，同样有四元一体元音和谐现象，以及二元一体元音和谐内容。而且，从元音和谐条件和要求出发，这套语法词缀出现的使用原理和规则同 -gatmuŋ、-gətmʉŋ、-gotmuŋ、-gɵtmʉŋ 完全一致。在语句中变现出的也是祈求式复数第一人称形态变化现象所含的语法概念。例如，

bʉ　adine　əmʉrət　ʤʉligʉ　ʤʉʉdʉ　aaʃiŋ-katmuŋ!
我们 几个　一起　南　房间　睡觉 吧我们
请让我们几个在南边的房间里睡觉吧!

bʉ　moriŋ　uguʧʧi　ʉjtəhəŋ　doowo　ədəl-kətmʉŋ!
我们　马　骑　维特根　河　横渡 吧我们
让我们骑马渡维特根河吧!

bʉ　əri　baraaŋ　boggoŋsolwo　sʉt　hoŋʧot-kotmuŋ!
我们 这　多　柳条　都　折断　吧我们
请让我们把些个柳条都给折断吧!

bʉ　baraaŋʤiwal　əri　baruguŋ　moowo　ʤʉligʉʃigi　gʉggʉlkɵŋ-kɵtmʉŋ!
我们　大伙儿　这　粗　木头　前向　挪动　吧我们
请让我们大伙儿把这个粗木头向前挪动吧!

上述四个例句中，祈求式复数第一人称语法词缀 -katmuŋ、-kətmʉŋ、-kotmuŋ、-kɵtmʉŋ 先后接缀于由辅音 ŋ、t、l 等结尾的动词词根或词干 aaʃiŋ-“睡觉”、ədəl-“横渡”、hoŋʧot-“折断”、gʉggʉlhɵŋ-“挪动”，进而构成有祈求式复数第一人称语法含义的动词 aaʃiŋkatmuŋ（aaʃiŋ-katmuŋ）、ədəlkətmʉŋ（ədəl-kətmʉŋ）、hoŋʧotkotmuŋ（hoŋʧot-kotmuŋ）、gʉggʉlkɵŋkɵtmʉŋ（gʉggʉlkɵŋ-kɵtmʉŋ）等。在此基础上，充分表达了“请让我们睡觉吧!”、“请让我们横渡吧!”、“请让我们折断吧!”、“请让我们

挪动吧!”等涵括祈求式复数第一人称语法内涵的动作行为。有些鄂温克语方言土语内，也有把 -katmuŋ、-kətmʉŋ、-kotmuŋ、-kɵtmʉŋ 等发音成-ktamuŋ、-ktəmʉŋ、-ktomuŋ、-ktɵmʉŋ 的情况。比如，有人会将 aaʃiŋkatmuŋ、ədəlkətmʉŋ、hoŋʧotkotmuŋ、gʉggʉlkɵŋkɵtmʉŋ 发音成 aaʃiŋktamuŋ、ədəlktəmʉŋ、hoŋʧotktomuŋ、gʉggʉlkɵŋktɵmʉŋ 等。不过，比较而言，还是说 -katmuŋ、-kətmʉŋ、-kotmuŋ、-kɵtmʉŋ 的占绝大多数。

在这里还应该强调的是，现代鄂温克语口语中，使用祈求式复数第一人称形态变化语法词缀 -gotmuŋ、-gɵtmʉŋ 或 -kotmuŋ、-kɵtmʉŋ 的概率越来越低，取而代之的是 -gatmuŋ、-gətmʉŋ 或 -katmʉŋ、-kətmuŋ 等。比如，中青年以下的鄂温克人将 ʤoldogotmuŋ“请让我们扔掉吧!”、bʉʉgɵtmʉŋ“请让我们给吧!”、hɵɵmɵlɵhɵŋkɵtmʉŋ“请让我们请客吧!”、gʉggʉlktɵmʉŋ“请让我们动身吧!”等，均会说成是 ʤoldogatmuŋ（ʤoldo-gatmuŋ）、bʉʉgətmʉŋ（bʉʉ-gətmʉŋ）、hɵɵmɵlɵhɵŋ-kɵtmʉŋ（hɵɵmɵlɵhɵŋ-kɵtmʉŋ）、gʉggʉlkɵtmʉŋ（gʉggʉl-kɵtmʉŋ）等。甚至，有人把 -katmʉŋ、-kətmuŋ 说成是 -ketmʉŋ、-ketmuŋ 等。除此之外，我们的调研资料还显示，鄂温克语个别方言中，也有人用祈求式单数第一人称形态变化语法词缀 -gare、-gəre、-gore、-gɵre 表示祈求式复数第一人称语法概念的情况。例如，

bʉ əʃi hokko gʉligʉ ʉrdʉ nʉʉggi-gɵre.
我们现在 都 南 山 搬到 去吧我们
请让我们都搬到南山去吧!

还有 bʉ bʉʉ-gɵre!“请让我们给吧!”，bʉ dooldi-gore!“请让我们听吧”，bʉ ʃikki-gare!“请让我们抽打吧!”等。尽管如此，这种说法依然没有普遍性，就算有人使用也属于极少数。另外，由于形态变化语法词缀 -gare、-gəre、-gore、-gɵre 属于祈求式单数第一人称的表现形式，所以它们用于表示祈求式复数第一人称语法概念的句子时，作为动作行为主体的必须是复数第一人称代词 bʉ“我们”。

第二节　祈求式第二人称

在我们看来，动词祈求式形态变化现象中，第二人称的表现形式也显得比较复杂。其中，不仅有四元一体元音和谐内容，同时还有词缀首辅音交替现象。与此同时，构成祈求式第二人称形态变化的语音形式，在其他方面同样展示出应有的复杂性。特别是复数第二人称形态变化现象的构成，要比单数第二人称形态变化现象显得更加烦琐。尽管如此，它们都有约定俗成的形态变化语法词缀，以及各自自然形成的构成原理与规则。

1. 单数第二人称形态变化语法词缀 -ha、-hə、-ho、-hɵ ~ -ka、-kə、-ko、-kɵ 的使用关系

根据我们搜集整理的资料，动词祈求式单数第二人称形态变化现象的表现形式为 -ha、-hə、-ho、-hɵ 以及 -ka、-kə、-ko、-kɵ 两套语法词缀。毋庸置疑，这些语法词缀在构成过程中，以短元音 a、ə、o、ɵ 为主的四元一体元音和谐原理，以及以辅音 h 与 k 为主的词缀首辅音交替现象发挥了相当重要的作用。所以，在动词词根或词干后面具体使用时，必须充分考虑元音和谐原理及辅音交替规则。具体讲，（1）以辅音 h 开头的形态变化语法词缀-ha、-hə、-ho、-hɵ 一般都接缀于由元音结尾的动词词根或词干后面；（2）以辅音 k 开头的形态变化语法词缀 -ka、-kə、-ko、-kɵ 基本上接缀于由辅音结尾的动词词根或词干后面；（3）以阳性短元音 a 构成的形态变化语法词缀 -ha 与 -ka 要用于以阳性短元音 a 或长元音 aa 为主的动词词根或词干后面；（4）由阳性短元音 o 构成的形态变化语法词缀 -ho 与 -ko 要接缀于以阳性短元音 o、u 或长元音 oo、uu 为核心的动词词根或词干后面；（5）由阴性短元音 ə 构成的形态变化语法词缀 -hə 与 -kə 要用于阴性短元音 ə 或长元音 əə 及中性元音为主的动词词根或词干后面；（6）由阴性短元音 ɵ 构成的形态变化语法词缀 -hɵ 与 -kɵ 要接缀于以阴性短元音 ɵ、ʉ 或长元音 ɵɵ、ʉʉ 为中心的动词词根或词干后面。根据鄂温克语里历史上有过的 ɡ > h > k 式辅音演变规律，我们可以做出动词祈求式单数第二人称形态变化现象的早期结构为 -ɡa、-ɡə、-ɡo、-ɡɵ 的假定。换言之，形态变化语法词缀 -ha、

-hə、-ho、-hɵ 以及 -ka、-kə、-ko、-kɵ 是由 -ga、-gə、-go、-gɵ 演化而来的产物。那么，祈求式单数第二人称语法词缀 -ha、-hə、-ho、-hɵ 及 -ka、-kə、-ko、-kɵ 等，根据使用规则和要求，接缀于由不同元音构成的和以不同音素结尾的动词词根或词干后面，表示含有祈求式单数第二人称语法内涵的动作行为。

（1）-ha、-hə、-ho、-hɵ 表示的祈求时单数第二人称语法概念

ʃi minidʉ əri ʉnʉgʉŋbʉ sagaldi-ha!
你 我的 这 乳牛 把 帮助挤奶 吧你
请你帮助我给这头乳牛挤奶吧！

ʃi əri inigni inig doliŋni ʤaaŋ ʤʉʉr əriŋdʉ əmə-hə!
你 这 天 日 午 十 二 点 来 吧你
请你今天中午十二点来吧！

ʃi timaaʃiŋ əri giltariŋ moriŋbo ugu-ho!
你 明天 这 白的 马 把 骑 吧你
请你明天骑这匹白马吧！

ʃi minidʉ əmʉŋ namaaʤ daajen aʧʧim bʉʉ-hɵ!
你 我 一 百 元 借 给 吧你
祈求你借给我一百元钱吧！

以上四句中，祈求式单数第二人称形态变化语法词缀 -ha、-hə、-ho、-hɵ，先后接缀于动词词根或词干 sagaldi-“帮助挤奶”、əmə-“来”、ugu-“骑”、bʉʉ-“给”，进而构成 sagaldiha（sagaldi-ha）、əməhə（əmə-hə）、uguho（ugu-ho）、bʉʉhɵ（bʉʉ-hɵ）等有祈求式单数第二人称形态变化现象的动词。由此，表达了“请你帮助挤奶吧！”、“请你来吧！”、“请你骑吧！”、“请你给吧！”等涵括祈求式单数第二人称形态变化现象的动作行为。而且，这套语法词缀不仅严格遵循了元音和谐原理，同时也接缀于由元音结尾的动

词词根或词干后面。

（2）-ka、-kə、-ko、-kɵ 表示的祈求时单数第二人称语法概念

ʃi　əmʉhəjə　əri　ʤʉʉdʉ　aaʃiŋ-ka！
你　一个人　这　屋　睡觉 吧你
请你一个人这屋睡吧！

ʃi　ʉhʉr　təggəəŋʤi　imiŋ　dooni　mʉʉwʉ　ədəl-kə！
你　牛　车　伊敏　河　水　横渡 吧你
请你用牛车横渡伊敏河水吧！

ʃi　tadu　biʤir　tari　baruguŋ　moowo　hoŋʧot-ko！
你 那里　在　那　粗　木　折断 吧你
请你把放在那里的那根粗木折断吧！

ʃi　əri　inig　əddəhəjə　ʤʉʉdihi　gʉggʉl-kɵ！
你 这　天　早点　家 从　动身　吧你
请你今天早晨早点从家里动身吧！

可以看出，以上例句中，语法词缀 -ka、-ko、-kə、-kɵ 作为祈求式单数第一人称形态变化现象的表现形式，分别接缀于由辅音 ŋ、t、l 等结尾的动词词根或词干 aaʃiŋ-“睡觉”、ədəl-“横渡”、hoŋʧot-“折断”、gʉggʉl-“动身”，构成 aaʃiŋka（aaʃiŋ-ka）、ədəlkə（ədəl-kə）、hoŋʧotko（hoŋʧot-ko）、gʉggʉlkɵ（gʉggʉl-kɵ）等有祈求式单数第二人称形态变化现象的动词。而且，这些动词无可怀疑地表示了“请你睡吧！”、“请你横渡吧！”、“请你折断吧！”、“请你动身吧！”等具有祈求式单数第二人称语法内涵的动作行为。另外，也有人把 -ka、-kə、-ko、-kɵ 等发音成 -ha、-ho、-hə、-hɵ 的现象。比如，他们将上述有祈求式单数第二人称形态变化现象的动词 aaʃiŋka、ədəlkə、hoŋʧotko、gʉggʉlkɵ 发音成 aaʃiŋha、ədəlhə、hoŋʧotho、gʉggʉlhɵ 等。不过，相比之下，还是说 -ka、-kə、-ko、-kɵ 的占绝大多数。

此外，含有祈求式单数第二人称语法内涵的句子末尾，人们还经常使用 gə“呀”等语气词。比如说，ʃi ga-ha gə！“请你接受吧！”，ʃi əmə-hə gə！“请你来吧！”等。他们以此表达，说话人强烈渴求或希望 ʃi“你”实施某一动作行为。

我们的调研资料还显示，鄂温克语里还有用形态变化语法词缀-dawi、-dowi、-dəwi、-dɵwi 等具有祈求式将来时单数第二人称语法概念的现象。例如，

ʃi tari goddo honnoriŋ moriŋbo ga-dawi！
你 那 高 黑的 马 把 买 吧你
请你将来买那匹高大的黑骏马吧！

ʃi timaaʃiŋ mʉni ʤʉʉdʉ ʉgiim əmə-dəwi！
你 明天 我们 家 玩 来 吧你
请你明天来我们家玩吧！

相关实例还有 ʃi oo-dowi！“请你将来做吧！”，ʃi ugu-dowi！“请你将来骑吧！”，ʃi bʉʉ-dɵwi！“请你将来给吧！”，ʃi iʃi-dəwi！“请你将来看吧！”等。像上述例句和刚才的例子内的动词词根或词干接缀 -dawi、-dowi、-dəwi、-dɵwi 后，就构成了有祈求式将来时单数第二人称语法概念的动词 gadawi（ga-dawi）、əmədəwi（əmə-dəwi）、oodowi（oo-dowi）、ugudowi（ugu-dowi）、bʉʉdɵwi（bʉʉ-dɵwi）、iʃidəwi（iʃi-dəwi）等，表示了“请你将来买吧！”、“请你将来来吧！”、“请你将来做吧！”、“请你将来骑吧！”、“请你将来给吧！”、“请你将来看吧！”等包含有祈求式将来时单数第二人称语法含义的动作行为。

2. **复数第二人称形态变化语法词缀** -haldone、-həldɵne、-holdone、-hɵldɵn～-kaldone、-kəldɵne、-koldone、-kɵldɵne **的使用关系**

祈求式复数第二人称形态变化现象的表现形式，也是一个比较复杂的结构系统。其中，同样有以短元音 a、o、ə、ɵ 为核心四元一体元音和谐现象，

以及以短元音 o 与 ɵ 为主的二元一体元音和谐内容，同时也有词缀首辅音 h 与 k 的交替式音变内容。从构成它们的基本结构特征来分析，应该是由祈求式形态变化现象的基本语音形式 -ha、-hə、-ho、-hɵ 与 -ka、-kə、-ko、-kɵ 跟形态变化语法词缀 -ldone、-ldɵne 组合而成。这里所说的祈求式形态变化现象的基本语音形式，也应该是由辅音 g 开头的语法词缀经 -ga > -ha > -ka、-gə > -hə > -kə、-go > -ho > -ko、-gɵ > -hɵ > -kɵ 式音变规律而来的产物。另外，在具体使用时，形态变化语法词缀 -haldone、-həldɵne、-holdone、-hɵldɵne 要用于由元音结尾的动词词根或词干，-kaldone、-kəldɵne、-koldone、-kɵldɵne 接缀于以辅音结尾的动词词根或词干。那么，这些形态变化语法词缀严格遵循各项使用规则和要求用于不同动词词根或词干后面时，同样都表示祈求式复数第二人称形态变化现象的语法概念。

（1）-haldone、-həldɵne、-holdone、-hɵldɵne 表示的祈求时复数第二人称语法概念

su　əri　giltariŋ　moriŋbo　ga-haldone!
你们 这　白的　马　把　买 吧你们
请你们买这匹白马吧！

su　adini　tari　laha　orondodihi　əwə-həldɵne!
你们几个　那　炕　上　从　下来 吧你们
请你们几位从那炕上下来吧！

su　əʃi　nandahaŋ　əwəŋkə　doo　doolo-holdone!
你们现在　美丽　鄂温克　歌　唱　吧你们
请你们唱美丽的鄂温克民歌吧！

su　timaaʃiŋ　əddə　əddəhəjə　gəbbəduwəl　juu-hɵldɵne!
你们　明天　早晨　早点　工作　上　吧你们
请你们明天早上早点上班吧！

由辅音 h 开头的祈求式复数第二人称语法词缀 -haldone、-həldɵne、-holdone、-hɵldɵne 等，按照约定俗成的使用规则，先后接缀于以元音结尾的动词词根或词干 ga-“买”、əwə-“下来”、doolo-“唱”、jʉʉ-“上”，形成有祈求式复数第二人称形态变化现象的动词 gahaldone（ga-haldone）、əwəhəldɵne（əwə-həldɵne）、dooloholdone（doolo-holdone）、jʉʉhɵldɵne（jʉʉ-hɵldɵne）等。这些动词，无一例外地均表现出“请你们买吧！”、“请你们下来吧！”、“请你们唱吧！”、“请你们上班吧！”等，包含祈求式复数第二人称形态变化现象的动作行为。

（2）-kaldone、-kəldɵne、-koldone、-kɵldɵne 表示的祈求时复数第二人称语法概念

su tʉllə jʉʉʧʧi daŋga taaŋ-kaldone!
你们外面 出 烟 抽 吧你们
请你们到外面去抽烟吧！

su əri moriŋ təggəəŋʤi ʉjtəhəŋ doowo ədəl-kəldɵne!
你们 这 马 车 用 维特根 河 渡 吧你们
请你们用这辆马车渡维特根河吧！

su tari diram hattsuŋba solpot-koldone!
你们 那 厚 木板 扎穿 吧你们
请你们扎穿那个厚木板吧！

su timaaʃiŋ əddəni nadan sagdu ʤʉʉdihi gʉggʉl-kɵldɵne!
你们 明天 早晨的 七 点 家 从 出发 吧你们
请你们明天早晨七点钟从家里出发吧！

以上四个例句中，祈求式复数第二人称形态变化语法词缀 -kaldone、-kəldɵne、-koldone、-kɵldɵne 严格按照使用规则和要求，分别接缀于由辅音 ŋ、t、l 结尾的动词词根或词干 taaŋ-“抽”、ədəl-“渡”、solpot-“扎穿”、

gʉggʉl-“出发”后面，进而构成了 taaŋkaldone（taaŋ-kaldone）、ədəlkəldɵne（ədəl-kəldɵne）、solpotkoldone（solpot-koldone）、gʉggʉlkɵldɵne（gʉggʉl-kɵldɵne）等含有祈求式复数第二人称形态变化现象的动词。这些动词所表达的是“请你们抽（烟）吧！”、“请你们横渡吧！”、“请你们扎穿吧！”、“请你们出发吧！”等，具有祈求式复数第二人称形态变化功能的动作行为。不过，现在的中青年以下的人中，将祈求式复数第二人称形态变化语法词缀 -koldone、-kɵldɵne 发音成 -kaldone、-kəldɵne 的人越来越多。比如把 taaŋkaldone、ədəlkəldɵne、solpotkoldone、gʉggʉlkɵldɵne 等，说成是 taaŋkaldon、ədəlkəldɵn、solpotkoldon、gʉggʉlkɵldɵn。尽管如此，这种说法现在还没有代表性和普遍性。相比之下，还是说 taaŋkaldone、ədəlkəldɵne、solpotkoldone、gʉggʉlkɵldɵne 的人占绝大多数。

第三节　祈求式第三人称

我们的研究资料表明，祈求式第三人称形态变化现象，要用语法词缀 -gane、-gəne、-gone、-gɵne 来表现。而且，这套形态变化语法词缀，不仅可以用于表示单数概念，同时也可以用于阐述复数含义。也就是说，-gane、-gəne、-gone、-gɵne 既是祈求式单数第三人称形态变化现象的表现形式，同时也是祈求式复数第三人称的形态变化语法词缀。它们在语音结构以及使用规则和条件等方面，均保持了高度的一致性。那么，它们的区别关系，就在于句子主体是单数第三人称代词 nugaŋ、tari、tajja “他”、“她”、“它”，还是复数第三人称代词 nugaŋtiŋ、talar、tajjasal、taʧʧil “他们”、“她们”、“它们”。如果句子主体是单数第三人称代词，那么 -gane、-gəne、-gone、-gɵne 表现出的也是祈求式单数第三人称形态变化现象的语法概念。与此相反，如果句子主体是复数第三人称代词，那么 -gane、-gəne、-gone、-gɵne 表现出的自然是祈求式复数第三人称形态变化现象之语法含义。祈求式第三人称形态变化语法词缀，同样是由以短元音 a、o、ə、ɵ 为主的四元一体元音和谐原理组合而成，所以使用时一定要严格遵循其规则和要求。

1. **单数第三人称形态变化语法词缀** -gane、-gəne、-gone、-gɵne **的使用关系**

如上所述，在人们的日常交流中，祈求式单数第三人称形态变化语法概念要用 -gane、-gəne、-gone、-gɵne 来表现。而且，在使用有动词祈求式单数第三人称的这套形态变化语法词缀的语句内，充当句子主体的毫无疑问是单数第三人称代词 nugaŋ、tari、tajja 等。它们都可以分别表示“他、她、它”。所有这些，完全取决于整个句子表现出的语法概念和意义。另外，具体使用时，除了元音和谐现象的制约之外，不受其他任何语音结合规则的影响和约束。例如，

nugaŋ əri inig tari alaar ʉnʉgʉŋbʉ saga-gane!
她 这 天 那 花 乳牛 挤奶 吧她
今天请她给那头花白乳牛挤奶吧！

tari əmʉhəjə məəni bitigwi əəri-gəne.
他 自己 自己的 书 把 读 吧他
请他读自己的书吧。

tari minidʉ əmʉŋ taŋgur se soho-gone!
她 我 一 碗 茶 剩 吧她
请她给我剩碗茶吧！

abawi əri moriŋ təggəəŋbə hɵɵlɵ-gɵne!
爸爸 这 马车 饭 套 吧他
请让我爸爸套这辆马车吧！

不难看出，祈求式单数第三人称形态变化语法词缀 -gane、-gəne、-gone、-gɵne，按照元音和谐原理分别接缀于 saga-“挤奶”、əəri-“读”、soho-“剩”、hɵɵlɵ-“套（车）”等动词词根或词干后面，构成 sagagane（saga-gane）、əərigəne（əəri-gəne）、sohogone（soho-gone）、hɵɵlɵgɵne （hɵɵlɵ-gɵne）等有祈求式单数第三人称形态变化现象的动词。在此基础上，表达了“请让她挤奶吧！”、“请让他读吧！”、“请让她剩（茶）吧！”、“请让他套（车）吧！”等含有祈求式单数第三人称形态语法概念的动作行为。另外，相关例子还有 tari ugu-gone！“请让他骑吧！”，tari ʤʉgʉ-gɵne！“请让他搬运吧！”，tari igi-gəne！“请让他进来吧！”等。此外，我们掌握的田野调查资料还显示，现代鄂温克语里口语里，将 -gane、-gəne、-gone、-gɵne 均发音作 -gine 的现象也有不少。尤其是在青少年的交流中，这种发音现象出现的概率要高一些。比如，他们把上面的例句内出现的 sagagane、əərigəne、sohogone、hɵɵlɵgɵne 说成是 sagagine（saga-gine）、əərigine（əəri-gine）、sohogine（soho-gine）、hɵɵlɵgine（hɵɵlɵ-gine）等。

2. 复数第三人称形态变化语法词缀 -gane、-gəne、-gone、-gɵne 的使用关系

我们在前面已经交代过，祈求式复数第三人称形态变化现象的表现形式，与祈求式单数第三人称形态语法词缀完全相同，也要用 -gane、-gəne、-gone、-gɵne 来表示。不同点就在于阐述祈求式复数第三人称形态变化语法概念的句子里，充当动作行为的施事者属于复数第三人称代词 nugaŋtiŋ、talar、tajjasal、taʧʧil“他们、她们、它们”等。例如，

nugaŋtiŋ əri dolob əri ʤʉʉdʉ nandahaŋʤi amra-gane！
他们 这 晚 这 房间 好好 休息 吧他们
请让他们今晚在这间屋里好好休息吧！

taʧʧil əri inig mʉnidʉlə əmə-gəne！
他们 这 天 我们(家) 来 吧他们
请让他们今天来我们家吧！

honiŋsol əri bəlʧərdʉ nandahaŋʤi oŋko-gone！
羊 们 这 牧场 好好 吃草 吧它们
请让羊群在这牧场上好好吃草吧！

talar mɘɘni ʉrʉlsʉlwɵl iʃi-gɘne.
她们 自己的 孩子们把 照看让她们
请让她们自己照看孩子们吧！

上述四句中，祈求式复数第三人称形态变化语法词缀 -gane、-gɘne、-gone、-gɵne 遵循四元一体元音和谐原理，接缀于 amra-“休息”、ɘmɘ-“来”、oŋko-“吃草”、iʃi-“看”等动词词根或词干，进而构成具有祈求式复数第三人称形态变化现象的动词 amragane（amra-gane）、ɘmɘgɘne（ɘmɘ-gɘne）、oŋkogone（oŋko-gone）、iʃigɘne（iʃi-gɘne）等。正因为如此，这些动词表示了含有“请让他们休息吧！”、“请让他们来吧！”、“请让它们吃草吧！”、“请让她们照看吧！”等祈求式复数第三人称语法概念的动作行为。同样，祈求式复数第三人称形态变化语法词缀 -gane、-gɘne、-gone、-gɵne 在口语里，也有被发音为 gine 的现象。

总之，鄂温克语动词祈求式形态现象的表现形式，是一个相当复杂的结构系统。其内部不仅分单数和复数，同时各自还分第一人称、第二人称、第三人称形态变化现象。而且，它们均有约定俗成的语法词缀。从严格意义上讲，它们都是由祈求式形态变化原始语音结构形式 -ga、-gɘ、-go、-gɵ 演化而来。或者说，在 -ga、-gɘ、-go、-gɵ 后面，以及在其变体后面接缀人称领属形态变化语法词缀而构成。祈求式形态变化语法词缀的内部分化中，四元一体元音和谐原理发挥了决定性作用。其结果是，祈求式形态变化现象的所有表现形式，均以短元音 a、ɘ、o、ɵ 为核心分化为四元一体的结构类型。正因为如此，在具体使用时一定要严格遵循其元音和谐要求和条件。另外，通过前面的分析，我们已清楚地认识到，动词祈求式形态变化语法词缀的构成规则里，除了元音和谐现象之外，还有词缀首辅音 h 与 k 的交替现象。这也是导致祈求式形态变化语法词缀变得复杂、数量增多的重要音素之一。虽然我们在讨论中明确提出，由辅音 k 开头的那些形态变化语法词缀的辅音 k 源自 h 音，但在人们的语言交流中已成为不可忽略的重要语音形式。同时，按照四元一体元音和谐原理分化为四的语法词缀，受词缀首辅音交替现象的影响再次被分化为两个部分。这些语音现象的存在和出现，客观上设定了一系列使用规则和要求。

在动词词根或词干后面，接缀的祈求式形态变化语法词缀，主要表示包含有不同数、不同人称以及祈求、期盼、希望内涵的动作行为。反过来讲，刚刚提到的那些复杂多变语法概念，基本上都要靠动词词根或词干后面接缀的形态变化语法词缀来区分或判断。那么，形态变化语法词缀失去某一语法功能和作用时，就要靠句中出现的动作行为的主题来进行区分和判断。比如，祈求式第三人称形态变化语法词缀的使用关系就是如此。它的单数和复数语法概念，均用相同的语法词缀来表达。毫无疑问，这时的祈求式第三人称形态变化语法词缀，已经失去区分单数和复数形态变化语法概念的功能和作用。这种情况下，祈求式第三人称形态变化语法词缀中语法概念，要靠句子里出现的单数或复数人称代词来决定。句子主体是单数第三人称代词，那么祈求式形态变化语法词缀就会表示含有单数第三人称形态变化现象的动作行为。倘若句子主体是复数第三人称代词，那么祈求式形态变化语法词缀就会表示含有复数第三人称形态变化概念的动作行为。

根据以上讨论，我们还可以充分了解到，作为鄂温克语动词祈求式形态变化现象的表现形式，都在产生不同程度的语音变化。其结果是语音结构形式变得越来越简单和越来越短，甚至原有的元音和谐现象也变得越来越模糊不清。与此同时，我们还发现，在祈求式形态变化现象中，使用率最高的是单数和复数第二人称的形态变化语法词缀，其次是单数和复数第三人称形态变化语法词缀。相比之下，单数和复数第一人称形态变化语法词缀的使用率比较低。还有一种现象是，他们祈求年老的人或德高望重的人时，不使用单数第二人称代词 ʃi“你”，而是要使用复数第二人称代词 sʉ“你们”。不过，这时 sʉ 不表示“你们”，而要表示敬称的“您”。比如，sʉ əddəhəjə amra-haldone！“您早点休息吧！”，该短句的 sʉ 就表示的是单数第二人称代词的敬称“您”。

第五章
命令式形态变化现象

鄂温克语动词有命令式形态变化现象。顾名思义，动词命令式是指人们进行的包含命令内涵的动作行为。而且，要用一整套含有单数和复数，以及不同人称概念的形态变化语法词缀来表现。表5－1展示了动词命令式形态变化现象的分类，以及表现形式的形态变化语法词缀的结构形式及其特点。

表5－1 **陈述式现在时形态变化现象**

单数形态变化现象			复数形态变化现象		
第一人称	第二人称	第三人称	第一人称	第二人称	第三人称
-gar -gər -gor -gɵr	-h -k	-giŋ	-gar -gər -gor -gɵr	-haldoŋ、-kaldoŋ -həldəŋ、-kəldəŋ -holdoŋ、-koldoŋ -hɵldəŋ、-kɵldəŋ	-giŋ

从表5－1不难看出，命令式形态变化语法词缀与祈求式的相关形态变化语法词缀间存在十分密切的结构关系。甚至可以说，命令式形态变化语法词缀，均源于祈求式形态变化现象的表现形式，它们几乎是在省略祈求式形态变化语法词缀末尾元音音素的前提下，创造出了表示命令式语法概念的形态变化词缀系统。比如，（1）祈求式单数第一人称形态变化语法词缀 -gare、-gəre、-gore、-gɵre 被省略词缀末尾的短元音 e 而变成命令式单数第一人称形态变化语法词缀 -gar、-gər、-gor、-gɵr；（2）祈求式单数第二人称形态变化语法词缀 -ha、-hə、-ho、-hɵ～-ka、-kə、-ko、-kɵ 被省略词缀末尾的短元音 a、ə、o、ɵ 而变成命令式单数第一人称形态变化语法词缀

-h ~ -k；（3）祈求式复数第二人称形态变化语法词缀 -haldune、-həldʉne、-holdune、-hɵldʉne ~ -kaldune、-kəldʉne、-koldune、-kɵldʉne 充当命令式复数第二人称形态变化语法词缀时，要出现 -haldoŋ、-həldəŋ、-holdoŋ、-hɵldəŋ ~ -kaldoŋ、-kəldəŋ、-koldoŋ、-kɵldəŋ 式音变现象；（4）祈求式第三人称形态变化语法词缀 -gane、-gəne、-gone、-gɵne 作命令式第三人称形态变化语法词缀时，也要产生 -giŋ 式复杂音变；（5）祈求式复数第一人称形态变化现象要用 -gatmuŋ、-gətmʉŋ、-gotmuŋ、-gɵtmʉŋ ~ -katmuŋ、-kətmʉŋ、-kotmuŋ、-kɵtmʉŋ 等语法词缀来表示；（6）命令式复数第一人称形态变化现象，同样用命令式单数第一人称语法词缀 -gar、-gər、-gor、-gɵr 来表示。经过分析我们认为，将命令式形态变化现象表现出的语法概念用汉语的“令”来解释比较合适。虽然这样表达也不是十分精确，但人们会较清楚地认识和把握命令式形态变化现象的语法概念。

鄂温克语动词的命令式形态变化语法词缀里，只有单数和复数第一人称形态变化语法词缀，以及复数第二人称形态变化语法词缀内，出现四元一体元音和谐现象，其他形态变化语法词缀没有元音和谐内容。不过，命令式形态变化语法词缀中，既有单辅音构成的特殊实例，也有词缀首辅音的交替现象，还有表示禁止概念的说法和表现形式。总之，命令式形态变化现象，也是一个相当复杂的语法结构系统。

下面结合实际句子，对于鄂温克语动词命令式形态变化现象的构成原理、结构特征、语音形式、表现手段、使用关系、语法功能和作用等展开全面分析和探讨。

第一节　命令式第一人称

命令式第一人称形态变化现象分单数和复数，均用形态变化语法词缀 -gar、-gər、-gor、-gɵr 来表示。单数和复数的区别则完全取决于句子主体。如果句子主体是单数第一人称代词 bi“我”，形态变化语法词缀 -gar、-gər、-gor、-gor 就归属于命令式单数第一人称形态变化现象；句子主体是复数第一人称代词 bʉ“我们”，形态变化语法词缀 -gar、-gər、-gor、-gɵr 则属于命令式复数第一人称形态变化现象。命令式第一人称形态变化语法词

缀 -gar、-gər、-gor、-gɵr 是由祈求式单数第一人称形态变化现象的表现形式 -gare、-gəre、-gore、-gɵre 演化而来。毫无疑问，它们的构成中还有四元一体元音和谐现象。

1. **单数第一人称形态变化语法词缀** -gar、-gər、-gor、-gɵr **的使用关系**

命令式单数第一人称的语法概念，要用形态变化语法词缀 -gar、-gər、-gor、-gɵr 来表示。这套语法词缀，根据元音和谐原理，接缀于由不同元音和谐构成的动词词根或词干后面，并在句子主体 bi“我”的直接支配下，表示命令式单数第一人称形态变化现象的语法概念。例如，

bi əri ʤadda mooni laʧʧiwa ga-gar!
我 这 松 树的 叶 把 摘 令我
令我摘这棵松树的叶子！

bi tari adi əmməwʉsə orooŋbo gələənə-gər!
我 那 几个 丢失的 驯鹿把 去找 令我
令我去找那几头丢失的驯鹿！

bi əʃi gurul hɵɵmɵ oo-gor!
我 现在 面 饭 做 令我
令我现在做面条！

bi ʤʉʉ doolo nəəsə jəəməsəlwə tʉlləʃihi ʤʉgʉ-gɵr!
我 屋子 里 放的 东西们 外 向 搬运 令我
令我把放在屋里的东西往外搬运！

相关实例还有 bi ugu-gor. “令我骑！”，bi bʉʉ-gɵr. “令我给！”，bi iʃi-gər. “令我看！”等。例句中，出现的动词词根或词干 ga-“摘”、gələənə-“去找”、oo-“做”、ʤʉgʉ-“搬运”、ugu-“骑”、bʉʉ-“给”、iʃi-“看”等，按照元音和谐原理，分别接缀命令式形态变化语法词缀 -gar、-gər、

-gor、-gɵr 之后，变成了具有命令式单数第一人称形态变化现象的动词 gagar（ga-gar）、gələənəgər（gələənə-gər）、oogor（oo-gor）、ʤʉgʉ-gɵr（ʤʉgʉ-gɵr）、ugugor（ugu-gor）、bʉʉgɵr（bʉʉ-gɵr）、iʃigər（iʃi-gər）等。在此基础上，明确表达了句子主体“我”命令他人允许自己进行“令我摘”、“令我去找”、“令我做”、“令我搬运”、“令我骑”、“令我给”、“令我看”等包含有命令式单数第一人称语法概念的动作行为。另外，形态变化语法词缀 -gor 和 -gɵr，也有被发音为 -gar 或 -gər 的情况。比如，有人就会把 ʤoldogor（ʤoldo-gor）“令我扔！”与 bʉʉgɵr（bʉʉ-gɵr）“令我给！”，发音成 ʤoldogar（ʤoldo-gar）和 bʉʉgər（bʉʉ-gər）等。

2. **复数第一人称形态变化语法词缀** -gar、-gər、-gor、-gɵr **的使用关系**

根据调研资料，命令式复数第一人称形态变化现象，也和命令式单数第一人称形态变化语法词缀一样用 -gar、-gər、-gor、-gɵr 来表示。而且，其使用特征也完全相同。它们之间的区别就在于，所谓命令式复数第二人称形态变化语法 -gar、-gər、-gor、-gɵr，要用于动作行为的主体是复数第一人称代词“我们”或“咱们”的句子里，从而表达命令“我们”或“咱们”去实施某一动作行为的语法概念。例如，

bʉ　əri　inig　tari　ərʉ　tʉʉggʉwɵ　ʤawa-gar！
我们 这　天　那　恶　狼　　抓　令我们
令我们今天必须抓住那条恶狼！

bʉ　ʤʉʉdʉ　eʃethi　noogu　moriŋdihi　əwʉ-gər！
我们 家里　到比　以前　马　从　下来 令我们
令我们到家之前就下马！

miti　honiŋbol　hurigaŋdu　huri-gor！
咱们　羊 把　圈子 里　圈入 令咱们
令咱们把羊群圈入羊圈里！

bʉ əri inig ittoosot əri ʉr oroondo jʉʉ-gɵr!
我们 这 天 一定 这 山 顶 登上 令我们
令我们今天一定要登上这座山顶!

这四个句子中，由于动作行为的主体是复数第一人称代词 bʉ“我们”、miti“咱们”，所以充当命令式形态变化语法词缀的 -gar、-gər、-gor、-gɵr 表现出的是复数语法概念。正因为如此，这些例句末尾出现的动词词根 ʤawa-“抓”、əwʉ-“下来”、huri-“圈入”、jʉʉ-“登上”接缀命令式形态变化语法词缀的 -gar、-gər、-gor、-gɵr 构成了 ʤawagar（ʤawa-gar）、əwʉgər（əwʉ-gər）、hurigor（huri-gor）、jʉʉgɵr（jʉʉ-gɵr）等包含有命令式复数第一人称形态变化现象的动词。它们所表示的是“令我们抓”、“令我们下来”、“令咱们圈入”、“令我们登上”等具有命令式复数第一人称语法概念的动作行为。在这里还应该强调指出的是，命令式形态变化现象表现出的语法概念中，往往还带有“一定要”、“必须要”等强调语气。甚至，人们在鄂温克语命令式语句里，使用 ʤaawal“一定”或 ittoosot“一定”、“必须”等语气副词来明确强化命令式语法概念。类似的命令式句子中表达形式，或者说与命令式有关的强调语气，上文相关例句内也出现过。但是，每一个命令式结构类型的语句中，未必要使用 ʤaawal“一定”或 ittoosot“一定”、“必须”等语气副词，而且这种实例越来越多。现代鄂温克语命令式语句里，是否使用 ʤaawal“一定”或 ittoosot“一定”、“必须”等语气副词，已经变得并不十分重要。换言之，这些语气副词存在与否，命令式语句都会表现出与语气副词密切相关的强调语气。

第二节 命令式第二人称

研究表明，动词命令式第二人称形态变化现象，要分单数和复数语法概念，而且均用特定语法词缀来表示。相比之下，命令式第二人称形态变化现象的表现形式比较复杂：它的单数语法概念是由单一辅音音素构成的形态变化语法词缀 -h 与 -k 来表示；而它的复数语法概念，要用含有四元一体元音和谐原理与词缀首辅音交替现象的形态变化语法词缀 -haldoŋ、-həldɵŋ、

-holdoŋ、-hɵldɵŋ 以及 -kaldoŋ、-kəldəŋ、-koldoŋ、-kɵldɵŋ 来表示。正因为如此，我们认为命令式第二人称形态变化现象的表现形式比较复杂。

1. 单数第二人称形态变化语法词缀 -h 和 -k 的使用关系

命令式单数第二人称形态变化现象的表现形式最为简单，它主要是用辅音（小舌清擦音）h［χ］来体现。该形态变化语法词缀，可以接缀于以下几种情况：（1）由不同元音和谐构成的动词词根或词干后面；（2）由元音结尾的动词词根或词干后面；（3）由辅音结尾的动词词根或词干后面。然而，很有意思的是，命令式单数第二人称形态变化语法词缀 -h，接缀于由辅音结尾的动词词根或词干后面时要出现 -k 之音变。经音变而来的语音形式，已成为十分稳固而常用的形态变化语法词缀。正因为如此，我们索性把 -k 并列与 -h 进行分析讨论。那么，-h 与 -k 用于动词词根或词干后面时，主要表示说话人命令 ʃi“你”去执行某一动作行为。

（1）-h 表示的命令时单数第二人称语法概念

ʃi　ʤʉlilə　ʉttʉliʤir　ərʉ　bəjwə　ʤawa-h!
你　前面　跑的　坏　人　抓住令你
令你抓住前面跑的坏人!

ʃi　məəni　gəbbəwi　məəŋkəŋ　ajaʤi　oo-h!
你 自己的　活儿　自己的　好好　做 令你
令你好好做自己的活儿!

ʃi　honnoriŋ　moriŋ　oroondihi　əwə-h!
你　黑　马　上面 从　下来 令你
令你赶紧从黑马背上下来!

ʃi　əri　inig　mʉni　ʤʉʉdihi　ʉmpʉriʧʧi　jʉʉ-h!
你 这　天　我们　家　滚　出去令你
令你今天从我们家滚出去!

接缀于上述四句句子末尾的动词词根 ʤawa-“抓住”、oo-“做”、əwə-“下来”、jʉʉ-“出去”后面的命令式单数第二人称形态变化语法词缀 -h，自然而然地构成 ʤawah（ʤawa-h）、ooh（oo-h）、əwəh（əwə-h）、jʉʉh（jʉʉ-h）等有命令式单数第二人称形态变化现象的动词，这也是它们能够表示“令你抓住!”、“令你做!”、“令你下来!”、“令你出去!”等含有命令式单数第二人称语法概念之动作行为的决定因素。与此同时，我们也能够看出，接缀有命令式单数第二人称形态变化语法词缀 -h 的动词词根，均属于由元音结尾或单独由元音构成的实例。所有这些，为语法词缀 -h 的使用提供了必要前提和条件。

（2）-k 表示的命令时单数第二人称语法概念

如前所述，命令式单数第二人称形态变化语法词缀 -h，出现于由辅音结尾的动词词根及词干后面时，一般都产生 -k 音变。也就是说，由辅音结尾的动词词根或词干，要使用 -k 这一命令式单数第二人称形态变化语法词缀。例如，

ʃi bitig iʃir əriŋbi nandahaŋʤi molaŋ-k！
你 书 读 时间把 好好 珍惜 令你
令你好好珍惜读书时光!

ʃi əʃi tari baruguŋ ʉrəwə pʉʃit-k!
你 现在 那 粗 铁丝 弄断 令你
令你现在就把那个粗铁丝弄断!

ʃi əri ərʉ ninihinbə boggoŋʤi ʃikkid-k!
你 这 恶 狗 柳树条 抽打 令你
令你用柳树条抽打这条恶狗!

ʃi timaʃiŋ əddə nadan sagdu gʉggʉl-k!
你 明天 早晨 七 点 在 出发 令你
令你明天早晨七点出发!

命令式单数第二人称形态变化语法词缀 -k，在上面的例句中分别接缀于由辅音 ŋ、t、d、l 结尾的动词词根或词干 molaŋ-“珍惜”、pʉʃit-“弄断”、ʃikkid-“抽打”、gʉggʉl-“出发”之后，进而构成 molaŋk（molaŋ-k）、pʉʃitk（pʉʃit-k）、ʃikkidk（ʃikkid-k）、gʉggʉlk（gʉggʉl-k）等动词，并表达了说话人命令“你”一定要执行“珍惜”、“弄断”、“抽打”、“出发”等动作行为的语法关系。此外，也有把 pʉʃitk（pʉʃit-k）、ʃikkidk（ʃikkid-k）、gʉggʉlk（gʉggʉl-k）等命令式单数第二人称形态变化语法词缀 -k 发音成 -h 的现象，比如，pʉʃith（pʉʃit-h）、ʃikkidh（ʃikkid-h）、gʉggʉlh（gʉggʉl-h）。不过，这并不具有代表性和普遍性，只是一些年轻人的口语里会使用。根据实地调研资料，鄂温克语动词命令式形态变化语法词缀 -h 和 -k 有较高使用率，其中 -h 的使用率要远远超过 -k。

2. 复数第二人称形态变化语法词缀 -haldoŋ、-həldəŋ、-holdoŋ、-hɵldɵŋ **及** -kaldoŋ、-kəldəŋ、-koldoŋ、-kɵldɵŋ **的使用关系**

动词命令式复数第二人称形态变化现象，要用语法词缀 -haldoŋ、-həldəŋ、-holdoŋ、-hɵldɵŋ 及 -kaldoŋ、-kəldəŋ、-koldoŋ、-kɵldɵŋ 来表现。同样，其中 -haldoŋ、-həldəŋ、-holdoŋ、-hɵldɵŋ 用于由元音结尾的动词词根或词干后面，而 -kaldoŋ、-kəldəŋ、-koldoŋ、-kɵldɵŋ 则接缀于由辅音结尾的动词词根或词干后面。从构成它们的语音结构特征来看，显然是与祈求式复数第二人称语法词缀 -haldone、-həldəne、-holdone、-hɵldɵne 及其 -kaldone、-kəldəne、-koldone、-kɵldɵne 等属于同根同源的产物。正因为如此，在语音结构和构成音素方面保持了高度一致性。只不过在它们充当命令式第二人称语法词缀时，原有的词缀末尾的短元音 e 被省略掉，同时短元音 e 前的鼻辅音 n 产生了 ŋ 音变，其结果就出现了 -haldoŋ、-həldəŋ、-holdoŋ、-hɵldɵŋ 及其 -kaldoŋ、-kəldəŋ、-koldoŋ、-kɵldɵŋ 等命令式复数第二人称形态变化语法词缀。也就是说，命令式复数第二人称形态变化现象，除了词缀末尾出现的区别性变化之外，其他构成原理和结构特征方面与祈求式复数第二人称语法词缀完全相同。对此我们在分析祈求式形态变化现象时已经阐述得很清楚，所以不再赘述，感兴趣的人，可以去参考或参阅祈求式的分析部分。命令式复数第二人称形态变化语法词缀，在语音形式方面还是表现出了一定的复杂性。所以，使用形态变化这些语法词缀时，一定要严格遵循其元音和谐规律，以及辅音交替现象的基本原理。毫无疑问，将这些语法词缀接缀于动词词根或词干后面时，要表示说话人命令“你们”去实施某一动作行为之语法意义。

（1）-haldoŋ、-həldɵŋ、-holdoŋ、-hɵldɵŋ 表示的命令时复数第二人称语法概念

su əjjə əru ninihinbi amakkaŋ ʤawa-haldoŋ!
你们 这 恶 狗 赶快 抓 令你们
令你们赶快来抓住这条恶狗！

su əri inig urdu juuʧʧi orooŋ gələnə-həldɵŋ!
你们 这 天 山上 去 完 驯鹿 寻找 令你们
令你们今天上山去找驯鹿！

su looto untawal ədu luhu-holdoŋ!
你们 长筒 靴 这里 脱 令你们
令你们在这里脱掉长筒靴子！

su timaaʃiŋ əddə əddəhəjə juu-həldɵŋ!
你们 明天 早晨 早点 起床 令你们
令你们明天早晨早点起床！

相关例子还如 su nandahaŋ oo-holdoŋ！“令你们好好做！”，su hɵɵmɵ ɵlɵɵ-hɵldɵŋ！“令你们做饭！”，su urni sugurdu eʃe-həldɵŋ！“令你们爬到山顶！”等。例句中，按照四元一体元音和谐原理及其词缀首辅音使用规则，命令式复数第二人称形态变化语法词缀 -haldoŋ、-həldɵŋ、-holdoŋ、-hɵldɵŋ，分别接缀于由元音结尾的动词词根或词干 ʤawa-“抓”、gələnə-“去寻找”、luhu-“脱”、juu-“起床”、oo-“做”、ɵlɵɵ-“做、煮”、eʃe-“到达”后面，派生出具有命令式复数第二人称形态变化现象的动词

ʤawahaldoŋ（ʤawa-haldoŋ）、gələnəhəldəŋ（gələnə-həldəŋ）、luhuholdoŋ（luhu-holdoŋ）、jʉʉhɵldɵŋ（jʉʉ-hɵldɵŋ）、ooholdoŋ（oo-holdoŋ）、ɵlɵɵhɵldɵŋ（ɵlɵɵ-hɵldɵŋ）、eʃehəldəŋ（eʃe-həldəŋ）等。毋庸置疑，这些动词表示的是“令你们抓！”、“令你们去寻找！”、“令你们脱掉！”、“令你们起床！”、“令你们做！”、“令你们煮！”、“令你们到达！”等，含有命令式复数第二人称形态变化语法概念的动作行为。

（2）-kaldoŋ、-kəldəŋ、-koldoŋ、-kɵldɵŋ 表示的命令时复数第二人称语法概念

su　tʉllə　jʉʉʧʧi　daŋga　taaŋ-kaldoŋ!
你们　外　出　烟　抽　令你们
令你们到外面去抽烟！

su　tari　moriŋ　təggəəŋʤi　imiŋ　doowo　ədəl-kəldəŋ!
你们 那　马　车　伊敏　河　横渡 令你们
令你们用那辆马车横渡伊敏河！

su　əri　baruguŋ　moowo　hoŋʧot-koldoŋ!
你们这　粗　木　折断　令你们
令你们把这个粗木棍折断！

su　əri　əddə　niŋʉŋ　sagdu　ʤʉʉdihi　gʉggʉl-kɵldɵŋ!
你们 这　早　六　点　家　从　出发　令你们
令你们今天早晨六点从家里出发！

以上句子中，动词命令式复数第二人称语法词缀 -kaldoŋ、-kəldəŋ、-koldoŋ、-kɵldɵŋ，也是按照元音和谐原理及其词缀首辅音使用规则，接缀于 taaŋ-“抽”、ədəl-“横渡”、hoŋʧot-“折断”、gʉggʉl-“出发”等由辅音 ŋ、t、l 结尾的动词词根或词干后面，进而构成了 taaŋkaldoŋ（taaŋ-kaldoŋ）、ədəlkəldəŋ（ədəl-kəldəŋ）、hoŋʧotkoldoŋ（hoŋʧot-koldoŋ）、gʉggʉlkɵldɵŋ （gʉggʉl-kəldəŋ）等，含有命令式复数第二人称形态变化现象的动词。在此基础上，明确表达了说话人命令 sʉ“你们”去执行“（到外面）抽烟!”、“横渡（河）!”、“折断（木棍）!”、“（六点）出发!”等动作行为。

第三节　命令式第三人称

命令式第三人称的形态变化现象，由语法词缀 -giŋ 来表示。而且，该语法词缀不仅表示单数概念，同时也可以表示复数概念。也就是说，-giŋ 是命令式单数第三人称的形态变化现象的语法词缀，也是命令式复数第三人称的形态变化现象的语法词缀。在这种情况下，区分其数形态变化语法概念时，就要看动作行为的施事者是 tari“他、她、它”还是 talar“他们、她们、它们”。如果动作行为的施事者是 tari“他、她、它”，那么形态变化语法词缀 -giŋ 就会表示命令式单数第三人称形态变化现象的语法概念。与此相反，如果动作行为的施事者是 talar“他们、她们、它们”，那么形态变化语法词缀 -giŋ 则表示命令式复数第三人称形态变化现象的语法概念。由于该词缀没有元音和谐和词缀首辅音交替现象，所以无条件地使用于任何动词词根或词干后面。

1. 单数第三人称形态变化语法词缀 -giŋ 的使用关系

如前所述，命令式单数第三人称形态变化现象的表现形式为 -giŋ。在句子主体是单数第三人称代词 nugaŋ、tari、tajja“他、她、它”语句里，接缀于动词词根或词干后面的形态变化语法词缀 -giŋ，基本上都要表示含有命令式单数第三人称形态变化语法概念动作行为。例如，

nugaŋ　əʃi　ədʉ　əməm　mʉniwʉ　alaaʃi-giŋ!
她　现在　这里　来　我们把　等候　令她
令她现在到这里来等候我们!

tari　dashalwi　məənihəŋ　oo-giŋ!
他　作业 把　自己　做 令他
令他自己写作业!

tari timaaʃiŋ mini albaŋ ʤʉʉdʉ əmə-giŋ!
他 明天 我的 办公 室 来令他
令他明天来我办公室!

tajja ərʉ ninihin amakkaŋ ədʉhi goro ʉli-giŋ!
那 恶 狗 赶快 这里 远 走令它
令那恶狗赶快远离这里!

相关实例还有 tari ii-giŋ!“让他进!”，tari ugu-giŋ!“让他骑!”，tari hɵɵlə-giŋ!“让他套（车）!”等。可以看出，例句中，命令式单数第三人称形态变化语法词缀 -giŋ，接缀于动词词根或词干 alaaʃi-“等候”、oo-“做”、əmə-“来”、ʉli-“走”、ii-“进”、ugu-“骑”、hɵɵlə-“套（车）”等后面，进而构成 alaaʃigiŋ（alaaʃi-giŋ）、oogiŋ（oo-giŋ）、əməgiŋ（əmə-giŋ）、ʉligiŋ（ʉli-giŋ）、iigiŋ（ii-giŋ）、ugugiŋ（ugu-giŋ）、hɵɵləgiŋ（hɵɵləgiŋ）等具有命令式单数第三人称形态变化现象的动词。毫无疑问，这些动词均用于句子主体是单数第三人称代词 nugaŋ、tari、tajja“他、她、它”的语句。正因为如此，这些动词无一例外地表示了“令她等候!”、“令他做!”、“令他来!”、“令它走!”、“让他进!”、“让他骑!”、“让他套（车）”等含有命令式单数第三人称形态变化现象的动作行为。

2. 复数第三人称形态变化语法词缀 -giŋ 的使用关系

如前所述，命令式复数第三人称的形态变化语法词缀，也和命令式单数第三人称形态变现象相同，用 -giŋ 这一语音结构形式来表示其语法概念。不同之处，就在于表示命令式复数第三人称形态变化现象的语法概念时，-giŋ 必须使用于由复数第三人称代词 nugaŋtiŋ、talar、taʧʧil、tajjasal“他们”、“她们”、“它们”等充当句子主体的语句。例如，

talar tadu hɵɵwɵ ooʤir giltariŋ moriŋbo ʤawa-giŋ!
他们 那里 奔跑的 进行的 白 马 抓令 他们
令他们抓住在那里奔跑的白骏马!

tajjasal sʉt moriŋ əʃiŋ ugur jooholo-giŋ!
他们 都 马 不 骑 步行 令他们
令他们不要骑马，徒步走！

nugaŋtiŋ əri inig əri moriŋ təggəəŋdʉ təgə-giŋ!
她们 这 天 这 马 车 乘坐 令她们
令她们今天乘坐这辆马车！

taʧʧil əri ʉhʉr təggəəŋʤi heen ʤʉgʉ-giŋ!
他们 这 牛 车 用 草料 拉运 令他们
令他们用这辆牛车拉运草料！

我们可以清楚地看到，接缀有命令式复数第三人称的形态变化语法词缀 -giŋ 的动词词根或词干 ʤawa-“抓住”、jooholo“步行”、təgə-“乘坐”、ʤʉgʉ-“拉运”等均无一例外地用于句子主体是复数第三人称代词 talar、tajjasal、nugaŋtiŋ、taʧʧil“他们”、“她们”、“它们”的语句，进而构成了具有命令式复数第三人称的形态变化现象的动词 ʤawagiŋ（ʤawa-giŋ）、joohologiŋ（jooholo-giŋ）、təgəgiŋ（təgə-giŋ）、ʤʉgʉgiŋ（ʤʉgʉ-giŋ）等。当然，这些动词表达了“令他们抓住！”、“令他们步行！”、“令她们乘坐！”、“令他们拉运！”等包含有命令式复数第三人称语法概念的动作行为。

第四节 禁令式形态变化现象

首先应该进行说明的是，这里所说的“禁令”不是说“禁止从事某项活动的法令”，而是说“禁止进行某一动作行为的命令”。我们现已掌握的第一手调研资料显示，鄂温克语动词命令式形态变化现象的系统里，还有表示禁令式形态变化语法词缀 -r、-n、-d 等。这些语法词缀根据其使用原理，分别接缀于由不同音素结尾的动词词根或词干后面，进而表示说话人用命令口气禁止他人实施某一动作行为之语法概念。而且，禁令式形态变化语法词

缀 -r、-n、-d 的使用特征和原理，同动词陈述式现在将来时第三人称形态变化语法词缀 -raŋ、-naŋ、-daŋ 的完全一致。所以，要想弄清它们的使用关系，可参阅对于陈述式现在将来时第三人称形态变化语法词缀的分析讨论内容。它们的不同点就在于禁令式形态变化语法词缀是由单一辅音音素构成，所以使用时不受元音和谐现象的影响和制约。不过，禁令式形态变化语法词缀接缀于由辅音 n、ŋ、r、t、d 等结尾的动词词根或词干后面时，动词词根或词干末尾的辅音 n、ŋ、r、t、d 要产生脱落现象，除此之外的辅音似乎不出现脱落现象。在这里还有必要强调指出的是，鄂温克语禁令式结构类型的语句里，一定要使用由 ə-“禁止”、“不要”、“别”、“甭”接缀陈述式形态变化语法词缀构成的一套否定助动词，否定助动词词根 ə- 后面接缀的词缀系统要跟句子主体的变化密切相关。下面，分析禁令式形态变化语法词缀 -r、-n、-d 在句中使用情况，同时全面展示否定助动词词根 ə- 后面接缀陈述式形态变化相关语法词缀之实例。

1. 禁令式形态变化语法词缀 -r、-n、-d 与 əʃim 的使用关系

研究表明，句子主体是单数第一人称代词 bi“我”时，与禁令式形态变化语法词缀 -r、-n、-d 相搭配使用的否定助动词词根 ə- 要接缀形态变化语法词缀 -ʃim。在此基础上，构成由禁令式形态变化语法词缀 -r、-n、-d 与否定助动词 əʃim 相搭配的禁令式形态变化结构类型，从而表示说话人以命令口气禁止“我”实施某一动作行为。例如，

bi　ondi　əriŋdʉhət　akki　əʃim　imo-r!
我 什么　时候也　酒　不　喝 令我
我什么时候都不喝酒!

bi　əʃi　imiŋ　doowo　əʃim　ədil-d!
我 现在 伊敏　河　不　渡 令我
我现在不横渡伊敏河!

bi　əri　inig　daŋga　əʃim　taa(ŋ)-n!
我　这　天　烟　不　抽　令我
我今天不抽烟!

以上三个句子中，禁令式形态变化语法词缀 -r 严格按照使用要求与条件，先后接缀于由元音或辅音 l、ŋ 结尾的动词词根与词干 imo-“喝”、ədil-“横渡”、taaŋ-“抽（烟）”后面，构成了具有禁令式形态变化语法概念的动词 imor（imo-r）、ədild（ədil-d）、taa（ŋ）n（taa-n）等，且在接缀于由 ŋ 结尾的动词词干时，鼻辅音出现脱落现象。这三个接缀有禁令式形态变化语法词缀的动词，在否定助动词 əʃim“不”的积极配合下，明确表述了含有“我不喝（酒）!”、“我不横渡!”、“我不抽（烟）!”等禁令式语法含义的动作行为。

2. 禁令式形态变化语法词缀 -r、-n、-d 与 əʤi 的使用关系

根据分析，句子主体是单数第二人称代词 ʃi“你”时，同禁令式形态变化语法词缀 -r、-n、-d 相搭配使用的否定助动词词根 ə- 要接缀形态变化语法词缀 -ʤi。那么，在具体句子里，禁令式形态变化语法词缀 -r、-n、-d 与否定助动词 əʤi 相搭配，表示说话人以命令口气禁止“你”实施某一动作行为。例如，

ʃi　ilə　tala　doroŋʤi　əʤi　tomi(ŋ)-n!
你 这　那　随便　不许 吐痰　令你
你不许到处随便吐痰!

ʃi　tari　nəmikkʉŋ　saasuŋba　əʤi　solpo(t)-d!
你　那　薄　纸　不许　捅破　令你
你不许捅破那张薄纸!

ʃi　əri　inig　doodu　ninim　əʤi　əbbəʃi-r!
你　这　天　河　去　不许　游泳 令你
你今天不许到河里游泳!

显而易见，上述三个句子中，禁令式形态变化语法词缀 -r、-n、-d，依据使用规定分别接缀于由辅音 ŋ、t 或由元音结尾的动词词根与词干 tomiŋ-“吐痰”、solpot-“捅破”、əbbəʃi-“游泳”后面，由此形成有禁令式形态变化语法内涵的动词 tomi（ŋ）n（tomi-n）、solpo（t）d（solpo-d）、əbbəʃir（əbbəʃi-r）等，且在动词词根或词干末尾的辅音 ŋ 与 t 要产生脱落现象。那么，这里提到的带有禁令式形态变化现象的动词与否定助动词 əʤi“不许”相互搭配，表述了“你不许吐痰！”、“你不许捅破！”、“你不许游泳！”等含禁令式语法含义的动作行为。

3. **禁令式形态变化语法词缀 -r、-n、-d 与 əgiŋ 的使用关系**

句子主体是单数第三人称 nugaŋ、tari、tajja“他”、“她”、“它”时，禁令式形态变化语法词缀 -r、-n、-d，同接缀有形态变化语法词缀 -giŋ 的否定助动词 əgiŋ 相互搭配，进而表示以命令口气禁止“他”、“她”、“它”实施某一动作行为的语法概念。例如，

tari　məəni　ʤeleʤi　doroŋʤi　əgiŋ　gʉ（nɵ）-n！
他　自己　想法　随便　别　说 令他
别让他随心所欲地乱说！

nugaŋ　əri　inig　moriŋ　əgiŋ　ugu-r！
她　这　天　马　别　骑 令她
今天别让她骑马！

tajja　ərʉ　mənəəŋ　əri　bajtadu　əgiŋ　haal-d！
那　坏　家伙　这　事　别　参与 令他
别让那坏家伙参与这件事！

在这里，由禁令式形态变化语法词缀 -r、-n、-d 构成的动词 gʉ（nɵ）n（gʉnɵ-n）、ugur（ugu-r）、haald（haal-d）等，同否定助动词 əgiŋ 相互积极

配合的基础上，充分表现出了“别让他说!”、“别让她骑马!”、“别让他（那坏家伙）参与!”等，具有禁令式单数第三人称语法内涵的动作行为。不过，在动词词根 gʉnə-“说”后面接缀禁令式形态变化语法词缀 -n 时，要产生 gʉnən（gʉnə-n） > gʉnn > gʉn 式音变。

4. **禁令式形态变化语法词缀 -r、-n、-d 与 əgər 的使用关系**

句子主体是复数第一人称的句子里，禁止命令式形态变化语法词缀 -r、-n、-d，要同接缀有形态变化语法词缀 -gər 的否定助动词 əgər 相搭配，表示以命令口气禁止 bʉ“我们”或 miti“咱们”实施某一动作行为。例如，

bʉ awula anelam ninisəhət akki əgər imo-r!
我们 谁家 拜年 去 也 酒 别 喝 令我们
我们到谁家拜年都别喝酒!

bʉ əri əddʉg birawa moriŋʤi əgər ədil-d!
我们 这 大 河 马用 别 渡 令我们
我们别骑马横渡这条大河!

bʉ iri əriŋdʉhət daŋga əgər taa(ŋ)-n!
我们哪 时候 烟 不能 抽 令我们
我们无论何时都不能吸烟!

不难看出，上述三句中，接缀禁令式形态变化语法词缀 -r、-n、-d 的动词 imor（imo-r）、ədild（ədil-d）、taa(ŋ)n（taa-n）等，同否定助动词 əgəŋ 相互搭配，从而表示了“我们别喝!”、“我们别横渡!”、“我们不能吸（烟)!”等，包含禁令式复数第一人称语法意义的动作行为。

5. **禁令式形态变化语法词缀词缀 -r、-n、-d 与 əʧʧʉŋ 的使用关系**

句子主体是复数第二人称的句子里，禁止命令式形态变化语法词缀 -r、-n、-d，要同接缀有形态变化语法词缀 -ʧʧʉŋ 的否定助动词 əʧʧʉŋ 相搭配，

并表示以命令口气禁止 sʉ“你们”实施某一动作行为。例如，

sʉ geedu jʉʉkki ələ tala əʧʧʉŋ tomi(ŋ)-n!
你们 街上 出 这 那 别 吐痰 令你们
你们上街后别到处吐痰！

sʉ tari saasuŋ soŋkowo əʧʧʉŋ solpo（t）-d!
你 那 纸 窗户 别 捅破 令你们
你们别捅破纸糊的窗户！

sʉ əri inig doodu ninim əʧʧʉŋ əbbəʃi-r!
你们 这 天 河 去 不要 游泳 令你们
你们今天不要到河里游泳！

在以上例句中，禁令式形态变化语法词缀 -r、-n、-d，按照使用要求和规定，分别接缀于以辅音 ŋ、t 及元音结尾的动词词根与词干 tomi(ŋ)-“吐痰”、solpo(t)-“捅破”、əbbəʃi-“游泳”后面，进而构成有禁令式形态变化语法内涵的动词 tomi(ŋ)n（tomi-n）、solpo(t)d（solpo-d）、əbbəʃir（əbbəʃi-r）等。这些动词，与否定助动词 əʧʧʉŋ“别”、“不要”积极配合的前提下，表述了“你们别吐痰！”、“你们别捅破！”、“你们不要游泳！”等具有禁令式复数第二人称语法含义的动作行为。毋庸置疑，动词词根或词干接缀禁令式形态变化语法词缀 -n 与 -d 时，动词词根或词干末尾的辅音 ŋ 和 t 要出现脱落现象。

6. 禁令式形态变化语法词缀 -r、-n、-d 与 əgiŋ 的使用关系

句子主体是复数第三人称 nugaŋtiŋ、talar、taʧʧil、tajjasal“他们”、“她们”、“它们”时，禁令式形态变化语法词缀 -r、-n、-d，与句子主体是单数第三人称的情况完全相同，要和接缀有形态变化语法词缀 -giŋ 的否定助动词 əgiŋ 相互搭配的前提下，才能够表示以命令口气禁止“他”、“她”、“它”实施某一动作行为之语法概念。这就是说，不论句子主体是单数第三

人称代词还是复数第三人称代词，与禁令式形态变化语法词缀 -r、-n、-d 相互搭配的否定助动词都是 əgiŋ。区别 əgiŋ 表现出的实际语法意义，就得看句子主体是单数还是复数。如果禁令式形态变化语法词缀 -r、-n、-d 表示的是复数概念，那么句子主体肯定是复数第三人称代词。例如，

nugaŋtiŋ　əri　inig　moriŋ　əgiŋ　ugu-r!
她们　这　天　马　不许　骑 令她
她们今天不许骑马！

tajjasal　məəni　ʤeleʤi　doroŋʤiwol　əgiŋ　gʉ（ŋ）-n!
他 们　自己　想法　随便　别　说　令他们
别让他们随心所欲地乱说！

talar　əri　ərʉ　bajtadu　əgiŋ　haal-d!
他们　这　破　事　别　参与 令他们
别让他们参与这一无聊的事！

同禁令式单数第三人称形态变化语法词缀一样，上述句子里禁令式复数第三人称形态变化语法词缀 -r、-n、-d 先后接缀于 ugu-“骑”、gʉŋ-“说”、haal-“参与”等动词词根或词干，并构成 ugur（ugu-r）、gʉ（ŋ）n（gʉ-n）、haald（haal-d）等具有禁令式复数第三人称形态变化现象的动词。由于这些句子的主体是复数第三人称 nugaŋtiŋ、tajjasal、talar“他们”、“她们”、“它们”，所以接缀禁令式复数第三人称形态变化语法词缀 -r、-n、-d 的三个动词 ugu-、gʉŋ-、haal-，同否定助动词 əgiŋ“别”、“不许”相互搭配的基础上，表达了“别让她们骑马！”、“别让他们乱说！”、“别让他们参与！”等，具有禁令式复数第三人称语法内涵的动作行为。

总而言之，通过以上系统而全面的分析，能够充分了解到鄂温克语动词命令式形态变化现象的表现形式及其具体功能和作用。依据上述讨论，该语言的动词命令式有以下几个方面的结构性特点：（1）单数和复数第一人称

形态变化现象的语法概念，均用同一套形态变化语法词缀 -gar、-gər、-gor、-gɵr 来表示。这种现象，在整个鄂温克语动词类词的形态变化体系中很少见到。(2) 单数第二人称形态变化现象要用单一辅音音素 h 或 k 构成的语法词缀来表现。这也是动词式形态变化范畴里一个十分特殊的词缀结构。(3) 命令式形态变化语法词缀系统内部，有以短元音 a、ə、o、ɵ 为主的四元一体元音和谐原理组合而成的第一人称形态变化语法词缀 -gar、-gər、-gor、-gɵr 和复数第二人称形态变化语法词缀 -haldoŋ、-həldəŋ、-holdoŋ、-hɵldɵŋ 及 -kaldoŋ、-kəldəŋ、-koldoŋ、-kɵldɵŋ 等。不过，其中的 -gor、-gɵr 和 -holdoŋ、-hɵldɵŋ 及 -koldoŋ、-kɵldɵŋ 等的使用率变得越来越低，取而代之的是 -gar、-gər 和 -haldoŋ、-həldəŋ 及 -kaldoŋ、-kəldəŋ 等形态变化语法词缀。正因为如此，在命令式形态变化现象中，以短元音 a、ə 为核心构成的形态变化语法词缀的使用率不断上升。(4) 禁令式形态变化现象的语法概念，主要靠禁令式形态变化语法词缀与否定助动词词根 ə- 及不同人称后缀相互搭配的语法手段来体现。(5) 研究表明，动词命令式形态变化语法范畴，包括指令式和禁令式两种语法关系。其中，指令式形态变化现象主要表示命令“我”或“对方”执行某一动作行为，禁令式形态变化现象主要命令“我”或“对方”禁止执行某一动作行为。不论怎么说，在鄂温克语里，无论是指令式还是禁令式形态变化现象，其使用率都不是很高。比较而言，使用率最高的是指令式和禁令式第二人称形态现象的表现形式，其次是第三人称形态变化语法词缀，相比之下，第一人称形态变化语法词缀的使用率比较低。

第六章

假定式形态变化现象

有关动词类词调研资料表明，鄂温克语动词有假定式形态变化现象。顾名思义，动词假定式，主要表示人们对于某一动作行为的假定。而且，假定式形态变化现象，有单数和复数以及第一人称、第二人称、第三人称之分。这些数和人称分类，均用约定俗成的形态变化语法词缀来表现。表6－1对假定式形态变化现象进行了分类。

表6－1 **假定式形态变化现象**

单数形态变化现象			复数形态变化现象		
第一人称	第二人称	第三人称	第一人称	第二人称	第三人称
-kkiwi	-kkiʃi	-kkini	-kkimuŋ -kkimʉŋ	-kkisuŋ -kkisʉŋ	-kkini

从表6－1清楚地看出，动词假定式形态变化语法词缀，不像前面分析的祈求式和命令式形态变化现象那么复杂，与陈述式形态变化现象相比则显得更为简单。因为，其中除了复数第一人称和第二人称形态变化语法词缀有以短元音 u 与 ʉ 为核心的二元一体元音和谐现象之外，其他单数和复数人称形态变化语法词缀均不存在元音和谐结构特征。从它们的结构原理来看，几乎都是在假定式基本语音形式 -kki 后面，接缀不同人称领属形态变化语法词缀而构成。下面我们以句中使用的假定式形态变化语法词缀为例，逐一分析和阐述假定式形态变化语法范畴中的不同数（单复数）和人称的表现形式及其语法功能和作用。

第一节　假定式第一人称

如表 6－1 所示，动词假定式第一人称形态变化现象有单数和复数两种结构类型。而且，无论是单数语法概念的表现形式，还是复数语法概念的形态变化语法词缀，均没有元音和谐结构特征，所以都是以短元音 i 为主构成的单一性质的实例。正因为如此，它可以不受元音和谐原理的影响和制约，自由使用于由不同元音构成的任何动词词根或词干后面，从而表示假定式第一人称形态变化现象的语法概念。

1. 单数第一人称形态变化语法词缀 -kkiwi 的使用关系

假定式单数第一人称形态变化现象的表现形式为 -kkiwi。不难看出，该形态变化语法词缀是由假定式基本语音形式 -kki 与单数第一人称领属形态变化语法词缀 -wi 组合而成。那么，单数第一人称形态变化语法词缀 -kkiwi，接缀于动词词根或词干后面时，对于句子主体的“我”将要实施的某一动作行为赋予假定内涵。例如，

bi　tari　ɡiltariŋ　moriŋbo　ʤawa-kkiwi　oodoŋ.
我　那　白　马　抓 假定我　可以
假定我能抓住那匹白马才行。

bi　boŋɡoŋ　sujtaŋdu　ii-kkiwi　oni　aja　bisə.
我　大的　学校　进 假定我 多　好　是
假定我上大学该多好。

bi　əri　iniɡ　ʉrdʉ　jʉʉ-kkiwi　ittooroŋ?
我 这　天　山　上 假定我　怎样
假定我今天上山会怎样呢?

上面的句子中，假定式单数第一人称形态变化现象语法词缀 -kkiwi，先

后接缀于动词词根 ʤawa-“抓”、ii-“进”、jʉʉ-“上（山）”，进而构成具有假定式单数第一人称形态变化现象的动词 ʤawakkiwi（ʤawa-kkiwi）、iikkiwi（ii-kkiwi）、jʉʉkkiwi（jʉʉ-kkiwi）等。毋庸置疑，这些动词均表达了“假定我抓”、“假定我上（大学）”、“假定我上（山）”等含假定式单数第一人称形态变化语法内涵的动作行为。不过，现在的鄂温克语里，也有人将 -kkiwi 发音成 -kkiw，也就是在省略词缀末尾的短元音 i 的情况下使用。例如，

bi əhiŋniwi ʤʉʉdʉwi ʉgiinəm nini-kkiwi aja bisə.
我 姐姐自己 家 玩 去假定我 好 是
假定我去自己姐姐家该多好。

bi əri ikkiŋ moo ʤʉʉ doolo təgə-kkiwi oodoŋ.
我 这 新 木 房 里 住假定我 可以
假定我住这个新木屋还可以。

另外，在农区的鄂温克语中，还有一种十分有意思的发音形式，也就是把假定式单数第一人称形态变化现象的语法词缀 -kkiwi 发音成 -kkibi。而且，一般都是上了年纪的老人把该词缀中的单数第一人称领属形态变化语法词缀 -wi 说成是 -bi。例如，

bi əhiŋniwi ʤʉʉdʉwi ʉgiinəm nini-kkibi aja bisə.
我 姐姐自己 家 玩 去假定我 好 是
假定我去自己姐姐家该多好。

bi əri ikkiŋ moo ʤʉʉ doolo təgə-kkibi oodoŋ.
我 这 新 木 房 里 住假定我 可以
假定我住这个新木屋还可以。

我们认为，假定式单数第一人称形态变化现象的语法词缀 -kkibi 可能是

最早的发音形式，而 -kkiwi 时候来演化而来的产物。尽管如此，现在鄂温克语里说 -kkibi 的人已十分少见，只有在农区偏僻山村老年人的口语中才会出现，其他人都使用 -kkiwi。从这个角度来讲，无论是 -kkiwi 还是 -kkibi 都没有代表性，它们的使用范围和使用率都极其有限且低于 -kkiwi。相比之下，说 -kkiwi 的青少年数量有所增长。

2. 复数第一人称形态变化语法词缀 -kkimuŋ、-kkimʉŋ 的使用关系

就如表 6 – 1 所示，假定式复数第一人称形态变化现象，要用二元一体元音和谐结构特征的形态变化语法词缀 -kkimuŋ、-kkimʉŋ 来表现。也就是说，这两个形态变化语法词缀是以短元音 u 与 ʉ 为核心构成。很显然，它们是在假定式基本语音形式 -kki 后面，接缀复数第一人称领属形态变化语法词缀 -muŋ 与 -mʉŋ 后形成的产物。假定式复数第一人称形态变化语法词缀 -kkimuŋ、-kkimʉŋ 根据元音和谐原理，分别接缀于以阳性元音或阴性元音为主构成的动词词根或词干后面。与此同时，以中性元音为主构成的动词词根或词干后面，一般都要接缀形态变化语法词缀 -kkimʉŋ。那么，按照元音和谐原理，接缀于动词词根或词干的形态变化语法词缀 -kkimuŋ 或 -kkimʉŋ，主要表达“我们”或“咱们”假定要实施的某一动作行为。例如，

bʉ　ənnəgəŋ　nandahaŋ　moo　ʤʉʉ　ʤawa-kkimuŋ　aja.
我们 这么　漂亮　木　屋　搭建 假定我们 好
假定我们搭建这么漂亮的木屋就好了。

bʉ　əʃi　tari　gəbbəwəl　oono-kkimuŋ　oodoŋ　gi?
我们现在 那　劳动把　做去 假定我们 可以　吗
假定我们现在去劳动可以吗?

bʉ　baraaŋʤi　timaaʃiŋ　əmʉŋdʉ　ʉrdihi　əwə-kkimʉŋ　ittʉ?
我们　大家　明天　一起　山从　下来 假定我们 怎样
假定我们大家一起从山上下来怎样?

miti əri inig əhiŋdʉləwəl ʉgiinə-kkimʉŋ oodoŋ.
咱们 这 天 姐姐在自己 玩去 假定咱们 可以
假定咱们到自己姐姐家玩还可以。

与此相关的实例，还有 bʉ ugu-kkimuŋ oodoŋ. “假定我们骑还可以”，miti hɵɵrɵldi-kkimʉŋ oodoŋ. “假定咱们聊还可以”，bʉ iʃi-kkimʉŋ oodoŋ. “假定我们看还可以”，miti eʃe-kkimʉŋ. “假定咱们到达的话”等。那么，在上面的例句中，作为假定式复数第一人称形态变化语法词缀 -kkimuŋ 及 -kkimʉŋ，严格遵循二元一体元音和谐原理，分别接缀于由阳性元音和谐构成的动词词根或词干 ʤawa- “搭建”、oono- “去做”、ugu- “骑”，以及由阴性元音或中性元音和谐构成的动词词根或词干 əwə- “下来”、ʉgiinə- “去玩”、hɵɵrɵldi- “聊天”与 iʃi- “看”、eʃe- “到达”等后面，进而形成 ʤawakkimuŋ（ʤawa-kkimuŋ）、oonokkimuŋ（oono-kkimuŋ）、ugukkimuŋ（ugu-kkimuŋ）、əwəkkimʉŋ（əwə-kkimʉŋ）、ʉgiinəkkimʉŋ（ʉgiinə-kkimʉŋ）、hɵɵrɵldikkimʉŋ（hɵɵrɵldi-kkimʉŋ）、iʃikkimʉŋ（iʃi-kkimʉŋ）、eʃekkimʉŋ（eʃe-kkimʉŋ）等，含假定式复数第一人称形态变化现象的动词。毫无疑问，这些动词无一例外地表示了“假定我们搭建”、“假定我们去做”、“假定我们骑”、“假定我们下来”、“假定咱们去玩”、“假定咱们聊天”、“假定我们看”、“假定咱们到达”等具有假定式复数第一人称形态变语法概念的动作行为。另外，我们掌握的调研资料还显示，在他们的口语中句子主体是包括式复数第一人称代词 miti “咱们”时，假定式复数第一人称形态变语法词缀有发作 -kkiti 的现象。例如，

miti əri inig əhiŋdʉləwəl ʉgiinə-kkiti oodoŋ.
咱们 这 天 姐姐在自己 玩去 假定咱们 可以
假定咱们到自己姐姐家去玩还行。

miti əʃi tari gəbbəwəl oono-kkiti oodoŋ gi?
咱们现在 那 劳动把 做去 假定咱们 可以 吗
假定咱们现在去劳动可以吗？

尽管如此，假定式复数第一人称形态变语法词缀 -kkiti 有一定的局限性，不具代表性和普遍性。不过，在我们看来，-kkiti 或许属于鄂温克语早期的包括式复数第一人称形态变化语法词缀。后来，伴随该语言的发展变化逐渐被-kkimuŋ 与 -kkimʉŋ 取而代之。

第二节　假定式第二人称

动词假定式第二次形态变化现象，同样分有单数结构形式和复数结构形式，并都有特定的形态变化语法词缀。毋庸置疑，它们的表现形式也是在假定式基本语音形式 -kki 之上，接缀单数或复数第二人称领属形态变化语法词缀而构成。其中，假定式单数第二人称形态变化现象没有元音和谐现象，而假定式复数第二人称形态变化现象中却存在二元一体元音和谐内容，所以在使用时一定要遵循相关条件及其规则。

1. 单数第二人称形态变化语法词缀 -kkiʃi 的使用关系

动词假定式单数第二人称的形态变化现象，要用语法词缀 -kkiʃi 来表现。从该形态变化语法词缀的构成情况来分析，显然它是假定式基本语音形式 -kki 与单数第二人称领属形态变化语法词缀 -ʃi 的结合体。那么，形态变化语法词缀 -kkiʃi 接缀于动词词根或词干后面时，要对 ʃi“你”将要实施的动作行为增加假定内涵。由于该形态变化语法词缀没有元音和谐结构特征，所以不受其影响和制约，自由用于由不同元音构成的动词词根或词干后面。例如，

ʃi　əri　bogdu　ikkiŋ　moo　ʤʉʉ　ʤawa-kkiʃi　ajaʃila.
你　这　地方　新的　木　屋　搭建 假定你　较好
假定你在这个地方搭建木屋比较好。

ʃi　ʤʉʉʤiwi　otordu　ʉli-kkiʃi　oodoŋ.
你　家和自己　游牧点　走 假定你　可以
假定你和家人一起放牧还可以。

ʃi əri iniɡ sujtaŋduwi əmʉhəjə nini-kkiʃi ooʤoɡo.
你 这 天 学校 独自 去 假定你 还行
今天如果你独自去学校还可以。

很显然，上述三个句子内，动词假定式单数第二人称形态变化语法词缀 -kkiʃi，分别接缀于动词词根 ʤawa-“搭建”、ʉli-“走”、nini-“去”，构成 ʤawakkiʃi（ʤawa-kkiʃi）、ʉlikkiʃi（ʉli-kkiʃi）、ninikkiʃi（nini-kkiʃi）等含假定式单数第二人称形态变化现象的动词。在此基础上，明确表示了“假定你搭建”、“假定你走”、“假定你去”等涵括假定式单数第二人称形态变化语法概念的动作行为。不过，也有将 -kkiʃi 发音成 -kkiʃ 的实例。例如，

ʃi əri boɡdu ikkiŋ moo ʤʉʉ ʤawa-kkiʃ ajaʃila.
你 这 地方 新的 木 屋 搭建 假定你 较好
假定你在这个地方搭建木屋比较好。

ʃi ʤʉʉʤiwi otordu ʉli-kkiʃ oodoŋ.
你 家和自己 游牧点 走 假定你 可以
假定你和家人一起放牧还可以。

这两个句子中，把前面的例句里发音成 ʤawakkiʃi（ʤawa-kkiʃi）、ʉlikkiʃi（ʉli-kkiʃi）的动词却说成是 ʤawakkiʃ（ʤawa-kkiʃ）、ʉlikkiʃ（ʉli-kkiʃ）。也就是把假定式单数第二人称形态变化语法词缀 -kkiʃi 的词缀末尾的单元音 i 省略掉，发音为我们所见到的语音结构形式 -kkiʃ。不过，这种发音不具有代表性，只有在青少年的口语里才会出现，而且就算是在青少年的交流中，所出现的频率也不是很高。

2. 复数第二人称形态变化语法词缀 -kkisuŋ、-kkisʉŋ 的使用关系

根据分析，假定式复数第二人称形态变化现象，由形态变化语法词缀 -kkisuŋ、-kkisʉŋ 来体现。可想而知，该语法词缀是在假定式基本语音形式

-kki 后面，接缀复数第二人称领属形态变化语法词缀 -suŋ 与 -sʉŋ 而构成。由于 -suŋ 与 -sʉŋ 属于以单元音 u 与 ʉ 为核心构成的二元一体元音和谐现象的产物，所以假定式复数第二人称形态变化现象也自然属于二元一体的结构类型。其中，-kkisuŋ 接缀于由阳性元音为主构成的动词词根或词干，-kkisʉŋ 用于以阴性元音或中性元音为主构成的动词词根或词干后面，从而说话人对于“你们”要实施的某一动作行为增加假定语法内涵。例如，

sʉ əddəni niŋʉŋ əriŋdʉ ʉnʉgʉŋbʉl saɡa-kkisuŋ əʤiɡə oodo.
你们 早 六 时 乳牛 挤奶 假定你们 不 行
假定你们早晨六点给乳牛挤奶就不合适。

sʉ ʉrʉl əddʉɡ bəjni ʉɡwʉ dooldi-kkisuŋ aja.
你们 小孩 大 人的 话 听 假定你们 好
假定你们的小孩听大人话就好。

sʉ sʉt əri ərʉ ninihindihi nəəli-kkisʉŋ ittooroŋ?
你们 都 这 坏 狗 从 害怕 假定你们 咋办
假定你们都怕这条恶狗咋办？

sʉ əri ikkiŋ moo ʤʉʉdʉ nʉʉɡɡim ii-kkisʉŋ ʤohiroŋ.
你们 这 新 木 屋 搬 进 假定你们 对
假定你们搬进这间新木屋才合适。

比如 sʉ uruu-kkisuŋoodoŋ. “假定你们堆积还可以”，sʉ ɵlɵɵhɵʃi-kkisʉŋərʉ. “假定你们欺骗就不好”，sʉ tʉttʉli-kkisʉŋəʃiŋ oodo. “假定你们跑掉就不行”等。例句中，假定式复数第二人称形态变化语法词缀 -kkisuŋ 和 -kkisʉŋ 按照元音和谐原理，先后用于由阳性元音和谐构成的动词词根 saɡa-“挤奶”、dooldi-“听”、uruu-“堆积”，以及由阴性元音或中性元音和谐构成的动词词根或词干 nəəli-“害怕”、ɵlɵɵhɵʃi-“欺骗”、tʉttʉli-“跑”与 ii-“进”等后面，进而自然形成 saɡakkisuŋ（saɡa-kkisuŋ）、dooldikkisuŋ (dooldi-kkisuŋ)、uruukkisuŋ (uruu-kkisuŋ)、nəəli-kkisʉŋ (nəəli-kkisʉŋ)、ɵlɵɵhɵʃikkisʉŋ (ɵlɵɵhɵʃi-kkisʉŋ)、tʉttʉlikkisʉŋ (tʉttʉli-kkisʉŋ)、ii-kkisʉŋ (ii-kkisʉŋ) 等，含假定式复数第二人称形态变化现象的动词。这些动词表达的是"假定你们挤奶"、"假定你们听"、"假定你们堆积"、"假定你们怕"、"假定你们欺骗"、"假定你们跑掉"、"假定你们进"等带有假定式复数第二人称形态变语法概念的动作行为。

第三节 假定式第三人称

很有意思的是，假定式第三人称形态变化现象虽然也分单数和复数，但是它们的形态变化语法词缀同样只有一个。也就是说，充当假定式单数第三人称形态变化语法词缀的 -kkini，同样可以用于表示假定式复数第三人称形态变化语法概念。那么，在具体使用时，句子主体是单数第三人称代词，形态变化语法词缀 -kkini 就要表示假定式单数第三人称形态变化现象之语法概念；句子主体是复数第三人称代词，形态变化语法词缀 -kkini 自然要表示假定式复数第三人称形态变化现象之语法概念。换言之，假定式第三人称形态变化语法词缀的单数或复数，要取决于句子主体表现出的数形态变化语法概念。另外，根据该语法词缀的构成特征来看，它很可能是在假定式基本语音形式 -kki 后面，接缀第三人称领属形态变化语法词缀 -niŋ 而形成的产物。然而，在具体使用过程中，由于词缀末尾鼻辅音 ŋ 的脱落，导致-kkiniŋ 演化为 -kkini。

1. 单数第三人称形态变化语法词缀 -kkini 的使用关系

如上所述，动词假定式单数第三人称形态变化现象，要由形态变化语法词缀 -kkini 来体现。不过，该词缀必须要用于句子主体是单数第三人称代词 nugaŋ、tari、tajja "他"、"她"、"它" 的前提下，才能够表现出假定式单数第三人称形态变化现象的语法概念。由于-kkini 没有元音和谐现象，所以使用时可以自由接缀于由不同元音构成的动词词根或词干后面，从而表示假定式单数第三人称形态变化现象的语法概念。例如，

mini ahiŋbi tari goddo giltariŋ moriŋbo ʤawa-kkini oodoŋ.
我的 哥哥我 那 高 白 马 把 抓 假定他 可以
假定我哥哥能够抓住那匹高大的白马就好。

tajja ərʉ mənəəŋ mʉni ədʉ əmə-kkini ərʉ.
那 坏 家伙 我们 这里 来 假定他 不好
假定那个坏家伙到我们这里来就不好。

nugaŋ naaŋ mʉniʤi əmʉŋdʉ nini-kkini aja.
她 也 我们和 一起 去 假定她 好
假定她也和我们一起去就好。

可以看出，上述句子的主体 ahiŋ“哥哥”、tajja“那”、nugaŋ“她”等均属于单数第三人称代词范畴或是单数第三人称代词。正因为如此，接缀于动词词根 ʤawa-“抓”、əmə-“来”、nini-“去”的语法词缀 -kkini，是表现假定式单数第三人称形态变化现象的语法词缀。这也是像 ʤawakkini（ʤawa-kkini）、əməkkini（əmə-kkini）、ninikkini（nini-kkini）等接缀有语法词缀 -kkini 的动词，能够表示“假定哥哥（他）抓”、“假定他来”、“假定她去”等含假定式单数第三人称形态变化语法概念之动作行为的原因所在。相关例子，还有 tari oo-kkini aja.“假定他做就好”，nugaŋ ʉli-kkini oodoŋ.“假定他走就可以”，tajja hɵɵsɵrɵ-kkini ərʉ.“假定它要是沫子就不好”等。另外，依据我们掌握的调研资料，有人还会把假定式单数第三人称形态变化语法词缀 -kkini 发音成 -kkin 的情况。例如，

tajja əʃi mʉni ədʉ əmə-kkin ərʉ.
那 现在 我们 这里 来 假定他 不好
假定他现在来我们这里不合适。

nugaŋ timaaʃiŋ əmʉhəjə nini-kkin oodoŋ.
她 明天 独自 去 假定她 好
假定她明天独自去就可以。

这两个例句中，用于动词词根 əmə-“来”、nini-“去”后面的假定式单数第三人称形态变化语法词缀 -kkini 的末尾短元音 i 出现了脱落现象，其结果是具有假定式单数第三人称形态变化现象的动词 əməkkini 与 ninikkini 都发音为 əməkkin 与 ninikkin。而且，这种发音形式有一定代表性，特别是在青少年的口语里占有一定比例。

2. **复数第三人称形态变化语法词缀 -kkini 的使用关系**

如前所述，假定式复数第三人称形态变化语法词缀，也和假定式单数第三人称形态变化现象的表现形式相一致，用 -kkini 这一形态变化语法词缀来体现。而且，使用条件和要求也基本相同，不同之处就在于表示假定式复数形态变化语法概念的 -kkini，要用于主体是复数第三人称代词 nugaŋtiŋ、talar、taʧʧil、tajjasal“他们”、“她们”、“它们”的句子。例如，

nugaŋtiŋ əri adi alaar ʉnʉgʉŋbʉ saga-kkini oodoŋ.
她们 这 几 花白 乳牛 把 挤奶 假定她们 可以
假定她们给这几头花白乳牛挤奶还可以。

talar mʉni ədʉ ʉgiim əmə-kkini ajamaŋ.
他们 我们 这里 玩 来 假定他们 好
假定她们到我们这里来玩就好。

taʧʧil əʃi əttooʧʧi sʉt ʉhʉrni hurigaŋduwi ii-kkini ərʉ.
它们 现在 马上 都 牛的 圈 自己 进 假定它们 不好
假定现在马上就让它们进牛圈不太合适。

tajjasal ərʉ mənəəŋsəlwə goro bogdu asam ʉlihəŋ-kkini ʤohiroŋ.
那些 坏 家伙们把 远 地方 赶 走 假定他们 合适
假定把那些坏家伙驱逐到远处才合适。

从以上例句中，我们已经十分清楚地看出，假定式形态变化语法词缀 -kkini，无一例外地用于句子主体是复数第三人称代词 nugaŋtiŋ、talar、taʧʧil、tajjasal“她们”、“他们”、“它们”的句子。正因为如此，接缀于动词词根或词干 saga-“挤奶”、əmə-“来”、ii-“进”、ʉlihəŋ-“走”的形态变化语法词缀 -kkini，在构成具有假定式复数第三人称形态变化现象的动词 sagakkini（saga-kkini）、əməkkini（əmə-kkini）、iikkini（ii-kkini）、ʉlihəŋkkini（ʉlihəŋ-kkini）等的前提下，毫无疑义地表现出了“假定她们挤奶”、“假定他们来”、“假定它们进”、“假定把他们驱逐”等含有假定式复数第三人称形态变化语法概念的动作行为。假定式复数第三人称形态变化语法词缀 -kkini，也和假定式单数第三人称形态变化语法词缀一样，常常被发音为 -kkin。

通过以上分析，我们可以充分认识到接缀有假定式形态变化语法词缀的动词，一般都用于句子末尾的相关助动词、副词或形容词等前面，进而表示假定式形态变化现象的语法概念。不过，我们已经掌握的调研资料中，还发现动词假定式形态变化现象出现于句子中间的实例。例如，

bi　əri　inig　əmə-kkiwi　tari　naaŋ　əri　inig　əmərəŋ.
我　这　天　来假定我　他　也　这　天　来
假定我今天来他也会今天来的。

sʉ　ninihindihi　nəəli-kkisʉŋ　ninihin　sʉniwʉ　hihiraŋ.
你们　狗　从　害怕假定你们　狗　你们把　咬
假定你们怕狗狗就会咬你们。

tajja　aʃiʧʧaŋ　susa-kkini　həhə　ʤawam　baharaŋ　gi?
那　老鼠　逃走假定它猫　抓　得到　吗
假定那只老鼠逃走猫能抓住它吗?

这三个句子中，接缀有假定式形态变化语法词缀的动词 əməkkiwi（əmə-kkiwi）、nəəlikkisʉŋ（nəəli-kkisʉŋ）、susakkini（susa-kkini）等均出现

于句子的中间部位，从而十分清楚地表达了“假定我来”、“假定你们害怕”、“假定它逃走”等，分别含假定式单数第一人称、复数第二人称、单数第三人称形态变化现象的动作行为。在实际调研时，我们还发现了不少接缀于句中动词词根或词干后面的假定式形态变化语法词缀之实例。

总而言之，鄂温克语动词假定式形态变化语法词缀，有区分单数和复数以及不同人称的语法功能和作用。而且，像单数第一人称、第二人称以及单数和复数第三人称的形态变化语法词缀均以中性元音 i 为核心构成，所以它们不受元音和谐原理的影响和支配，自由用于由不同元音构成的动词词根或词干后面。其中，只有复数第一人称和第二人称的形态变化语法词缀是根据短元音 u 和 ʉ 的和谐原理组合而成。因此，其中的 -kkimuŋ 或 -kkisuŋ 用于以阳性元音为主构成的动词词根或词干后面，而 -kkimʉŋ 或 -kkisʉŋ 则接缀于以阴性元音与中性元音为核心的动词词根或词干后面。就如前面的分析，动词假定式的形态变化语法词缀都是在假定式基本语音形式 -kki 后面接缀不同人称领属形态变化语法词缀而构成的。另外，接缀有假定式的形态变化语法词缀的动词，一般都出现在句子末尾的助动词或形容词等的前面，进而表示假定式形态变化现象的语法概念。不过，也有使用于句中的情况。

第七章
形动词形态变化现象

鄂温克语的动词类词中，有一部分兼具形容词和动词功能和特征的形动词。正因为如此，我们就将其称为形动词。也就是说，此类词虽然像动词能够表示事物的动作行为，但也可以如同形容词修饰名词类词，也能够接缀名词类词的相关形态变化语法词缀。从这个意义上讲，形动词超越了动词类词本应该有的使用关系、使用界定、使用范围、使用功能和作用，同时也具有其他名词类词无法比拟的优势。我们完全可以从以下五个方面具体阐述形动词的使用功能和作用：一是形动词既有动词类词的形态变化结构特征，也有形容词的形态变化结构性能；二是形动词可以表示人或事物的动作行为，也可以表示人或事物的性质特征；三是形动词可以受到副词的修饰和支配，同时也支配和修饰名词、代词等名词类词；四是形动词既能够充当句子定语，也能够充当宾语；五是形动词与动词直接发生关系时，就会具备名词类词的结构功能，获得名词类词的意义，从而可以接缀名词类词形态变化语法词缀，修饰或支配名词和代词等名词类词。与形动词相比，名词类词或动词类词等其他词就没有这些使用关系和优势。

鄂温克语的形动词，也和其他词类相同，靠约定俗成的形态变化语法词缀来表现。而且，根据其形态变化语法词缀本身体现出的语法内涵和功能，它们内部一般都要分类出现在时、现在将来时、过去时三种结构类型。

表7－1　形动词形态变化现象

现在时	现在将来时	过去时
-ʤir	-r -ra、-rə、-ro、-rɵ	-sa、-sə、-so、-sɵ -ʧa、-ʧə、-ʧo、-ʧɵ

从表7－1可以完全清楚地看出，形动词形态变化现象所具有的结构性特征。并且，主要体现在以下三个方面：一是形动词现在时的形态变化语法词缀是以中性短元音 i 为核心构成；二是形动词现在将来时的形态变化语法词缀是由单一性质的舌尖颤辅音 -r 构成，不过也有用形态变化语法词缀 -ra、-rə、-ro、-rɵ 表示形动词现在将来时形态变化语法概念的情况；三是形动词过去时形态变化语法词缀的构成原理比较复杂，它们是按照四元一体元音和谐原理，以及词缀首辅音交替规则等组合而成。下面根据现已掌握的第一手调研资料，以形动词在语句中的不同结构特征，以及不同使用关系、使用要求、使用条件为例，对鄂温克语形动词现在时、现在将来时、过去时形态变化现象分别进行分析和讨论。

第一节　形动词现在时

如表7－1所示，鄂温克语形动词现在时形态变化现象，要用以短元音 i 为核心构成的形态变化语法词缀 -ʤir 来表现。也就是说，在动词词根或词干后面，接缀形态变化语法词缀 -ʤir，就会表示形动词现在时语法概念。那么，由于该词缀没有元音和谐现象，所以完全能够自由用于由不同元音构成的动词词根或词干后面。例如，

imiŋ　dooni　nəəhidʉ　aggaʃi-ʤir　bəj　ʃi　awu　jəm?
伊敏　河的　岸边　走　着的　人　是　谁　呀
在伊敏河岸边正在走着的人是谁呀?

taʧʧil　əʃi　oo-ʤir　gəbbəwəl　oom　ətəsə　gi?
他们　现在　做着的　活儿自己　做着的　完他们　吗
他们把现在正在做的活儿弄完了吗?

moriŋ uɡutoŋ mʉnithɵhi əmə-ʤir tari bəj bikki mini ahiŋbi ooroŋ.
马 骑 我们 向 来 着的 那 人 是 我的 哥哥 成
骑马正在向我们走来的那个人是我哥哥。

əhiŋbi mini ʤiŋʤi-ʤir ʉɡdʉ aleeʧʧi jʉʉʧʧi ʉlisɵ.
姐姐我 我的 说 着的 话与 生气完 出完 走了她
姐姐被我正在说的话气得走了出去。

上述四个例句中，形动词现在时形态变化语法词缀 -ʤir，分别接缀于以阳性短元音 a 为主构成的动词词干 aɡɡaʃi-“走”、由阳性长元音 oo 构成的动词词根 oo-“做”、以阴性短元音 ə 为核心的动词词根 əmə-“来”、以中性元音 i 为主的动词词根 ʤiŋʤi-“说”等后面，进而形成 aɡɡaʃiʤir（aɡɡaʃi-ʤir）“走着的”、ooʤir（oo-ʤir）“做着的”、əməʤir（əmə-ʤir）“来着的”、ʤiŋʤiʤir（ʤiŋʤi-ʤir）“说着的”等形动词现在时结构类型的实例。毫无疑问，它们在句子里充当定语的同时，对于后续名词 bəj“人”、ɡəbbə“活儿（工作）”、ʉɡ“话”以及代词 tari“他”起到了限定和修饰作用。另外，我们掌握的形动词现在时口语资料显示，它们还可以接缀名词类词的数、格、领属形态变化语法词缀。毋庸置疑，这些语法现象的出现，同形动词具有的形容词结构特性和语用关系有密切联系。而且，接缀有数、格、领属形态变化语法词缀的形动词发生名词化现象十分突出。比如，ʤawaʤirwa（ʤawa-ʤir-wa）“把拿着的”一词，首先动词词根 ʤawa-“抓”接缀现在时形态变化语法词缀 -ʤir 后，构成形动词现在时 ʤawaʤir（ʤawa-ʤir）“拿着的”；然后形动词现在时 ʤawaʤir 又接缀了确定宾格形态变化语法词缀 -wa，从而形成具有确定宾格形态变化现象的形动词现在时 ʤawaʤirwa（ʤawa-ʤir-wa）。在此基础上，表达了“把拿着的（东西）”这一名词化了的形动词过去时词义概念。下面以具体句子为例，分析和阐述形动词现在时形态变化现象使用名词类词的数、格、领属形态变化语法词缀的情况。

1. 形动词现在时接缀复数形态变化语法词缀的现象

根据调研资料，在使用有现在时形态变化语法词缀的形动词后面，可以

接缀名词类词的复数形态变化语法词缀，进而表示该形动词现在时形态变化现象的复数概念。例如，

sʉni ana-ʤir-sal təggəəŋsəl sʉt ʉhʉr təggəəŋ ʃiŋʤə.
你们 推 着的 们 车 们 都 牛 车 是
你们那些推着的车都是牛车。

ʉʉʃihɵhi əmə-ʤir-səl aduŋ ʃi mʉni adu(ŋ)niŋ ooroŋ.
这边 向 来 着的 们 马群 是 我们的 马群 他 成
那些向这边走来的马群是我们的马群。

əhiŋsəlni oloo-ʤir-sol dooni mʉʉniŋ mandi albikkuŋ.
姐姐们的 蹚水着的 们 河的 水 它 特别 浅
姐姐们蹚着的河水特别浅。

我们可以清楚地看出，上面的三个例句中出现的形动词现在时结构类型的例词 anaʤir（ana-ʤir）“推着的”、əməʤir（əmə-ʤir）“来着的”、olooʤir（oloo-ʤir）“蹚着（水）的”，按照元音和谐原理先后接缀复数形态变化语法词缀 -sal、-səl、-sol 后，就变成了 anaʤirsal（ana-ʤir-sal）、əməʤirsəl（əmə-ʤir-səl）、olooʤirsol（oloo-ʤir-sol）等含复数形态变化现象的形动词现在时。在此基础上，表现出了“那些推着的”、“那些来着的”、“那些蹚着（水）的”等具有复数内涵的形动词现在时语法概念。

2. 形动词现在时接缀格形态变化语法词缀的现象

我们的分析还表明，现在时形态变化现象的形动词，完全能够使用极其丰富的格形态变化语法词缀。在这种情况下，它们所表示的是形动词现在时与名词类词之间产生的复杂多变的语法关系。例如，

sʉni ʉhʉr təggəəŋ ana-ʤir-wa bʉ əʃimʉŋ saara.
你们的 牛 车 推 着的 把 我们 不 知道
我们不知道你们正在推牛车。

mʉni əдʉ əmə-ʤir-dʉ talar əməsə.
我们 这边 来 着的 在 他们 来了
我们正往这边来时他们就来了。

amiŋni ʤiŋʤi-ʤir-ʤi nandahaŋʤi ookkiwi ʤohiraŋ.
爸爸的 说 着的 用 好好地 做的话 对
按照爸爸说的好好去做就对了。

上述例句中，形动词现在时结构类型的例词 anaʤir（ana-ʤir）“推着的”、əməʤir（əmə-ʤir）“来着的”、ʤiŋʤiʤir（ʤiŋʤi-ʤir）“说着的”后面，先后接缀了确定宾格形态变化语法词缀 -wa、与格形态变化语法词缀 -dʉ、工具格形态变化语法词缀 -ʤi，进而构成 anaʤirwa（ana-ʤir-wa）、əməʤirdʉ（əmə-ʤir-dʉ）、ʤiŋʤiʤirʤi（ʤiŋʤi-ʤir-ʤi）等有确定宾格、与格、工具格形态变化现象的形动词现在时。那么，它们具体表现出的是“把推着的”、“在来着的”、“用说着的”等含格形态变化现象的形动词现在时语法概念。

3. **形动词现在时接缀领属形态变化语法词缀的现象**

由形态变化语法词缀 -ʤir 构成的形动词现在时，完全能够接缀人称领属形态变化语法词缀，从而表现出人或事物间产生的不同领属关系。例如，

ʃini əʃi ugu-ʤir-ʃi mini ahi(ŋ)ni moriŋ ooroŋ.
你的 现 骑着的 你 我的 哥哥的 马 是
你现在骑着的是我哥哥的马。

sʉni əдʉ nomohi təgə-ʤir-sʉŋ mandi aja.
你们 这里 老实 坐 着的 你们 非常 好
你们现在老老实实坐在这里非常好。

tarini ʤiŋʤi-ʤir-niŋ mini iʃirdʉ əʃiŋ ʤohira.
他的 说 着的 他 我 认为 不 对
我认为他现在说的不正确。

可以看出，在上面的例句中，形动词现在时结构类型的例词 uguʤir（ugu-ʤir）“骑着的”、təgəʤir（təgə-ʤir）“坐着的”、ʤiŋʤiʤir（ʤiŋʤi-ʤir）“说着的”，分别接缀单数第二人称领属形态变化语法词缀 -ʃi、复数第二人称领属形态变化语法词缀 -sʉŋ、单数第三人称领属形态变化语法词缀 -niŋ，由此构成了 uguʤirʃi（ugu-ʤir-ʃi）、təgəʤirsʉŋ（təgə-ʤir-sʉŋ）、ʤiŋʤiʤirniŋ（ʤiŋʤi-ʤir-niŋ）等含单数第二人称领属、复数第二人称领属、单数第三人称领属形态变化现象的形动词现在时。毫无疑问，像 uguʤirʃi、təgəʤirmʉŋ、ʤiŋʤiʤirniŋ 等，在句子里表现出的是“你推着的”、“你们坐着的”、“他说着的”之类有领属形态变化内涵的形动词现在时语法概念。

第二节　形动词现在将来时

鄂温克语形动词现在将来时形态变化现象的表现形式为 -r。也就是说，在动词词根或词干后面，以接缀形态变化语法词缀 -r 的手段，构成具有现在将来时形态变化现象的形动词。在此基础上，明确表示现在或将来要实施的，带有形容词性质的动作行为，或者是现在将来都可以实施的带有形容词性质的动作行为。从该形态变化语法词缀的结构特征来看，它是由单一辅音音素构成的十分特殊的产物。正因为如此，使用时不受元音和谐原理，以及词缀首辅音交替规则等方面的影响和制约，用于由不同元音构成的动词词根或词干后面。例如，

əri　moriŋ　bikki　boŋgoŋ　gagani　ʤawa-r　moriŋ　ʃiŋʤə.
这　马　是　大的　哥哥的　抓的现在将来　马　是
这匹马是现在和将来大哥要抓的马。

tari　ikkiŋ　moo　ʤʉʉ　ʃi　mʉni　təgə-r　ʤʉʉ.
那　新的　木　屋　是　我们　住的现在将来　房
那栋新木屋是我们现在和将来住的房子。

tadu nəəsə bitig mini iʃi-r bitig ooroŋ.
那里 放的 书 我的 看的$_{\text{现在将来}}$ 书 成
那里放着的书是我现在和将来看的书。

以上三个例句中，形态变化语法词缀 -r 分别接缀于由阳性短元音 a、阴性短元音 ə、中性短元音 i 结尾的动词词根 ʤawa-“抓”、təgə-“住”、iʃi-“看”后面，进而构成 ʤawar（ʤawa-r）“现在将来抓的”、təgər（təgə-r）“现在将来住的”、iʃir（iʃi-r）“现在将来看的”等形动词现在将来时结构类型的实例。由于句子里没有明确交代现在或将来的具体时间概念，所以形态变化语法词缀 -r 表现出的是现在和将来双重时间概念下实施的形容词性质的动作行为。不过，形态变化语法词缀 -r 接缀于由辅音结尾的动词词根或词干时，在词尾辅音和现在将来时形态变化语法词缀之间需要增加过渡元音。而且，根据元音和谐原理，过渡音要产生相互配套的音变现象，以此适应动词词根或词干的元音和谐条件和要求。例如，

tajja mənəəŋ dattaŋ maŋgar-(a)r bajta iʃigeraŋ.
那 家伙 经常 犯糊涂的$_{\text{现在将来}}$ 事情 办
那家伙现在将来经常办糊涂事。

moriŋ ugutʃtʃi imiŋ doowo ədəl-(ə)r bəj mʉni tadu baraaŋ biʃiŋ.
马 骑 伊敏 河把 横渡的$_{\text{现在将来}}$人 我们 那里 多 有
我们那里现在将来有很多骑马横渡伊敏河的人。

əri bogdu əʃiŋ iinig-(i)r moowo tarim əʃiŋ oodo.
这 地方 不 成活的$_{\text{现在将来}}$ 树把 种 不 行
这地方现在将来不能种植成活不了的树木。

ənnəgəŋ baruguŋ moowu hoŋtʃot-(o)r aja nerog biʃiŋ gi?
这样 粗大的 木头把 弄断$_{\text{现在将来}}$ 好 汉 有 吗
现在将来能有将这么粗大的木头折断的好汉吗？

显而易见，这四个例句中，由辅音 r、l、g、t 结尾的动词词根或词干 maŋgar-“犯糊涂”、ədəl-“横渡”、iinig-“成活”、hoŋʧot-“弄断”后面，接缀形动词现在将来时形态变化语法词缀 -r 时，在动词词根或词干及形态变化语法词缀 -r 之间，遵循元音和谐原理增加了过渡性质的短元音 a、ə、i、o。在此基础上，形成了 maŋgarar（maŋgar-a-r）“犯糊涂的”、ədələr（ədəl-ə-r）“横渡的”、iinigir（iinig-i-r）“成活的”、hoŋʧotor（hoŋʧot-o-r）“弄断的”等形动词现在将来时结构类型的实例。与此同时，我们的研究还表明，在句子里有明确表示现在概念的时间名词 əʃi“现在”时，现在将来时形态变化语法词缀 -r 就会表示现在时形态变化现象的语法概念。例如，

tari　bikkiwi　mʉni　əʃi　oo-r　gəbbə.
那　是　我们的　现在　做的$_{现在}$工作
那是我们现在做的工作。

əʃi　moriŋ　təggəəŋdʉ　təgəʧʧi　ʉli-r　bəj　ilə　biʃiŋ?
现在　马　车　乘坐　走的$_{现在}$　人　哪里　在
现在乘坐马车走的人在哪里?

əʃi　hoton　bogdu　kino　iʃi-r　bog　mandi　baraaŋ　biʃiŋ.
现在　城　地　电影　看的$_{现在}$场所　很　多　有
现在城里有许多电影院。

如前所述，在这三个例句中都使用了表示现在概念的时间名词 əʃi“现在”，所以在动词词根或词干 oo-“做”、ʉli-“走”、iʃi-“看”后面，接缀的形动词现在将来时形态变化语法词缀 -r，在构成 oor（oo-r）、ʉlir（ʉli-r）、iʃir（iʃi-r）等形动词现在将来时的同时，阐述了“现在做的”、“现在走的”、“现在看的”之类含现在时概念和形容词特征的动作行为。与此相关，如果在句子里使用表明将来概念的时间名词 uʤidu“将来”的话，现在将来时形态变化语法词缀 -r 也会毫无疑义地表达将来时形态变化现象的语

法概念。例如，

tari ʃi mʉni uʤidu oo-r gəbbə.
那 是 我们的 将来 做的$_{将来}$ 工作
那是我们将来要做的工作。

uʤidu moriŋ təggəəŋdʉ təgə-r ular hondo ooroŋ?
将来 马 车 乘坐的$_{将来}$ 人们 少 成
将来乘坐马车的人们会变得很少。

uʤidu hoton bogdu kino iʃi-r bog baraaŋ ooʤigo.
将来 城 地 电影 看的$_{将来}$ 场所 很 成
将来城里会有许多电影院。

毫无疑问，在以上三句中，都使用了表示将来概念的时间名词 uʤidu “将来”，因此在动词词根或词干 oo- “做”、təgə-r “乘”、iʃi- “看” 后面，接缀形动词现在将来时形态变化语法词缀 -r 而构成了现在将来时结构类型的形动词 oor（oo-r）、təgər（təgə-r）、iʃir（iʃi-r）。在此前提下，表现出 “将来做的”、“将来乘坐的”、“将来看的” 等含有将来时内涵及形容词特征的动作行为。我们的调研资料表明，在鄂温克语口语里为清楚表述现在或将来的某一时间概念，在以形动词现在将来时形态变化现象为主构成的句子里，使用现在时名词 əʃi “现在” 或将来时名词 uʤidu “将来” 的情况也有不少。反过来说，如果在句子里没有使用现在时名词 əʃi “现在” 或将来时名词 uʤidu “将来”，那么形态变化语法词缀 -r 可以同时表示现在和将来双重时间概念。

实地调研时我们还发现，生活在呼伦贝尔草原的鄂温克人的语言里，将形动词现在将来时形态变化语法词缀 -r 发音成 -ra、-rə、-ro、-rɵ 的现象。由于它们属于由四元一体元音和谐原理组合而成的产物，所以一定要严格遵循其使用要求和规律。例如，

imiŋ dooni nəəhidʉ mʉniwɵ alaaʃi-ra bəj ʃi awu jəm?
伊敏 河的 岸边 我们把 等待的现在将来 人 是 谁 呀
在伊敏河岸边现在和将来等待我们的人是谁呀?

taʧʧil əʃi oo-ro jəəməwəl mandi nandahaŋʤi ooʤiroŋ.
他们 现在 办的现在 事儿 非常 漂亮地 做着他们
他们把现在要办的事办得非常漂亮。

uʤidu mʉni ədʉ əmə-rə bəj bikki mini ahiŋbi ooroŋ.
将来 我们 这里 来的将来 人 是 我的 哥哥 成
将来要来我们这里的人是我哥哥。

tari bəj ʉrdʉ jʉʉ-rɵ əriŋdʉwi mʉni ədʉ əmərəŋ.
那 人 山 攀登的现在将来 时 我们 这里 来他
那个人现在和将来登山时都要到我们这里来。

这四个句子中，形动词现在将来时形态变化语法词缀 -ra、-rə、-ro、-rɵ 按照四元一体元音和谐原理，先后接缀于动词词根或词干 alaaʃi-“等待”、oo-“办”、əmə-“来”、jʉʉ-“攀登”后面，进而构成了现在将来时结构类型的形动词 alaaʃira（alaaʃi-ra）、ooro（oo-ro）、əmərə（əmə-rə）、jʉʉrɵ（jʉʉ-rɵ）。其中，第一句和第四句中，没有使用明确表示现在或将来概念的时间名词 əʃi“现在”与 uʤidu“将来”，所以在这两句里的形动词 alaaʃira 和 jʉʉrɵ 表示的是“现在和将来等待的”、“现在和将来攀登的”等具有现在与将来双重时间概念和形容词特征的动作行为。在第二句和第三句中，由于分别使用了时间名词 əʃi“现在”与 uʤidu“将来”，因此句中出现的形动词 oo-ro 及 əmə-rə 也明确阐述了“现在办的”、“将来来的”等含有现在与将来时间内涵及形容词特征的动作行为。尽管如此，在鄂温克语里，把形动词现在将来时形态变化语法词缀 -r 说成 -ra、-rə、-ro、-rɵ 的现象还是极其有限，甚至可以说只有在一些上了年纪的老人口语里才会出现。

与形动词现在时形态变化现象相同，在现在将来时结构类型的形动词后面，同样能够接缀名词类词的复数、格、领属形态变化语法词缀，进而表示形动词的复数、格、领属形态变化语法概念。下面分别分析，形动词现在将来形态变化现象时后面，接缀数、格、领属形态变化语法词缀的基本情况。

1. **形动词现在将来时接缀复数形态变化语法词缀的现象**

也就是说，在具有现在将来时形态变化结构类型的形动词后面，可以接缀名词类词复数形态变化语法词缀，进而表示该形动词的复数概念。例如，

sʉni　ʤawa-r-sal　moriŋsʉŋ　sʉt　ədʉ　biʃiŋ.
你们　抓的现在将来们　马　你们　都　这里　在
你们（现在将来多次）抓的马都在这里。

uʤidu　mʉni　ədʉ　əmə-r-səl　bəjsəl　paas　təggəəŋdʉ　təgərəŋ.
将来　我们　这里　来的将来们　人们　巴士　车　在　乘坐
将来（多次）来我们这里人们要乘坐巴士车。

əʃi　əhiŋsəlni　oo-r-sol　bajtaniŋ　baraaŋ　biʃiŋ.
现在姐姐们的　做的现在们　活儿　多的　有
现在姐姐们有许多要做的活儿。

在第一句中，现在将来时形态变化结构类型的形动词 ʤawar（ʤawa-r）“现在将来抓的”接缀复数形态变化语法词缀 -sal 后，构成了具有复数形态变化现象的现在将来时形动词 ʤawarsal（ʤawa-r-sal）“现在将来多次抓的”。第二句中，由于使用了表示将来概念的时间名词 uʤidu “将来”，所以接缀现在将来时形态变化语法词缀 -r 及复数形态变化语法词缀 -səl 的形动词 əmərsəl（əmə-r-səl），表现出了“将来多次来的”这一含将来时和复数语法概念及形容词特征的动作行为。第三句中，也因为使用了表示现在概念的时间名词 əʃi “现在”，由此接缀现在将来时形态变化语法词缀 -r 和复数形态变化语法词缀 -sol 的形动词 oorsol（oo-r-sol），表达了“现在许多做的”这一表示现在时和复数语法概念及形容词特征的动作行为。尽管在形动

词现在将来时后面可以接缀复数形态变化语法词缀，但此类现象的出现率不是很高。

2. **形动词现在将来时接缀格形态变化语法词缀的现象**

根据分析，接缀现在将来时形态变化语法词缀的形动词后面，也可以使用格形态变化语法词缀。例如，

sʉni　əri　ʤʉʉwə　ɡada-r-wa　bʉ　əʃimʉŋ　saara.
你们的 这　房子　买的$_{\text{现在将来把}}$我们　不　知道
我们不知道你们现在和将来买这套房子。

əʃi　mʉni　nini-r-dʉ　talar　law　ʤʉʉdʉwi　biʃiŋ.
现在 我们　去的$_{\text{现在在}}$ 他们 肯定　家　在
我们现在去时他们肯定在家。

uʤidu　amiŋni　ʤiŋʤi-r-ʤi　nandahaŋʤi　ookkiwi　ʤohiraŋ.
将来　爸爸的　说的$_{\text{将来用}}$　好好地　做的话　对
将来就按爸爸的话好好工作就对。

上述例句中，现在将来时结构类型的形动词 gadar（gada-r）、ninir（nini-r）、ʤiŋʤir（ʤiŋʤi-r），分别接缀了确定宾格形态变化语法词缀 -wa、与格形态变化语法词缀 -dʉ、工具格形态变化语法词缀 -ʤi，进而构成 gadarwa（gada-r -wa）、ninirdʉ（nini-r-dʉ）、ʤiŋʤirʤi（ʤiŋʤi-r-ʤi）等含格形态变化现象及形容词特征的形动词过去时。也就是说，在第一句中，由于没有使用强调 əʃi“现在”与 uʤidu“将来”之类的特定时间名词，所以表示的是“把现在将来买的”这一双重时间概念，以及兼具确定宾格和形容词特征的形动词现在将来时语法概念。第二句和第三句中，因出现表示“现在”及“将来”概念的时间名词 əʃi 和 uʤidu，由此它们分别表达了“在现在去的”、“用将来说的”等含与位格、工具格及形容词特征的形动词现在时、形动词将来时语法概念。

3. **形动词现在将来时接缀领属形态变化语法词缀的现象**

依据调研资料，接缀有形态变化语法词缀 -r 的形动词现在将来时，还可以使用名词类词的人称领属形态变化语法词缀。例如，

ʃini　ugu-r-ʃi　mini　ahi(ŋ)ni　moriŋ　ʃiŋʤə.
你的 骑的现在将来你 我　哥哥的　马　是
你现在和将来骑的是我哥哥的马。

əʃi　mʉni　təgə-r-mʉŋ　əri　ikkiŋ　ʤʉʉ.
现在 我们　住的现在我们　这　新的　房子
现在我们住的（房子）是这栋新房子。

tarini　ʤiŋʤi-r-niŋ　aja　gʉnəhəŋ　sʉ　uʤidu　saaʤigasʉŋ.
他的　说的将来他　好　是　你们　将来　明白 你们
你们将来会明白他说的好意。

在上述三个例句中，具有现在将来时形态变化结构类型的形动词 ugur（ugu-r）、təgər（təgə-r）、ʤiŋʤir（ʤiŋʤi-r）后面，先后接缀了单数第二人称领属形态变化语法词缀 -ʃi、复数第一人称领属形态变化语法词缀 -mʉŋ、单数第三人称领属形态变化语法词缀 -niŋ。在此基础上，自然构成 ugurʃi（ugu-r-ʃi）、təgərmʉŋ（təgə-r-mʉŋ）、ʤiŋʤirniŋ（ʤiŋʤi-r-niŋ）等含人称领属形态变化现象及形容词特征的形动词现在将来时。不过，其中只有第一句的 ugurʃi 表达了“你现在和将来骑的”这一含现在和将来双重时间概念，以及兼具单数第二人称领属及形容词特征的形动词。与此相反，由于在第二句和第三句里，分别使用表示“现在”及“将来”概念的时间名词 əʃi 和 uʤidu，因此第二句的 təgərmʉŋ 表达的是“我们在现在住的”这一含复数第一人称领属及形容词特征的形动词现在时语法概念。可是，第三句的 ʤiŋʤirniŋ 表示了“将来他说的”这一兼具单数第三人称领属及形容词特征的形动词将来时语法概念。另外，我们还发现，在形动

词现在将来时形态变化现象后面接缀人称领属形态变化语法词缀的实例确实有不少。

第三节　形动词过去时

形动词的形态变化现象里，过去时的表现形式显示出一定复杂性。具体讲，它的构成原理中，不仅有以短元音 a、ə、o、ɵ 为主的四元一体元音和谐规律，同时还要遵循词缀首辅音 s 和 ʧ 的交替规则。就像我们开始讨论形动词时用表 7－1 形式全面展示的内容相同，形动词过去时形态变化现象的语法概念，要用 -sa、-sə、-so、-sɵ 以及 -ʧa、-ʧə、-ʧo、-ʧɵ 两套四元一体的语法词缀来表示。它们的使用要求和条件是：（1）按照四元一体元音和谐规律，把形态变化语法词缀 -sa ~ -ʧa 用于以阳性元音 a、aa 为主构成的动词词根或词干，-so ~ -ʧo 要用于以阳性元音 o、u、oo、uu 为核心的动词词根或词干，-sə ~ -ʧə 接缀于以阴性元音 ə、əə 或中性元音 i、e、ii、ee 为主构成的动词词根或词干，-sɵ ~ -ʧɵ 则用于以阴性元音 ɵ、ʉ、ɵɵ、ʉʉ 为核心的动词词根或词干；（2）根据词缀首辅音交替使用规则，将由辅音 s 开头的形态变化语法词缀 -sa、-sə、-so、-sɵ 用于由元音结尾的动词词根或词干，把由辅音 ʧ 开头的形态变化语法词缀 -ʧa、-ʧə、-ʧo、-ʧɵ 接缀于由辅音结尾的动词词根或词干。这些形态变化语法词缀接缀于动词词根或词干后面，主要表示在过去时间里进行的和具有形容词特征的动作行为。

1. -sa、-sə、-so、-sɵ **的使用关系**

依据四元一体元音和谐原理，以及词缀首辅音交替使用规则，形动词过去时形态变化语法词缀 -sa、-sə、-so、-sɵ，主要用于由不同元音构成的，同时以元音结尾的动词词根或词干后面。例如，

bi　ahi(ŋ)niwi　ʤawa-sa　moriŋbo　ugum　gʉnɵhɵŋ　ʤoonoʤime.
我　哥哥的　抓了的　马把　骑　是　想我
我想骑哥哥抓的马。

əmməni　ələə-sə　ʉhʉŋʃi　seewə　imordu　mandi　nandahaŋ.
妈妈的　煮了的　奶子有　茶把　喝 时　特别　甜美
妈妈煮的奶茶喝起来特别甜美。

mʉni　noogutte　oo-so　bajtawa　əhiŋ　hokko　saasa.
我们　过去　做 过的 事情把 姐姐　都　知了他
我们过去做过的事情姐姐都知道了。

mini　amiŋbi　bəjwə　ɵlɵɵhɵʃi-sɵ　ərʉ　mənəəŋbə　ajaʤi　ʃiikkəsə.
我　爸爸　人把　欺骗 了的　坏　家伙把　狠狠地 批评了他
我爸爸狠狠地批评了欺骗人的坏家伙。

相关例子还有 mini ugu-so moriŋ. “我骑过的马”，tarini jʉʉgʉ-sɵ bajta. “他闹出的事情”，ʃi iʃi-sə bitig. “你看过的书”等。可以看出，例句中，根据四元一体元音和谐原理，由阳性元音、阴性元音、中性元音结尾的动词词根或词干 ʤawa-“抓”、ələə-“煮”、oo-“做”、ɵlɵɵhɵʃi-“欺骗”、ugu-“骑”、jʉʉgʉ-“闹出”、iʃi-“看”后面，先后接缀了过去时形态变化语法词缀 -sa、-sə、-so、-sɵ，进而构成 ʤawasa（ʤawa-sa）、ələəsə（ələə-sə）、ooso（oo-so）、ɵlɵɵhɵʃisɵ（ɵlɵɵhɵʃi-sɵ）、uguso（ugu-so）、jʉʉgʉsɵ（jʉʉgʉ-sɵ）、iʃisə（iʃi-sə）等具有过去时形态变化结构类型的形动词。在此前提下，它们清楚地阐述了“抓过的”、“煮过的”、“做过的”、“欺骗过的”、“骑过的”、“闹出过的”、“看过的”等含过去时概念及形容词性质的动作行为。

2. -ʧa、-ʧə、-ʧo、-ʧɵ 的使用关系

形动词过去时形态变化语法词缀 -ʧa、-ʧə、-ʧo、-ʧɵ 同样严格按照四元一体元音和谐原理，接缀于由辅音结尾的动词词根或词干后面。例如，

tinʉg　ittʉ　nandahaŋ　gaal-ʧa　inig　ooso　bisə.
昨天　多么　美好　晴天了的 天　成　是
昨天的晴天是多么美好。

mini unaaʤwi əri ʉgwʉ doolditoŋ ilint-ʧə ʤʉʉdihi ʉttʉliʧʧi jʉʉsɵ.
我的 女儿 这 话把 听后 害羞了的 家从 跑了 出了她
我女儿听这句话害羞得从屋里跑了出去。

əri ʃi mini əhiŋni oohoŋ-ʧo təggəʧʧi ooroŋ.
这 是 我的 姐姐的 定做了的 衣服 成
这是我姐姐定做了的衣服。

taʧʧil gʉggʉl-ʧɵ əriŋbəl ommoso gʉnɵŋ.
他们 出发 了的 时间 忘了 是
他们忘了出发的时间。

上述四个例句中，形动词过去时形态变化语法词缀 -ʧa、-ʧə、-ʧo、-ʧɵ 同样遵循四元一体元音和谐原理，分别接缀于由辅音 l、ŋ、t 结尾的动词词根或词干 gaal-“天晴”、ilint-“害羞”、oohoŋ-“定做”、gʉggʉl-“出发”后面，从而构成 gaalʧa（gaal-ʧa）、ilintʧə（ilint-ʧə）、oohoŋʧo（oohoŋ-ʧo）、gʉggʉlʧɵ（gʉggʉl-ʧɵ）等过去时形态变化结构类型的形动词。这些形动词清晰地表现出了“天晴了的”、“害羞了的”、“定做了的”、“出发了的”等含过去时概念及形容词特征的动作行为。不过，我们在进行田野调研时发现，现在的中青年或青少年人当中，使用 -ʧa、-ʧə、-ʧo、-ʧɵ 的人越来越少，取而代之的都是 -sa、-sə、-so、-sɵ 等由辅音 s 开头的过去时形态变化语法词缀。

在这里还应该提到的是，形动词过去时与形动词现在时及现在将来时形动词相同，能够接缀名词类词的复数、格、领属形态变化语法词缀，进而表示它们的复数、格、领属形态变化语法概念。下面分别分析，形动词过去时形态变化现象后面，接缀数、格、领属形态变化语法词缀的基本情况及结构特征。

3. 形动词过去时接缀复数形态变化语法词缀的现象

我们掌握的资料表明，名词类词的复数形态变化语法词缀，也可以接缀于具有过去时形态变化现象的形动词后面，进而表示形动词过去时所包含的复数语法概念。例如，

sʉni　ʤawa-sa-sal　moriŋsʉŋ　huriɡaŋ　doolo　biʃiŋ.
你们　抓过的 多次　马 你们　马圈　里　在
你们多次抓过的马现在在马圈里。

ʉrʉlsʉlni　oo-so-sol　dashalniŋ　mandi　baraaŋ.
孩子们的　写过的许多　作业　非常　多
孩子们多次写过许多作业。

mʉni　ədʉ　əmə-sə-səl　bəjsəl　sʉt　əri　paas　təɡɡəəŋdʉ　təɡərəŋ.
我们　这里 来过的多次　人们　都　这　巴士　车　在　乘坐
过去多次来我们这里的人们都坐过这趟公交车。

上述三个例句中，形动词过去时结构类型的例词 ʤawasa（ʤawa-sa）“抓过的”、oo-so“写过的”、əmə-sə“来过的”，按照四元一体元音和谐原理分别接缀了复数形态变化语法词缀 -sal、sol、-səl，由此构成了具有复数及形容词特征的形动词过去时 ʤawasasal（ʤawa-sa-sal）、oososol（oo-so-sol）、əməsəsəl（əmə-sə-səl）等。在此基础上，表达了“多次抓过的”、“多次写过的”、“多次来过的”等形动词过去时复数语法概念。不过，在他们的口语里，也有把以上提到的复数形态变化语法词缀 -sal、sol、-səl 等发音成-jal、jol、-jəl 的情况，也就是将复数形态变化语法词缀首的辅音 s 发成 j 音。比如说，在上面的例句里出现的 ʤawasasal、oososol、əməsəsəl 等，均可发音成 ʤawasajal（ʤawa-sa-jal）、oosojol（oo-so-jol）、əməsəjəl（əmə-sə-jəl）。而且，这种发音形式具有一定代表性，这就是说，即使把复数形态变化语法词缀 -sal、sol、-səl 等发音成 -jal、jol、-jəl，也不会影响它们所要表示的复数语法

概念。另外，从我们现已掌握的资料来看，在形动词过去时形态变化现象后面使用复数形态变化语法词缀的实例不是很多。

4. **形动词过去时接缀格形态变化语法词缀的现象**

根据分析，形动词过去时形态变化现象，也能够遵循相关使用规则接缀格形态变化语法词缀。例如，

ʃini ikkiŋ təggətʃtʃi ga-sa-wa bʉ saamuŋ.
你 新的 衣服 买过的把 我们 知道
我们知道你买过新衣服。

nʉtʃtʃisə tʉg mʉni ədʉ əmə-sə-dʉ imanda imaŋʤisa.
过去的 冬天 我们 这里 来 了 与 雪 下雪它
去年冬天我们来这里时正在下雪来着。

bi ami(ŋ)ni oo-so-ʤi əri moriŋ təggəəŋbə oosu.
我 爸爸的 做过的用 这 马 车 把 做了我
我是用爸爸的制作原理做了这辆马车。

上述例句中，具有过去时形态变化结构类型的形动词 gasa（ga-sa）“买过的”、əməsə（əmə-sə）“来过的”、ooso（oo-so）“做过的”，分别接缀确定宾格形态变化语法词缀 -wa、与格形态变化语法词缀 -dʉ、造格形态变化语法词缀 -ʤi，进而构成了 gasawa（ga-sa-wa）“把买过的”、əməsədʉ（əmə-sə-dʉ）“与来过的”、oosoʤi（oo-so-ʤi）“用做过的”等兼具格形态变化现象及形容词特征的实例。不过，形动词过去时形态变化现象，接缀格形态变化语法词缀后往往出现被名词化情况。比如，像刚才提到的 gasawa、əməsədʉ、oosoʤi 等词义中，就包含“把买过的（事儿）”、“与来过的（时候）”、“用做过的（原理）”之类名词化的内容。另外，我们的分析充分表明，形动词过去时形态变化现象后面，接缀格形态变化语法词缀的实例确实有不少。

5. 形动词过去时接缀领属形态变化语法词缀的现象

我们从已经掌握的口语资料中，找到不少形动词过去时形态变化现象接缀名词类词的人称领属形态变化语法词缀的实例。例如，

ʃini　ʤawa-sa-ʃi　mini　ahi(ŋ)ni　honnoriŋ　moriŋ　ʃiŋʤə.
你的　抓了的 你　我的　哥哥的　黑的　马　是
你抓（了）的是我哥哥的黑骏马。

mʉni　təgə-sə-mʉŋ　əri　moo　ʤʉʉ.
我们　住过的 我们　这　新的　房子
我们住过的是这一木屋。

tarini　ʉli-sɵ-niŋ　mʉni　uʤidu　ʉlir　təggʉ　ooroŋ.
他的　走过的他　我们　将来　走的　路　成
他走过的路就是我们将来要走的路。

显而易见，在上述三个例句中，接缀过去时形态变化语法词缀 -sa、-sə、-sɵ 的形动词 ʤawasa（ʤawa-sa）“抓了的”、təgəsə（təgə-sə-mʉŋ）“住过的”、ʉlisɵ（ʉli-sɵ）“走过的”等后面，分别又接缀了单数第二人称领属形态变化语法词缀 -ʃi、复数第一人称领属形态变化语法词缀 -mʉŋ、单数第三人称领属形态变化语法词缀 -niŋ 等。在此基础上，构成 ʤawasaʃi（ʤawa-sa-ʃi）、təgəsəmʉŋ（təgə-sə-mʉŋ）、ʉlisɵniŋ（ʉli-sɵ-niŋ）等的同时，表现出了“你抓过的”、“我们住过的”、“他走过的”等兼具人称领属及形容词特征的形动词过去时语法概念。而且，在鄂温克语口语里，形动词过去时形态变化现象，接缀领属形态变化语法词缀的实例有一定出现率。

第四节 结束语

总而言之，鄂温克语动词类词中，形动词具有很高的使用率和十分广泛的使用面，其内部根据使用功能和作用，主要分形动词现在时、形动词现在将来时、形动词过去时三种结构类型，而且均用约定俗成的形态变化语法词缀来表现。其形态变化现象里，语音结构方面最为简单的是形动词现在时的形态变化语法词缀 -ʤir；其次，应该是现在将来时的表示形式 -r 与 -ra、-rə、-ro、-rɵ 等。这其中，常用形式是 -r，而 -ra、-rə、-ro、-rɵ 的使用率不是很高，使用面也有一定局限性。形动词过去时形态变化语法词缀 -sa、-sə、-so、-sɵ 与 -ʧa、-ʧə、-ʧo、-ʧɵ 的语音结构形式比较复杂，它们的构成内容里不仅有四元一体元音和谐原理，同时还有词缀首辅音交替规则。另外，从使用功能和作用的角度来讲，形动词现在将来时占有绝对优势，它不仅可以同时表达现在和将来双重时间概念，也可以单独表示现在的或者是将来的某一时间概念。句子里使用的接缀有形动词形态变化语法词缀的实例一般都出现于名词类词之间，从而在被前置名词类词修饰和支配的同时，也与后置名词类词间发生修饰和支配关系。比如，在 əri ʃi bəjni ʉli-r təggʉ. "这是人行道"这一短句里，形动词现在将来时 ʉlir（ʉli-r）"现在将来走的"被接缀有领格形态变化语法词 -ni 的前置名词 bəjni "人的"修饰和支配的同时，也修饰和支配了后置名词 təggʉ "路"。我们在分析形动词形态变化现象时，还发现鄂温克语形动词形态变化语法词缀经常以重复形式使用的情况。也就是说，句子里连续或重复出现的某一动词词根或词干后面，要重复使用形动词形态变化语法词缀的现象。例如，

paasdu təgər bogdu əmə-ʤir ʉli-ʤir bəjsəl baraaŋ biʃiŋ.
公交车 乘坐 地方 来 着的 走着的 人们 多 有
公交车站来回走的人们有很多。

jəəmə baraaŋ ookkiwi gada-r gada-r jəəməwi əʃiŋ saara.
东西 多的 成 的话 买的 买的 东西把 不 知道
货物多了就不知道（现在将来）要买哪些个东西。

bəj　taaldi-sa　taaldi-sa　bəjʤiwəl　ʉlildikki　ʤohiraŋ.
人　相识了的　相识了的　人与　往来　对 他们
人应该和相互熟悉了的人交往。

第一句中，前后连续使用的动词词根 əmə-“来”与 ʉli-“走”后面，重复性地接缀了形动词现在时形态变化语法词缀 -ʤir，由此出现形动词现在时 əməʤir“来着的”和 ʉliʤir“出发着的”的连用形式。在第二句中，前后重复使用的动词词干 ɡada-“买”后面，均接缀了现在将来时形态变化语法词缀 -r，进而出现表示“现在将来买的”这一现在将来时语法概念的双重形动词 ɡadar ɡadar。第三句中，同样是前后重复使用的动词词干 taaldi-“相识”后面，连续性地接缀过去时形态变化语法词缀 -sa 的前提下，构成了表达“相识了的”这一过去时语法概念的双重形动词 taaldisa taaldisa。那么，这些以重复形式出现的形动词形态变化语法词缀，或者说以连续形式使用的形动词，不仅能够限定和修饰后面的名词类词，同时还对要表示的概念发挥强调作用。

在这里还应该提到的是，形动词过去时的形态变化语法词缀，在语音结构上与陈述式过去时第三人称形态变化现象的表现形式 -sa、-sə、-so、-sɵ 与 -ʧa、-ʧə、-ʧo、-ʧɵ 完全相同。这就需要我们必须清楚地掌握它们间的区别关系及特征，不能因为语音结构方面表现出的共同性，忽略在语法结构和功能上存在的异同性。通过前面对于陈述式形态变化现象的讨论，我们已充分认识到陈述式过去时第三人称形态变化语法词缀主要用于句子末尾，同时接缀有陈述式过去时第三人称形态变化语法词缀的动词既不能接缀名词类词的形态变化语法词缀，也不能够充当修饰或限定名词类词的句子定语或宾语。与此相反，接缀有过去时形态变化语法词缀 -sa、-sə、-so、-sɵ 与 -ʧa、-ʧə、-ʧo、-ʧɵ 的形动词主要出现于句中，基本上不出现于句子末尾，同时既可以接缀名词类词的复数、格、领属形态变化语法词缀，又能够充当句子的定语或宾语等。如果弄清了这些区别关系及其使用特征，我们就能准确地掌握和使用这些在语音结构方面完全相同，在语法功能和作用上完全不同的两套形态变化语法词缀。

对于形动词的分析和讨论中，我们还涉及了形动词后面接缀名词类词的复数、格、领属形态变化语法词缀的情况。不过，经过前面的研究，我们可以充分认识到，在形动词后面接缀的复数形态变化语法词缀主要有 -sal、sol、-səl、-sɵl，其他复数形态变化语法词缀很少被使用。而且，形动词接缀复数形态变化语法词缀的实例，不像在形动词后面使用格和领属形态变化语法词缀那么突出。换句话说，在形动词后面，使用格和领属形态变化语法词缀的现象，比使用复数形态变化语法词缀现象要多得多。特别是使用领属形态变化语法词缀的实例相当普遍，从而表现出相当高的使用率和相当广泛的使用面。在此还应该交代的是，形动词后面可以连用名词类词的形态变化语法词缀。比如，有 anaʤirdumuŋ（ana-ʤir-du-muŋ）“我们正在推着的”、oorsolbo（oo-r-sol-bo）“把现在和将来许多做的”、ʤawasasalniŋ（ʤawa-sa-sal-niŋ）“他们许多抓过的”、əməsədihiʃi（əmə-sə-dihi-ʃi）“从你来过的”等例词。首先，在形动词现在时 anaʤir（ana-ʤir）“推着的”上面，连缀了与格形态变化语法词缀 -du 及复数第一人称领属形态变化语法词缀 -muŋ；其次，在形动词现在将来时 oor（oo-r）“现在将来做的”后面，连缀了复数形态变化语法词缀 -sol 和宾格形态变化语法词缀 -bo；再次，在形动词过去时 ʤawasa（ʤawa-sa）“抓过的”连续使用了复数形态变化语法词缀 -sal 以及单数第三人称领属形态变化语法词缀 -niŋ；最后，在形动词过去时 əməsə（əmə-sə）“来过的”后面，也以连缀形式接缀了从格形态变化语法词缀 -dihi 与单数第二人称领属形态变化语法词缀 -ʃi。不论怎么说，鄂温克语形动词连缀名词类词的数、格、领属形态变化语法词缀的现象也有不少。

第八章
副动词形态变化现象

根据我们掌握的动词类词调研资料，鄂温克语动词类词中有副动词的形态变化现象。顾名思义，副动词就是指句中出现的副属性动词。而且，副动词往往以连用形式出现于句子主要动词的前面，从而对句子主要动词要表述的概念增加某种修饰或限定性质的副属性动作行为。副动词的使用，为动词类词的进一步丰富和发展，以及人们在日常交流中更完美地表述丰富多样的动作行为，发挥着不可忽视的作用。研究表明，鄂温克语的副动词涉及的内容十分丰富而广泛，涵括动作行为的状态、方式、性质、特征、条件、目的、关系、结果等方方面面。另外，从副动词本身的结构原理来看，它们基本上都是动词词根或词干后面，接缀约定俗成的形态变化语法词缀而构成的产物。表 8－1 中，依据不同性质特征、不同使用关系、不同功能和作用，对副动词进行了分类，以及它们各自不同的形态变化现象和表现形式等。

表 8－1　**副动词形态分类**

序号	分类	形态变化语法词缀
1	目的副动词	-nam、-nəm、-nom、-nɵm ~ -natʃtʃi、-nətʃtʃi、-notʃtʃi、-nɵtʃtʃi
2	条件副动词	-sala、-sələ、-solo、-sɵlɵ
3	因果副动词	-ɡeer
4	紧随副动词	-laahiŋ、-ləəhiŋ、-loohiŋ、-lɵɵhiŋ
5	立刻副动词	-kkil
6	让步副动词	-kikit
7	界限副动词	-tʃtʃohiŋ、-tʃtʃɵhiŋ

续表

序号	分类	形态变化语法词缀
8	联合副动词	-m
9	并进副动词	-ddu、-ddʉ

从表 8 – 1 完全可以清楚地看出，鄂温克语副动词分有目的副动词、条件副动词、因果副动词、紧随副动词、立刻副动词、让步副动词、界限副动词、联合副动词、并进副动词九种。其中，有的有元音和谐现象，有的没有元音和谐结构调整。而且，有元音和谐现象的形态变化语法词缀里，有的是由二元一体元音和谐原理组合而成，有的是由四元一体元音和谐原理组合而成，还有的是由两套四元一体元音和谐原理组合而成。在由二元一体元音和谐原理组合而成的副动词形态变化语法词缀内，有的是以短元音 o 与 ɵ 为核心构成，有的是以短元音 u 和 ʉ 为主构成。在由四元一体元音和谐原理组合而成的副动词形态变化语法词缀里，有的是以短元音 a、ə、o、ɵ 为核心构成，有的是以长元音 aa、əə、oo、ɵɵ 为主构成。另外，还有属于单一结构类型的形态变化语法词缀。其中，既有以中性短元音 i 或长元音 ee 为核心构成的实例，也有由单一辅音音素构成的形态变化语法词缀。总之，副动词的结构关系都显得比较复杂，结构各异的副动词形态变化语法词缀，在使用方面均有各自的特点和要求。下面我们将以实句为例，对鄂温克语副动词形态变化语法词缀的结构特征、使用原理、语法功能与作用等展开系统分析和讨论。

第一节　目的副动词

就如表 8 – 1 中所展示，形态变化语法词缀 -nam、-nəm、-nom、-nɵm 既是构成目的副动词的基本手段，也是目的副动词约定俗成的表现形式。很显然，它们在是以短元音 a、ə、o、ɵ 为核心的四元一体元音和谐现象的直接支配下组合而成。这套形态变化语法词缀，按照元音和谐要求接缀于动词词根或词干后面构成目的副动词，进而阐述句子主要动作行为要达到的目的或境地。例如，

mini ahiŋbi tari giltariŋ moriŋbo ʤawa-nam niniʤirəŋ.
我的 哥哥 那 白的 马把 抓 为 去正在他
我哥哥为了抓那匹白马正在向它去。

tari bəj mʉni ədʉ təməgəŋ ugu-nom əməsə.
那 人 我们 这里 骆驼 骑 为 来了他
那个人是为了骑骆驼到我们这里来的。

bi ʤʉligʉ ʉrdʉ orooŋ gələə-nəm ʉlime.
我 南 山 驯鹿 寻找 为 走
我为了寻找驯鹿走南山。

sʉ ʃi ɵhɵŋni mʉgʉŋbi bʉʉ-nɵm gʉnɵʤiʧʧʉŋ gi?
你们是 奶子的 钱把自己 交 为 打算 你们 吗
你们是打算去交奶钱吗?

还有 gəbbə oo-nom ninirəŋ. “他们去干活”, bʉ hɵɵmɵlɵ-nɵm jʉʉmɵŋ. “我们出去用餐”, talar iʃi-nəm əməsə. “他们来观看”等短句。很显然，在这些例句和短句里先后出现的动词词根或词干 ʤawa-“抓”、ugu-“骑”、gələə-“寻找”、bʉʉ-“交”、oo-“干（活）”、hɵɵmɵlɵ-“吃饭”、iʃi-“观看”后面，遵循四元一体元音和谐原理接缀目的副动词形态变化语法词缀 -nam、-nəm、-nom、-nɵm 之后，构成了 ʤawanam（ʤawa-nam）、ugunom（ugu-nom）、gələənəm（gələə-nəm）、bʉʉnɵm（bʉʉ-nɵm）、oonom（oo-nom）、hɵɵmɵlɵnɵm（hɵɵmɵlɵ-nɵm）、iʃinəm（iʃi-nəm）等目的副动词。这些副动词作为副属性产物，以连用形式出现于句子主要动词 niniʤirəŋ“正在去”、əməsə“来了”、ʉlime“走了”、gʉnɵʤiʧʧʉŋ“打算”、ninirəŋ“去”、jʉʉmɵŋ“出去”等前面，从而修饰或限定了句子主要动词表述的动作行为，同时明确指出了句子主要动作行为的目的。另外，鄂温克语方言土语里，也有把目的副动词形态变化语法词缀 -nam、-nəm、-nom、-nɵm 发音成 -nami、-nəmi、-nomi、-nɵmi 的现象。例如，

ahiŋbi tari giltariŋ moriŋbo ʤawa-nami niniʤirəŋ.
哥哥 那 白的 马把 抓 为 去正在他
哥哥为了抓那匹白马正在向它去。

baraaŋ bəj ədʉ moriŋ ugu-nomi əmərəŋ.
多 人 这里 马 骑 为 来他们
好多人为骑马到这里来。

talar amigu hosdu ʉnʉgʉŋbʉl gələə-nəmi ʉlisɵ.
她们 北 林子 乳牛 寻找 为 走
她们为了寻找乳牛走到林子里了。

bʉ baraaŋʤiwal ədʉ hɵɵrɵldi-nɵmi təgəʤimʉŋ ʃiŋʤə?
我们 大家 这里 聊天 为 坐 我们 是
我们大家是为了聊天坐在这里。

不过，与 -nam、-nəm、-nom、-nɵm 的使用率相比，-nami、-nəmi、-nomi、-nɵmi 的使用率还是比较低。很有意思的是，在妇女们的口语中，说 -nami、-nəmi、-nomi、-nɵmi 的概率要高一些。与此同时，我们掌握的调研资料还显示，该语言里除了 -nam、-nəm、-nom、-nɵm 等之外，还有用在 -na、-nə、-no、-nɵ 后面接缀 -hiŋ 而构成的形态变化语法词缀 -nahiŋ、-nəhiŋ、-nohiŋ、-nɵhiŋ 表示副动词语法概念的现象。例如，

mini ahiŋbi tari giltariŋ moriŋbo ʤawa-nahiŋ niniʤirəŋ.
我的 哥哥 那 白的 马把 抓 为 去正在他
我哥哥为了抓那匹白马正在向它去。

bi ʤʉligʉ ʉrdʉ orooŋ gələə-nəhiŋ ʉlime.
我 南 山 驯鹿 寻找 为 走
我为了寻找驯鹿走南山。

tari　bəj　mʉni　ədʉ　təməgəŋ　ugu-nohiŋ　əməsə.
那　人　我们　这里　骆驼　骑　为　来了他
那个人是为了骑骆驼到我们这里来的。

sʉ　ʃi　ɵhɵŋni　mʉgʉŋbi　bʉʉ-nɵhiŋ　gʉnɵʤiʧʧʉŋ　gi?
你们是　奶子的　钱把自己　给　为　打算 你们　吗
你们打算给奶钱吗?

毋庸置疑，这四个例句就是在阐述副动词形态变化语法词缀 -nam、-nəm、-nom、-nɵm 时用过的句子。现在，我们把 -nam、-nəm、-nom、-nɵm 替换成 -nahiŋ、-nəhiŋ、-nohiŋ、-nɵhiŋ，其语法概念不产生任何变化，同样表示副动词所包含的语法概念。问题是，使用 -nahiŋ、-nəhiŋ、-nohiŋ、-nɵhiŋ 的实例，只有在索伦鄂温克语方言的牧区话里才能够听到，所以既不具有代表性，更没有普遍性。与此相关，在他们的口语里，还出现用形态变化语法词缀 -naʧʧi、-nəʧʧi、-noʧʧi、-nɵʧʧi 表示副动词语法概念的个别实例。例如，

bi　tarini　hisəəlwəni　dooldi-noʧʧi　əməkte.
我　他的　课程 把　听　为去　回来
我去听完他的课程回来。

ʃi　tari　hɵɵmɵni　ʤʉʉdʉ　hɵɵmɵlɵ-nɵʧʧi　ʉlihɵ.
你　那　饭　馆　用餐　为去　走
你去那个饭馆用餐后走。

这两个句子中，接缀有形态变化语法词缀 -noʧʧi 与 -nɵʧʧi 的副动词 dooldinoʧʧi（dooldi-noʧʧi）、hɵɵmɵlɵnɵʧʧi（hɵɵmɵlɵ-nɵʧʧi）表现出的是，我“为听”他讲的课而“去完再回来”，你“为用餐”到那个饭馆“去完再走”。不过，用这套语法词缀构成的目的副动词，往往要表现出已经达到某种目的的副属性动作行为。尽管如此，这套所谓目的副动词形态变化语法词缀

的使用率很低。也有人认为，前文提到的 -naʧʧi、-nəʧʧi、-noʧʧi、-nɵʧʧi 不是目的副动词形态变化现象的表现形式，而是动词完成体和执行体形态变化语法词缀 -na、-nə、-no、-nɵ 与 -ʧʧi 的合成体。所以，该套形态变化语法词缀表达的是执行体的“去”和完成体的“完”的合成语法概念“去完”。或许这一解释有它的合理性，如果这种说法成立的话，我们不得不回过头来考虑，动词体形态变化语法词缀重叠使用的现象及其表现出的语法意义等。

第二节　条件副动词

由四元一体元音和谐原理组合而成的形态变化语法词缀 -sala、-sələ、-solo、-sɵlɵ 是条件副动词的表现形式。可以看出，它们是以短元音 a、ə、o、ɵ 为中心构成的产物。那么，接缀这套形态变化语法词缀的条件副动词含有的副属性动作行为，将会为执行句子主要动词的动作行为提供前提条件。而且，条件副动词要用于动词的前面。例如，

bʉ　əmər　ane　inig　namaddila-sala　nʉʉggimʉŋ.
我们 来　年　天　暖和　之后　搬家 我们
我们来年天暖时才搬家。

talar　əri　bajtawa　eʃegem　ətə-sələ　nənʉrəŋ.
他们　这　事情　办　完 之后 回家他们
他们办完此事回家。

hɵdɵ　oŋkoʤir　honiŋsol　baad　oo-solo　əməggirəŋ.
野外　吃草的　羊　们　傍晚　到 之后　回来 它们
野外吃草的羊群到傍晚才回来。

sʉ　əri　inig　mʉni　ʉli-sɵlɵ　ʉlihɵldɵne!
你们 这　天　我们　走 之后　走 吧你们
今天我们走后你们再走吧！

与此相关的实例，还如 ugu-solo tihisə. "骑上以后才摔下来的"，ɵlɵɵhɵʃi-sɵlɵ saasa. "受骗后才醒悟"，iʃi-sələ guururəŋ. "看后才明白"等。在例句中，按照四元一体元音和谐原理，先后在动词词根或词干 namaddila- "变暖"、ətə- "完成"、oo- "到"、uli- "走"、ugu- "骑"、ɵlɵɵhɵʃi- "欺骗"、iʃi- "看" 后面，进而构成 namaddilasala（namaddila-sala）、ətəsələ（ətə-sələ）、oosolo（oo-solo）、ulisɵlɵ（uli-sɵlɵ）、ugusolo（ugu-solo）、ɵlɵɵhɵʃisɵlɵ（ɵlɵɵhɵʃi-sɵlɵ）、iʃisələ（iʃi-sələ）等条件副动词。那么，这些副动词作为副属性动词，主要表现出了"变暖后才"、"完成后才"、"到后才"、"走后才"、"骑后才"、"欺骗后才"、"看后才"等副动词形态变化语法概念，同时为句子主要动词表述的动作行为的实施提供了前提条件。在上面的第一个例句里，条件副动词 namaddilasala"（天）变暖"是 nuuggimuŋ"（我们）搬家"的前提条件。换句话说，天不变暖我们就不搬家。显而易见，该句子里，天变暖是搬家的必要前提条件。从这一实例，我们能够明确把握条件副动词的使用价值，以及具体发挥的语法功能和作用。

另外，依据鄂温克语口语中常见的辅音 s 的音变原理，将条件副动词形态变化语法词缀 -sala、-sələ、-solo、-sɵlɵ，用于由鼻辅音 n 或 ŋ 及舌尖中辅音 l 等结尾的动词词根或词干时，其词缀首舌尖中辅音 s 要产生 ʧ 音变。例如，

bu　əri　bogdihi　imanda　imaŋ-ʧala　nuuggimuŋ.
我们 这　地 从　雪　下雪 之后　搬家 我们
我们下雪以后才从这个地方搬走。

mini　əhiŋni　təgəʤir　ʤuunuiŋ　imiŋ　doowo　ədəl-ʧələ　iʃiwurəŋ.
我的　姐姐的 住 的　房子　伊敏　河把　渡过之后　看见 它
我姐姐住的房子过了伊敏河才能看见。

hɵdɵ　bogni　orootto　uduŋ　uduŋ-ʧolo　nogoroso.
野外　地的　草　雨　下 之后　发绿了
原野上的草下雨之后才发绿了。

sʉ tatʃtʃilni təggəə(ŋ)niŋ gʉggʉl-tʃələ gʉggʉlkəldəne.
你们 他们的 车 他们 启动 之后 动身 吧你们
请你们在他们的车启动后动身吧。

还比如，hʉkkʉn-tʃələ nomohiroso. “拴住后才老实下来了”，tiiŋ-tʃələ ʉttʉlisə. “放了之后才跑掉了”等。我们已清楚地看出，在上述例句和刚才的简单句中，用于由辅音 n、ŋ 和 l 结尾的动词词根或词干 imaŋ- “下雪”、ədəl- “渡过”、uduŋ- “下雨”、gʉggʉl- “启动”、hʉkkʉn- “栓”、tiiŋ- “放”等后面的形态变化语法词缀 -sala、-sələ、-solo、-sələ，都无一例外地被发音成 -tʃala、-tʃələ、-tʃolo、-tʃələ、等。由此构成了 imaŋtʃala（imaŋ-tʃala）“下雪之后”、ədəltʃələ（ədəl-tʃələ）“渡过之后”、uduŋtʃolo（uduŋ-tʃolo）“下雨之后”、gʉggʉltʃələ（gʉggʉl-tʃələ）“启动之后”、hʉkkʉntʃələ（hʉkkʉn-tʃələ）“拴住之后”、tiiŋtʃələ（tiiŋ-tʃələ）“放之后”等条件副动词。也就是说，这些实例里，条件副动词形态变化语法词缀的词缀首辅音 s 演变成 tʃ 音。在该语言的音变现象里，这也是值得关注的一大语音变化特点。我们现已掌握的口语资料显示，在青少年的发音中，将上述实例里出现的条件副动词形态变化语法词缀说成是 -tʃala、-tʃələ、-tʃolo、-tʃələ 的现象在不断减少。

在副动词与句子主要动词的结合形式方面，或者说它们的相互搭配关系上，一般都如同上面的例句所见，副动词要用于句子主要动词的前面。但是，也有一种情况是副动词与主要动词之间使用名词、代词、形容词、副词等的现象。例如，

bʉ əri nələki inig namaddila-sala ʤogaʃeldu nʉʉggimʉŋ.
我们 这 年 天 暖和 之后 夏营地 搬家 我们
我们今年春天天暖时才搬到夏营地。

nugaŋ bajtawa eʃegem ətə-sələ mʉni ədʉ əmərəŋ.
他 事情 办 完 之后 我们 这里 来 他
他办完事来我们这里。

hɵdɵ　bogni　orootto　uduŋ　uduŋ-ʧolo　nandahaŋ　nogoroso.
野外　地的　草　雨　下　之后　美丽　发绿了
原野上草下雨后发绿得很美。

taʧʧil　mʉni　təggəəŋ　gʉggʉl-ʧɵlɵ　təliŋ　ʉlisɵ.
他们　我们的　车　启动 之后　才　走的
他们是在我们的车启动后才走的。

上述四句里，先后在条件副动词 namaddilasala、ətəsələ、uduŋʧolo、gʉggʉlʧɵlɵ 与句子主要动词 nʉʉggimʉŋ、əmərəŋ、nogoroso、ʉlisɵ 等中间，分别使用了名词 ʤogaʃeldu“夏营地”、代词 mʉni“我们”与 ədʉ“这里”、形容词 nandahaŋ“美丽”、副词 təliŋ“刚才”等。也就是说，在条件副动词和句子主要动词间使用的名词、代词、形容词、副词等，对于条件副动词和句子主要动词的相互关系、相互作用不产生任何影响，条件副动词表示的动作行为同样作为实施句子主要动作行为的前提条件。而且，使用条件副动词的语句里，在条件副动词和句子主要动词间使用名词类词或副词等的现象有不少。

第三节　因果副动词

副动词系统里有因果副动词，而且要用形态变化语法词缀 -geer 来表示。很显然，它是以中性长元音 ee 为核心构成，不存在元音和谐现象，可以自由用于由不同元音构成的动词词根或词干后面，从而表示句子主要动词包含的动作行为产生的因果关系。例如，

mini　ahiŋbi　əri　təggəəŋbə　ana-geer　usuŋʧo.
我的　哥哥　这　车　推 因　累了
我哥哥推着车就累了。

taʧʧilni tari honnoriŋ mori(ŋ)niŋ ʉttʉli-geer nəəʃi(ŋ)nəŋ.
他们的 那 黑 马 它 跑 因 出汗
他们的那匹黑骏马跑着就出汗。

əri inig əhiŋbi kino iʃi-geer soŋoso.
这 天 姐姐我 电影 看 因 哭了她
今天我姐姐看着电影就哭了。

可以看出，上述三句中，由于先后在以阳性短元音 a 为主的动词词根 ana-“推”、以阴性短元音 ʉ 为核心的动词词根 ʉttʉli-“跑”、以中性元音 i 为主的动词词根 iʃi- 后面，接缀形态变化语法词缀 -geer 后形成 anageer（ana-geer）、ʉttʉligeer（ʉttʉli-geer）、iʃigeer（iʃi-geer）等因果副动词。那么，它们具体表示的应该是“因推才”、“因跑才”、“因看才”等因果副动词语法概念。然而，这些动词表现出的副属性动作行为，自然成为句子主要动词所陈述的动作行为产生的根本原因。比如说，第一个例句中，哥哥因为“推”车而“累”；第二个例句中，黑骏马因为“跑”而“出汗”；第三个例句中，姐姐因为“看”电影“哭的”等。很显然，因果副动词 anageer、ʉttʉligeer、iʃigeer 表现出的概念是句子主要动作行为产生起因或前提，而句子主要动词 usuŋʧo、nəəʃi(ŋ)nəŋ、soŋoso 表示的“累了”、“出汗”、“哭了”等概念是副属性动作行为导致的结果。由于因果副动词的形态变化语法词缀没有元音和谐现象，所以使用时不受其限制和影响。另外，我们的调研资料显示，也有人把 -geer 发音成 -ger 的现象。也就是说，将因果副动词形态变化语法词缀的长元音 ee 发音成短元音 e。例如，

nəhʉŋbi əri geeŋba bitig iʃi-ger saasa.
弟弟我 这 道理把 书 看 因 明白了他
我弟弟看书后才明白了这个道理。

bʉ aldawusa moriŋbol gələə-ger bahsamuŋ.
我们 丢失的 马 自己 寻找 因 找到了我们
我们把丢失的马找来找去才找到的。

很显然，这两个例句中，出现于句子主要动词 saasa“（他）明白了”、bahsamuŋ“（我们）找到了”前的因果副动词 iʃiger（iʃi-ger）“看后才”、gələəger（gələə-ger）“寻找后才”的形态变化语法词缀 -geer 都发音成了 -ger。不过，这种发音形式在青少年的口语里出现得多一些。此外，在农区鄂温克语口语里，也有用形态变化语法词缀 -ʤilaŋ、-ʤiləŋ、-ʤiloŋ、-ʤiləŋ 表示因果副动词语法概念的现象。由于它们是以四元一体元音和谐原理组合而成的产物，所以使用时要严格遵循其元音和谐方面的使用要求和条件。例如，

tari　əri　təggəəŋbə　ʉsʉŋʤi　ana-ʤilaŋ　əddəwʉsə.
那　这　车　把　力 用　推 因为　坏 了
因为他使劲推车才坏了。

əhiŋbi　alaar　ʉnʉgʉŋbө　gələənə-ʤiləŋ　bahasa.
姐姐　花白　乳牛　找　因为　找到
因为我姐姐才找到了花白乳牛。

bʉ　gəbbə　oo-ʤiloŋ　usunosomuŋ.
我们 活儿　干 因为　累 我们
因为我们干活才累了。

mʉni　honnoriŋ　moriŋmʉni　ʉttʉli-ʤiləŋ　nəəʃiŋʧə.
我们的　黑　马 我们　跑 因为　出汗
我们的黑骏马因为跑而出汗。

在上面的例句中，按照元音和谐原理，形态变化语法词缀 -ʤilaŋ、-ʤiləŋ、-ʤiloŋ、-ʤiləŋ，先后接缀于动词词根或词干 ana-“推”、gələənə-“去寻找”、oo-“干（活儿）”、ʉttʉli-“跑”，进而构成因果副动词 anaʤilaŋ（ana-ʤilaŋ）、gələənəʤiləŋ（gələənə-ʤiləŋ）、ooʤiloŋ（ooʤiloŋ）、ʉttʉliʤilɵŋ（ʉttʉli-ʤilɵŋ）等。然而，这些因果副动词表达的“（使劲）推”、“去寻找”、“干（活儿）”、“跑步”等副属性动作行为，自然而然地导致了句子主要动词表述的“坏了”、“找到了”、“累了”、“出汗了”等动作行为之结果。相比之下，现在的鄂温克语里，表示因果副动词的语法概念时，还是使用形态变化语法词缀 -ɡeer 的情况占绝对优势，而用 -ʤilaŋ、-ʤiləŋ、-ʤiloŋ、-ʤilɵŋ 的现象并不多见。

第四节　紧随副动词

顾名思义，紧随副动词主要表示某一紧随性质的副属性动作行为，而且要用于句子主动词的前面。根据现已掌握的口语资料，该语言的紧随副动词基本上由形态变化语法词缀 -ʤilaahiŋ、-ʤiləəhiŋ、-ʤiloohiŋ、-ʤilɵɵhiŋ 来表现。从某种角度来讲，紧随副动词的语音结构显得比较复杂。它不仅拥有三个音节，同时还有四元一体元音和谐现象。正因为如此，使用时要严守其元音和谐原理和相关使用规则。例如，

bi　baraaŋ　ulur　ʤaanda-ʤilaahiŋ　ʤaandasu.
我　多的　人们　唱　紧随　唱 了我
我紧随大家唱了歌。（我是许多人唱歌后紧随着唱了歌。）

ʃini　ahiŋʃi　ʃini　əmə-ʤiləəhiŋ　əməsə
你的 哥哥　你的　来　紧随　来 了他
你哥哥紧随你而来的。

tari　taʧʧil　mʉʉ　oloo-ʤiloohiŋ　olooso.
他　他们　水　蹚水　紧随　蹚水了他
他紧随他们蹚了水。（他是他们蹚水后紧随着蹚了水。）

bi　tari　bəj　ʤʉʉdihi　jʉʉ-ʤilɵɵhiŋ　jʉʉsʉ.
我　那　人　家　从　出去 紧随　出去了
我紧随那个人走出了家门。（我是那个人走出家门后紧随着走了出去。）

相关实例还有，əhi(ŋ)niŋ təggəʧʧi luhu-ʤiloohiŋ luhuroŋ. “她紧随姐姐脱衣服”，təggəəŋ hɵɵlɵ-ʤilɵɵhiŋ ʉlisɵmʉŋ. “我们紧随套车走了”，tari iʃi-ʤiləəhiŋ iʃihəldʉnesə. “那么就是他看吧!”等。从例句中完全可以清楚地看出，紧随副动词形态变化语法词缀 -ʤilaahiŋ、-ʤiləəhiŋ、-ʤiloohiŋ、-ʤilɵɵhiŋ，依据使用规则先后接缀于以阳性元音为主构成的动词词根或词干 ʤaanda-“唱”、oloo-“蹚水”、luhu-“脱衣”，以阴性元音为核心构成的动词词根 əmə-“来”、hɵɵlɵ-“套车”、jʉʉ-“出去”，以及由中性元音构成的动词词根 iʃi-“看”等后面，在此基础上形成 ʤaandaʤilaahiŋ（ʤaanda-ʤilaahiŋ）、olooʤiloohiŋ（oloo-ʤiloohiŋ）、luhuʤiloohiŋ（luhu-ʤiloohiŋ）、əməʤiləəhiŋ（əmə-ʤiləəhiŋ）、hɵɵlɵʤilɵɵhiŋ（hɵɵlɵ-ʤilɵɵhiŋ）、jʉʉʤilɵɵhiŋ（jʉʉ-ʤilɵɵhiŋ）、iʃiʤiləəhiŋ（iʃi-ʤiləəhiŋ）等紧随副动词。那么，这些紧随副动词理所应当地表达了“紧随而唱”、“紧随而蹚水”、“紧随而脱衣”、“紧随而来”、“紧随而套车”、“紧随而出去”、“紧随而看”等具有紧随副动词内涵的动作行为。我们在调研时还发现，在紧随副动词和主要动词中间，出现使用名词类词或有关副词的情况。例如，

mʉni hokkoʤi təggəəŋ ana-ʤilaahiŋ tari anasa.
我们 大家 车 推 紧随 他 推了他
他是紧随我们大家推的车。

mini əmməwi təggəəŋdihi əwə-ʤiləəhiŋ amakkaŋ əwəmʉŋ.
我的 妈妈 车 从 下来 紧随 赶快 下来我们
我们要紧随我妈妈赶快下车。

taʧʧil əri inig jooholo-ʤiloohiŋ nəhʉŋbi jooholoso.
他们 这 天 步行 紧随 弟弟我 步行 他
今天我弟弟紧随他们而行。

tari bəj ʤʉʉdihi jʉʉ-ʤilɵɵhiŋ əmʉrəttə jʉʉmʉŋ.
那 人 屋子里 走出 紧随 一起 走去我们
我们要紧随那个人一起走出屋子。

不难看出，在以上例句中，接缀有形态变化语法词缀 -ʤilaahiŋ、-ʤiləəhiŋ、-ʤiloohiŋ、-ʤiləəhiŋ 等的紧随副动词 anaʤilaahiŋ（ana-ʤilaahiŋ）“紧随而推”、əwəʤiləəhiŋ（əwə-ʤiləəhiŋ）“紧随而下”、jooholoʤiloohiŋ（jooholo-ʤiloohiŋ）“紧随而行”、jʉʉʤiləəhiŋ（jʉʉ-ʤiləəhiŋ）“紧随而出”，以及句子主要动词 anasa“（他）推了”、əwəmʉŋ“（我们）下来”、jooholoso“（弟弟）步行了”、jʉʉmʉŋ“（我们）走去”之间，使用了代词 tari“他”、名词 nəhʉŋbi“我弟弟”、副词 amakkaŋ“赶快”和 əmʉrəttə“一起”等，这种说法有一定出现率。与此同时，鄂温克语的有些方言土语里，紧随副动词形态变化语法词缀也有被发音成-ʤilahiŋ、-ʤiləhiŋ、-ʤilohiŋ、-ʤiləhiŋ 的现象。也就是说，把形态变化语法词缀的长元音 aa、əə、oo、əə 说成短元音 a、ə、o、ə 的实例。例如，

sʉ sʉt hʉsʉŋʤi ana-ʤilahiŋ anasu.
你们 都 使劲 推 紧随 推了我
我紧随你们大家使劲推了。

mini əmməwi təggəəŋdihi əwə-ʤiləhiŋ əwəme.
我的 妈妈 车 从 下来 紧随 下来我
我要紧随妈妈下车。

talar ʤʉligʉ ʉriraŋdihi jooholo-ʤilohiŋ jooholoho.
他们 南 屯 步行 紧随 步行 你
他们向南屯步行时你要紧随而行。

tari goddo ʉrdʉ jʉʉ-ʤiləhiŋ jʉʉmʉŋ.
他 高的 山 攀登 紧随 攀登我们
我们紧随他攀登高山。

从上面的例句不难看出，接缀于动词词根或词干 ana-“推”、əwə-“下

来”、jooholo-“步行”、jʉʉ-“攀登”后面的紧随副动词形态变化语法词缀-ʤilaahiŋ、-ʤiləəhiŋ、-ʤiloohiŋ、-ʤiləəhiŋ 等，都无一例外地被发音为-ʤilahiŋ、-ʤiləhiŋ、-ʤilohiŋ、-ʤiləhiŋ。尽管如此，它们同样都表现出了“紧随而推”、“紧随而下”、“紧随而行”、“紧随而攀登”等紧随副动词形态变化现象的语法概念。而且，根据资料，把紧随副动词形态变化语法词缀说成 -ʤilahiŋ、-ʤiləhiŋ、-ʤilohiŋ、-ʤiləhiŋ 的现象有不断增多的趋势。还有一种很有意思的现象是，他们有时将紧随副动词的形态变化语法词缀-ʤilaahiŋ、-ʤiləəhiŋ、-ʤiloohiŋ、-ʤiləəhiŋ 的词缀首音节 ʤi 省略之后，用留存下来的语音形式 -laahiŋ、-ləəhiŋ、-loohiŋ、-ləəhiŋ 表示紧随副动词语法概念的情况。例如，

tari ɡoddo həʤiŋ ana-laahiŋ nuɡɡasa.
那 高 墙 推 紧随 倒塌了它
那高墙紧随推而塌了下来。

əri iniɡ ədiŋ ədiŋ-ləəhiŋ uduŋʧa.
这 天 风 刮 紧随 下雨了
今天紧随刮风下起了雨。

mʉni əri boɡdu dattaŋ uduŋ uduŋ-loohiŋ ədinəŋ.
我们 这 地方 经常 雨 下 紧随 刮风
我们这个地方经常是紧随下雨而刮风。

səwə hisəəlni ʤʉʉdihi jʉʉ-ləəhiŋ jʉʉsəmʉŋ.
老师 课 的 屋 走出 紧随 出 了我们
我们紧随老师走出了教室。

其他相关实例还有，tonto-loohiŋnaŋiraŋ. “紧随敲门而开门”，ələəhəʃi-ləəhiŋsaawusa. “紧随欺骗而暴露”等。毋庸置疑，按照四元一体元音和谐原理，紧随副动词形态变化语法词缀 -laahiŋ、-ləəhiŋ、-loohiŋ、-ləəhiŋ，先

后接缀于动词词根或词干 ana-“推”、ədiŋ-“刮风”、uduŋ-“下雨”、jʉʉ-“走出”、tonto-“敲门”、ɵlɵɵhɵʃi-“欺骗”等后面，从而构成 analahiŋ（ana-lahiŋ）、ədiŋləəhiŋ（ədiŋ-ləəhiŋ）、uduŋloohiŋ（uduŋ-loohiŋ）、jʉʉlɵɵhiŋ（jʉʉ-lɵɵhiŋ）、tontoloohiŋ（tonto-loohiŋ）、ɵlɵɵhɵʃilɵɵhiŋ（ɵlɵɵhɵʃi-lɵɵhiŋ）等紧随副动词。在此基础上，清楚地表达了“紧随推”、“紧随刮风”、“紧随下雨”、“紧随走出”、“紧随敲门”、“紧随欺骗”等含紧随副动词语法概念的副属性动作行为。不过，比较而言，紧随副动词形态变化语法词缀 -ʤilaahiŋ、-ʤiləəhiŋ、-ʤiloohiŋ、-ʤilɵɵhiŋ 的使用率，要远远超出 -laahiŋ、-ləəhiŋ、-loohiŋ、-lɵɵhiŋ 的使用率。我们的分析表明，形态变化语法词缀 -laahiŋ、-ləəhiŋ、-loohiŋ、-lɵɵhiŋ 表示的紧随语法概念要比 -ʤilaahiŋ、-ʤiləəhiŋ、-ʤiloohiŋ、-ʤilɵɵhiŋ 更有强度和力度。很有意思的是，-laahiŋ、-ləəhiŋ、-loohiŋ、-lɵɵhiŋ 在青少年当中有一定使用率。

总的来说，以上分析和讨论的这些形态变化语法词缀，接缀于动词词根或词干后面就会创造出富有紧随内涵的副动词系统，进而表现出紧随性质的副属性动作行为。与此同时，引出句子主要动词，并作为句子主要动词表现出的动作行为之前提条件而存在。

第五节　立刻副动词

鄂温克语副动词系统里，有立刻副动词的形态变化现象，而且要用形态变化语法词缀 -kkil 来表现。也就是说，在动词词根或词干后面接缀 -kkil 之后，就会自然而然地构成表示立刻性质的副属性动作行为之副动词。由于该词缀是以中性短元音 i 为核心的产物，所以它本身的语音结构中没有元音和谐现象，当然使用时也不会受到元音和谐原理的影响和制约，自由使用于由不同元音组合而成的动词词根或词干后面。例如，

mini　unaaʤwi　miniʤi　bahaldi-kkil　soŋoroŋ.
我的　女儿 我　我的与　见面 立刻　哭 她
我女儿每当见到我立刻就哭。

tarini nisʉhʉŋ ʉkkəhəŋbi əmməniwi dilgaŋbani dooldi-kkil addaraŋ.
她的　小的　儿子 我　妈妈自己　声音把　听见 立刻　高兴他
她小儿子听到自己妈妈的声音就立刻高兴。

əri inig bʉ ədʉ eʃem əmə-kkil aaʃinamuŋ.
这　天　我们 这里　到　来 立刻　睡觉
今天我们到这里来后立刻就睡觉。

tajja ərʉ mənəəŋ awunihat moriŋbo iʃi-kkil uguroŋ.
那个　坏的　家伙　谁 也　马 把　看到立刻 骑 他
那坏家伙不管看见谁的马立刻就骑。

立刻副动词的形态变化语法词缀 -kkil，在上述四句中先后出现于动词词根或词干 bahaldi-“见面”、dooldi-“听见”、əmə-“来”、iʃi-“看到”后面，进而构成 bahaldikkil（bahaldi-kkil）、dooldikkil（dooldikkil）、əməkkil（əmə-kkil）、iʃikkil（iʃi-kkil）等立刻副动词。在此基础上，充分表现出了“见面立刻”、“听见立刻”、“来立刻”、“看到立刻”等具有立刻副动词语法内涵的动作行为。更为重要的是，它们与句子主要动词 soŋoroŋ“哭”、addaraŋ“高兴”、aaʃinamuŋ“睡觉”、uguroŋ“骑”密切相结合的前提下，表达了“见了面立刻哭”、“听见立刻高兴”、“来后立刻就睡觉”、“看到立刻骑”等含立刻副动词概念的动作行为。另外，我们在实地调研时还发现，在立刻副动词和句子主要动词之间，也存在使用名词类词或相关副词的现象。例如，

tajja ərʉ mənəə(ŋ)ni ooso bajtawani dooldi-kkil aba aleraŋ.
那　坏　家伙 的　办的　事　把　听见 立刻　爸爸 生气他
听了那坏家伙办的事爸爸立刻就生气。

mʉni ahiŋmʉni ədʉ əmə-kkil bʉ ʉlimʉŋ.
我们的 哥哥我们 这里　来 立刻 我们 走我们
哥哥一到这里我们立刻就走。

bəjwə ɵlɵɵhɵʃir bəjwə bəjsəl iʃi-kkil maaʃaŋ saaraŋ.
人把 欺骗 人的 人们 看 立刻 马上 知道他们
欺骗人的人大家一看立马就知道。

ʉtsʉlwi miniʤi bahaldi-kkil mandi addaraŋ.
孩子们 我 与 见面 立刻 非常 高兴 他们
孩子们见我立马非常高兴。

很显然，上面的两个句子里，名词 aba“爸爸”和代词 bʉ“我们”先后出现于立刻副动词 dooldikkil（dooldi-kkil）、əməkkil（əmə-kkil）以及句子主要动词 aleraŋ、ʉlimʉŋ 之间，进而构成 dooldikkil aba aleraŋ、əməkkil bʉ ʉlimʉŋ 等句中结构形式，并表达了“听了父亲立刻生气”、“（哥哥）来了我们立刻走”等包含有立刻副动词和句子主要动词内涵的动作行为。在下面的两句中，副词 maaʃaŋ“马上”、mandi“非常”同样被用于立刻副动词 iʃikkil（iʃi-kkil）、bahaldikkil（bahaldi-kkil）与句子主要动词 saaraŋ、addaraŋ 之间，由此构成 iʃi-kkil maaʃaŋ saaraŋ、bahaldi-kkil mandi addaraŋ 之类的句子结构形式，进而表达了“看了立刻明白”、“见了立马非常高兴”等，带有立刻副动词和句子主要动词内涵的动作行为。与此同时，在我们掌握的调研资料里，还发现用形态变化语法词缀 -mkil 或 -bkil 表示立刻副动词语法概念的现象。例如，

bi əmməwʉsə orooŋbo baha-mkil əməggime.
我 丢失的 驯鹿把 找到 立刻 回来 我
我把丢失的驯鹿找到了立刻就回来。

talar əʃi gəbbəwəl ətə-mkil nənʉrəŋ.
他们 现在 活儿把 弄完 立刻 回家他们
他们现在弄完活儿立刻回家。

ʃi　tari　bəjwə　iʃi-bkil　taaɡda(ŋ)nde.
你 他　人把　见 立刻　认识　　你
你见了那个人立刻就会认识。

bʉ　ʉrni　orooŋdu　tʉttʉɡə-bkil　əwəmʉŋ.
我们 山的　山顶　　攀上 立刻　下来 我们
我们攀到山顶立刻下来。

也就是说，以中性短元音 i 为主构成的立刻副动词形态变化语法词缀 -mkil 与 -bkil，不受元音和谐现象的影响和限制，自由使用于由不同元音和谐构成的动词词根或词干后面，明确表达了立刻副动词形态变化现象的语法概念。其中，-mkil 接缀于动词词根 baha-“找到”、ətə-“弄完”，构成立刻副动词 bahamkil（baha-mkil）、ətəmkil（ətə-mkil），表现出了立刻副动词形态变化现象的“找到立刻”、“弄完立刻”之语法概念；-bkil 用于动词词根 iʃi-“见了”、tʉttʉɡə-“攀上”，构成立刻副动词 iʃibkil（iʃi-bkil）、tʉttʉɡəbkil（tʉttʉɡə-bkil），同样表现出了“见了立刻”、“攀上立刻”等立刻副动词形态变化现象的语法概念。对此有人认为，-mkil 与 -bkil 属于立刻副动词成套的形态变化语法词缀，因为 -mkil 要用于由辅音结尾的动词词根或词干，-bkil 要接于由元音结尾的动词词根或词干。然而，根据调研资料和分析研究表明，实际情况并不是如此，形态变化语法词缀 -bkil 与 -mkil 分别都可以出现于由任何元音或辅音结尾的动词词根或词干后面，进而表示立刻副动词形态变化现象的语法概念。比如，在动词词根或词干 ana-“推”、ətə-“会”、eʃe-“到达”、uduŋ-“下雨”、ɡʉɡɡʉl-“动”、hoŋʧot-“折断”、maŋɡar-“昏迷”等后面，接缀立刻副动词形态变化语法词缀 -bkil 后形成 ana-bkil“推后立刻”、ətə-bkil“完后立刻”、eʃe-bkil“到了立刻”、udu(ŋ)-bkil“下雨立刻”、ɡʉɡɡʉl-bkil“动了立刻”、hoŋʧot-bkil“折断后立刻”、maŋɡar-bkil“昏迷后立刻”等立刻副动词。也就是在这些动词词根或词干后面，同样能够无一例外地接缀形态变化语法词缀 -mkil 而构成 ana-mkil、ətə-mkil、eʃe-mkil、uduŋ-mkil、ɡʉɡɡʉl-mkil、hoŋʧot-mkil、maŋɡar-mkil 等立刻副动词。而且，所表现出的语法概念要与 -bkil 表示的内容完全相同，没有任何的区别关系和意义。尽管如此，也有人怀疑，形态变化语法词缀 -mkil 的词缀首辅音 m 有可能是 b 的演化形式，是 b 用于由辅音结尾的动词词根或词干后面时的音变实例。这种推理，或许有它的合理性。那么，在这一推理及思考的基础上，又进一步作出形态变化语法词缀 -kkil 也是属于 -bkil 的演变形式的假定。换言之，立刻副动词最原始的形态变化现象应该是 -bkil，后经 -bkil > -mkil > -kkil 式演化规律，出现了 -mkil 与 -kkil 两种结构类型的形态变化语法词缀。很有意思的是，也有人将 -bkil 与 -mkil 发音成 -bki 与 -mki。

bi əmməwʉsə oroonbo baha-mki əməggime.
我 丢失的 驯鹿把 找到立刻 回来 我
我把丢失的驯鹿找到了立刻就回来。

bʉ ʉrni oroondu tʉttʉgə-bki əwəmʉŋ.
我们 山的 山顶 攀上 立刻 下来 我们
我们攀到山顶立刻下来。

不难看出，上面的两个句子中，将原来的立刻副动词 bahamkil（baha-mkil）与 tʉttʉgə-bkil（tʉttʉgə-bkil）发音成 bahamki（baha-mki）和 tʉttʉgəbki（tʉttʉgə-bki）。精确地讲，也就是把立刻副动词形态变化语法词缀 -mkil 与 -bkil 发音成 -mki 和 -bki。尽管对于立刻副动词的形态变化语法词缀 -kkil 有不同说法或发音形式，但比较而言还是说 -kkil 的占绝大多数，以及有十分广泛的使用面。

第六节　让步副动词

顾名思义，让步副动词就是指人们把自己的意愿、想法、意见，甚至是自己的好处或利益让给对方或他人。该语言里，要用形态变化现象 -kikit 表示让步副动词的语法概念。而且，在语句中，让步副动词一般都出现于句子末尾的主要动词之前，从而为句子主要动词表述的概念的产生，提供让步性

质的副属性动作行为。例如，

əri　suuŋbo　hindaʤi　gahaŋ-kikit　gadame.
这　皮袍把　低价用　　买　让　　买 我
这皮袍让价我就买。

ahiŋdu　honnoriŋ　moriŋbo　buu-kikit　addaraŋ.
哥哥与　黑的　　马　把　给　让　高兴他
把黑骏马让给哥哥就高兴。

nugaŋba　əri　dolob　kino　iʃiwuhəŋ-kikit　əmərəŋ.
她　把　这　晚　电影　　看　　让　　来 她
让她今晚看电影才回来。

由于该形态变化语法词缀没有元音和谐现象，所以不受限制地自由用于不同元音构成的名词类词，或者说使用于由不同元音或辅音结尾的动词词根或词干后面。在上面的三个例句中，形态变化语法词缀 -kikit 先后接缀于动词词根或词干 gahaŋ-“买”、buu-“给”、iʃiwuhəŋ-“让看”等后面，自然而然地构成 gahaŋkikit（gahaŋ-kikit）、buukikit（buu-kikit）、iʃiwuhəŋkikit（iʃiwuhəŋ-kikit）等让步副动词。在此基础上，表现出了“让买”、“让给”、“让看”等让步副动词动作行为。更为重要的是，这些让步副动词为句子主要动词 gadame、addaraŋ、əmərəŋ 所表述的“（我）买”、“（他）高兴”、“（她）来”等动作行为的实施提供了让步式副属性动作行为。不过，让步副动词形态变化语法词缀，除了表示让步式副属性动作行为之外，还可以表示强调意义的副动词语法概念。但是，在副动词和句子主要动词之间一般都使用某一名词类词。例如，

mini　ahiŋbi　nini-kikit　bi　ninime.
我的　哥哥　　去 即使　我　去 我
即使哥哥去我也去。

tari bəj əri moriŋ təggəəŋdʉ təgə-kikit əhiŋbi təgərəŋ.
那 人 这 马 车 乘坐 即使 姐姐 乘坐
即使那个人乘坐这辆马车姐姐也乘坐。

这两个例句中，出现于句子主要动词前的副动词 ninikikit（nini-kikit）与 təgəkikit（təgə-kikit），均表达了“即使”哥哥“去”我也要“去”、“即使”那个人“乘坐”姐姐也要“乘坐”等强调某一意志和愿望的副属性动作行为。从这个意义上讲，让步副动词也可以充当意愿副动词，这就看在具体的句子中所要表现出的实际语法含义。该语言里，也有用四元一体元音和谐原理组合而成的形态变化语法词缀 -ʤalan、-ʤələn、-ʤolon、-ʤɵlɵn 等表示让步副动词语法概念的情况。例如，

əhiŋbi mini ʉnʉgʉŋ saga-ʤalan nənʉsa.
姐姐 我的 乳牛 挤奶 让步 回去了 她
姐姐为了不影响我挤奶才回去的。

bi tari təggəəŋdʉ təgə-ʤələn əwəgte.
那 他 车 乘坐 让步 下去我
我想等他乘车后才下车。

bʉ sʉni gəbbə oo-ʤolon ʉlimʉŋ.
我们 你们 活儿 干 让步 走了我们
我们是为了让给你们干活儿才走的。

ʃi taʧʧil ʤʉʉdihi jʉʉ-ʤɵlɵn aaʃiŋka.
你 他们 屋子从 走出 让步 睡觉你
他们走出屋子后你就睡觉吧。

这四个例句中，让步副动词形态变化语法词缀 -ʤalan、-ʤələn、

-ʤolon、-ʤɵlɵn 严格按照四元一体元音和谐要求，先后接缀于动词词根 saga-“挤奶”、təgə-“乘坐”、oo-“干”、jʉʉ-“走出”，进而构成了 sagaʤalan（saga-ʤalan）、təgəʤələn（təgə-ʤələn）、ooʤolon（oo-ʤolon）、jʉʉʤɵlɵn（jʉʉ-ʤɵlɵn）等让步副动词。在此基础上，表达了为了“让步”或“让给”我“挤奶”、他“乘车”、你们“干活儿”、他们“走出（屋子）”，姐姐才 nənʉsə“回去的”、我才 əwəgte“下去”、我们才 ʉlimʉŋ“走的”、你才 aaʃiŋka“睡觉”等含让步副动词语法概念的动作行为。依据调研资料，这套让步副动词形态变化语法词缀有一定的使用率。另外，我们在田野调研时还发现，一些鄂温克族老人喜欢用形态变化语法词缀 -kkiŋ 表示让步副动词语法概念的情况。例如，

mini　nəhʉŋbi　əri　moriŋbo　ugu-kkiŋ　addaraŋ.
我　弟弟　这　马把　骑 让给　高兴他
让（给）我弟弟骑这匹马他就高兴。

tari　moriŋ　təggəəŋdʉ　təgə-kkiŋ　təgəgəne.
他　马　车　乘坐 让给　乘坐
就让（给）他乘坐马车吧。

与此同时，他们在接缀形态变化语法词缀 -kkiŋ 的让步副动词与句子主要动词间经常使用名词类词。不过，这种情况下，句子主要动词要以否定词组的结构形式出现。比如，tari ugu-kkiŋ bi əʃim uguru.“他骑我就不骑”（只要他想骑我就让给他），bi nini-kkiŋ tari əʃiŋ ninirə.“我去他就不去”（只要我去他就会让给我）等。根据鄂温克语相关音变原理，形态变化语法词缀 -kkiŋ 可能是由 -bkiŋ 演化而来的产物。也就是说，-bkiŋ 的词缀首辅音 b 被后面的辅音 k 逆同化后就成为 -kkiŋ 的发音形式。农区鄂温克语的口语里，至今还有保持 -bkiŋ 之说的现象，比如，他们会把 ugu-kkiŋ、nini-kkiŋ 会说成 ugu-bkiŋ、nini-bkiŋ。

第七节 界限副动词

这里所说的界限副动词，也可以叫界定副动词或限定副动词。该副动词同样是用于句末出现的主要动词之前，表示具有界限或界定意义的副属性动作行为。界限副动词是由在动词词根或词干后面，接缀形态变化语法词缀 -ʧʧohiŋ 或 -ʧʧɵhiŋ 的手段来构成。可以看出，这套形态变化语法词缀是以短元音 o 与 ɵ 为核心的二元一体元音和谐原理组合而成的产物。其中，-ʧʧohiŋ 接缀于由阳性元音为主构成的动词词根或词干，而 -ʧʧɵhiŋ 则用于由阴性元音或中性元音为主构成的动词词根或词干后面。例如，

ahiŋbi tajja ərʉ mənəəŋbə ʤawa-ʧʧohiŋ nəhəldəsə.
哥哥 那 坏 家伙 把 抓住 为止 追赶
我哥哥一直追赶到将那个坏家伙抓住为止。

mini əmməwi unaaʤ nəhʉŋbə soŋo-ʧʧohiŋ alesa.
我的 妈妈 女的 弟弟 哭 为止 说了
我妈妈将妹妹说哭了。

bi tariwa mʉni ədʉ əmə-ʧʧɵhiŋ alaaʃime.
我 他把 我们 这里 来 为止 等 他
我要把他一直等到来我们这里为止。

bʉ əri bogdu nələkini imanda ʉʉŋ-ʧʧɵhiŋ təgəsəmʉŋ.
我们 这 地在 春天的 雪 融化 为止 住了我们
我们在这里一直住到春天雪融化为止。

与此相关的实例还有 usu-ʧʧohiŋ ʉlisɵ. “一直走到累”，hɵɵmɵlɵ-ʧʧɵhiŋ aaʃiŋʧa. “一直睡到吃饭”，tihi-ʧʧɵhiŋ anasa. “一直推到倒下” 等。例句中，界限副动词形态变化语法词缀根据二元一体元音和谐原理，分别接

缀于以阳性元音为主构成的动词词根 ʤawa-“抓”、soŋo-“哭”、usu-“累”，以及以阴性元音为核心构成的动词词根或词干 əmə-“来”、ʉʉŋ-“融化”、hɵɵmɵlɵ-“吃饭”和以中性元音为主构成的动词词根 tihi-“倒下”等后面，进而形成 ʤawaʧʧohiŋ（ʤawa-ʧʧohiŋ）、soŋoʧʧohiŋ（soŋo-ʧʧohiŋ）、usuʧʧohiŋ（usu-ʧʧohiŋ）、əməʧʧɵhiŋ（əmə-ʧʧɵhiŋ）、ʉʉŋʧʧɵhiŋ（ʉʉŋ-ʧʧɵhiŋ）、hɵɵmɵlɵʧʧɵhiŋ（hɵɵmɵlɵ-ʧʧɵhiŋ）、tihiʧʧɵhiŋ（tihi-ʧʧɵhiŋ）等界限副动词。那么，这些界限副动词表达的是“一直到抓住为止”、“一直到哭为止”、“一直到累为止”、“一直到来为止”、“一直到融化为止”、“一直到吃饭为止”、“一直到倒下为止”等界限副动词的语法概念。与此同时，明确阐述了上述例句和下面的简单句中的主要动词 nəhəldəsə“追赶”、alesa“批评”、alaaʃime“等待”、təgəsəmʉŋ“住”、ʉlisɵ“走”、aaʃiŋʧa“睡觉”、anasa“推”等所含的动作行为受止的界限或界定。另外，该语言的农区口语里，也有把 -ʧʧohiŋ 与 -ʧʧɵhiŋ 说成 -bʧohiŋ 与 -bʧɵhiŋ 的情况。例如，

ahiŋbi　tajjawa　ʤawa-bʧohiŋ　nəhəldəsə.
哥哥　他　把　抓住　为止　追赶
我哥哥一直追到将他抓住为止。

sʉ　ədʉ　tʉgni　inigiddi　əmə-bʧɵhiŋ　təgəʧʧʉŋ　gi?
你们 这儿 冬天　严寒　来到 为止　住 你们　吗
你们在这儿一直住到严冬到来为止吗?

不过，在农区鄂温克语里虽然有 -bʧohiŋ 与 -bʧɵhiŋ 之类的说法，但大多出现在老年人的口语中，年轻人基本上说 -ʧʧohiŋ 与 -ʧʧɵhiŋ。尽管如此，在我们看来，-bʧohiŋ 与 -bʧɵhiŋ 是该形态变化语法词缀的早期语音结构，而 -ʧʧohiŋ 与 -ʧʧɵhiŋ 是后来出现的发音形式。我们的调研资料还显示，该语言里除了以上谈到的形态变化语法词缀之外，还可以用由四元一体元音和谐原理为主组成的形态变化语法词缀 -tal、-təl、-tol、-tɵl 表示界限副动词语法概念的现象。例如，

addewi nisʉhʉŋ nəhʉŋbə aaʃi(ŋ)na-tal ondoso.
奶奶我 小的 弟弟把 睡觉 为止 哄他
我奶奶把小弟弟哄到睡觉为止。

bʉ tariwa ədʉ əmə-təl alaaʃisamʉŋ.
我们 他把 这里 来 为止 等 我们
我要等他到我们这里来为止。

gagawi bitigwi əddə oo-tol iʃisə.
哥哥我 书自己 清晨 到 为止 读 他
我哥哥读书读到清晨为止。

dooni mʉʉ əmətʃtʃələ-təl inigiddiləsə.
河的 水 结冰 为止 变冷 它
严寒导致河水封冻。

以上句子中，形态变化语法词缀 -tal、-təl、-tol、-təl，严格按照四元一体元音和谐要求，先后接缀于动词词根或词干 aaʃi(ŋ)na-“睡觉”、əmə-“来”、oo-“到”、əmətʃtʃələ-“结冰”后面，从而构成了 aaʃi(ŋ)natal (aaʃina-tal)、əmətəl (əmə-təl)、ootol (oo-tol)、əmətʃtʃələtəl (əmətʃtʃələ-təl) 等界限副动词。毫无疑问，它们同样十分清楚地表达了“一直到睡觉为止”、“一直到来为止”、“一直到清晨为止”、“一直到封冻为止”等界限副动词形态变化现象的语法概念。然而，经过比较分析，形态变化语法词缀 -tal、-təl、-tol、-təl 的使用率要比 -tʃtʃohiŋ、-tʃtʃəhiŋ 低。

第八节 联合副动词

依据前人的研究成果，加上我们这次的调研资料，都能够十分清楚地说明该语言的副动词系统里，有专门用于表示联合内涵的副属性动作行为的形态变化语法词缀，而且它的表现形式只有 -m。毋庸置疑，接缀有形态变化语法词缀 -m 的联合副动词，同样出现于句末主要动词之前，表示具有联合性质的副属性动作行为。由于它由以单一辅音音素构成，所以不受元音和谐原理的影响或制约，没有任何障碍地自由使用于由不同元音构成，以及由不同元音结尾的动词词根与词干后面。例如，

tarini　ahi(ŋ)niŋ　heen　ʤaluŋ　təwəsə　təggəəŋbə　ana-m　ʉlirəŋ.
他的　哥哥他　草料　满　装了的　车　把　推着　走他
他哥哥推着走装满草料的车。

bi　amiŋdirdihi　nəələʧʧi　ʤʉʉdihiwi　ʉttʉli-m　ninisʉ.
我　迟到从　害怕完　家从自己　跑　着　去了我
我害怕迟到从家里跑着去的。

nəhʉŋbi　inig　taŋiŋ　ʤʉʉdʉwi　bitig　iʃi-m　təgərəŋ.
弟弟我　天　每　家里自己　书　看着　坐
我弟弟每天在家里坐着看书。

显而易见，上述三个句子中，联合副动词形态变化语法词缀 -m 先后接缀于动词词根 anam-“推”、ʉttʉli-“跑”、iʃi-“看”后面，构成联合副动词 anam（ana-m）、ʉttʉlim（ʉttʉli-m）、iʃim（iʃi-m）。与此同时，它们所表达的“推着”、“跑着”、“看着”等副属性动作行为，与句子主要动词 ʉlirəŋ“走”、ninisʉ“去了”、təgərəŋ“坐”建立了十分密切的联合性质的语法关系，在此基础上阐述了“推着走”、“跑着去了”、“坐着看”等联合性质的动作行为。虽然联合副动词与句子主要动词在句子中表现出的是同一个时间段里进行的联合性质的两个动作行为，但其中前者为副属性动词，后者为主要动词。那么，作为副属性动词，也就是这里所说的联合副动词，它的形态变化语法词缀 -m 不仅能够构成联合副动词本身，同时也决定了它与句子主要动词之间的联合关系。另外，在一些人看来，联合副动词和句子主要动词所阐述的是同时进行的，或者说并进的两个动作行为，所以想把联合副动词就叫

作并进副动词。比如，上述例句里出现的 anam ʉliroŋ “推着走”、ʉttʉlim ninisʉ “跑着去了”、iʃim təgərəŋ “坐着看” 等解释为 “边推边走”、“边跑边去”、“边学边坐” 等。我们认为，把联合副动词说成并进副动词不太合适，也不能十分精确地说明其包含的语法含义。因为说话的人是在强调句子主要动词 ʉliroŋ “走”、ninisʉ “去了”、təgərəŋ “坐” 的概念，而联合副动词 anam “推着”、ʉttʉlim “跑着”、iʃim “看着” 表现出的具有修饰和限定性质的动作行为。其实，鄂温克语里有专门用于表示并进副动词的形态变化语法词缀，在下一节中我们会进行全面系统的分析和讨论。

我们在研究搜集到的关于联合副动词方面的第一手口语资料时，还发现联合副动词不只是表达主次分明的两个动作行为，甚至还能够表示三个或三个以上的在同一个时间段进行的动作行为。也就是说，在句子中，与句子主要动词配套使用的联合副动词不止一个，可能是两个或两个以上。例如，

ahi(ŋ)niŋ heen təwəsə təggəəŋbi ana-m amra-m ʉliroŋ.
哥哥他 草料 满 车 把 推 着 休息 着 走他
他哥哥把装有草料的车边推边休息着走。

addewi əmʉŋ təggʉdʉwi təgə-m amra-m aggaʃi-m əməsə.
奶奶我 一 路上 坐 着 休息 着 步行 着 来了
我奶奶一路上边坐边休息边步行来的。

在上面的第一个句子中，联合副动词形态变化语法词缀 -m，先后接缀于动词词根 ana- “推” 与 amra- “休息” 后面，进而构成连续性出现的两个联合副动词 anam（ana-m）“推着” 和 amram（amra-m）“休息着”，并与句子末尾的主要动词 ʉliroŋ “走” 紧密相联合，表现出了 “边推边休息边走” 这一由两个联合副动词和一个主要动词联合构成的动作行为。在第二句中，联合副动词形态变化语法词缀 -m 一连串地用于动词词根或词干 təgə- “坐”、amra- “休息”、aggaʃi- “步行” 等后面，形成连续出现的联合副动词 təgəm（təgə-m）“坐着”、amram（amra-m）“休息着”、aggaʃim（aggaʃi-m）“步行”。这些联合副动词与句子末尾的主要动词 əməsə “来

了”紧密相联合的基础上，十分明确地表达了“边坐边休息边步行来的”这一由三个联合副动词和一个主要动词联合构成的动作行为。

另外，鄂温克语的有关方言土语中，特别是在农区鄂温克语中，也有用以短元音 a、ə、o、ɵ 为核心的四元一体元音和谐原理组合而成的形态变化语法词缀 -maŋ、-məŋ、-moŋ、-mɵŋ 等，表示联合副动词语法概念的情况。例如，

bi　ʤʉligʉ　goddo　ʉrni　sʉgʉrdʉ　dawa-maŋ　jʉʉsʉ.
我　南　高　山的　顶峰　攀登 着　上去的 我
我攀登到南山顶峰。

əhiŋ　mʉnidʉlə　moriŋ　təggəəndʉ　təgə-məŋ　əmərəŋ.
姐姐　我们　马　车　乘坐 着　来 她
姐姐坐马车来我们家。

taʧʧil　hʉj　doowo　sʉt　oloo-moŋ　ədəlʤirəŋ.
他们　辉　河把　都　蹚水 着　渡 他们
他们都在蹚渡辉河。

bʉ　əmʉŋ　təggʉ　hɵɵrɵldi-mɵŋ　ʉlisɵmʉŋ.
我们 一　路　聊天　着　走 我们
我们一路聊着走的。

上述例句中，形态变化语法词缀 -maŋ、-məŋ、-moŋ、-mɵŋ 按照四元一体元音和谐原理，先后接缀于动词词根或词干 dawa-“攀登”、təgə-“乘坐”、oloo-“蹚水”、hɵɵrɵldi-“聊天”后面，由此构成 dawamaŋ（dawa-maŋ）“攀登着”、təgəməŋ（təgə-məŋ）“乘坐着”、oloomoŋ（oloo-moŋ）“蹚着”、hɵɵrɵldimɵŋ（hɵɵrɵldi-mɵŋ）“聊着”等联合副动词。在此基础上，它们与句子末尾的主要动词 jʉʉsʉ“上去”、əmərəŋ“来”、ədəlʤirəŋ“渡”、ʉlisɵmʉŋ“走”等紧密相联合，充分表达了“攀登着登上”、“乘坐着来”、“蹚着渡”、“聊着走”等具有联合副动词内涵的动作行为。不过，比较而言，

联合副动词形态变化语法词缀 -m 的使用率比 -maŋ、-məŋ、-moŋ、-mɵŋ 要高，使用面也比 -maŋ、-məŋ、-moŋ、-mɵŋ 要广泛。就是在农区，-maŋ、-məŋ、-moŋ、-mɵŋ 的使用率也不是很高，只有在个别老年人的交流中才会出现。

第九节 并进副动词

我们的资料和研究表明，鄂温克语里有用形态变化语法词缀 -ddu 和 -ddʉ 构成的并进副动词。可以看出，这套形态变化语法词缀是由以单元音 u 和 ʉ 为核心的二元一体元音和谐原理组合而成的产物。其中，-ddu 接缀于以阳性元音为主构成动词词根或词干，-ddʉ 则用于以阴性元音为主构成的动词词根或词干。以中性元音为主构成的动词词根或词干后面，一般都接缀形态变化语法词缀 -ddʉ。在具体的句子中，接缀有形态变化语法词缀 -ddu 或 -ddʉ 的并进副动词，基本上都使用于句末主要动词之前，从而表示含有并进关系的副属性动作行为。例如，

tari bəj moriŋ toʧʧana-ddu tihisə.
那 人 马 跳 同时 掉了他
那位骑士在马跳跃的同时从马背上摔了下来。

bi məəni moriŋduwi əməɡəl toho-ddu ʉttʉlisɵ.
我 自己 马 马鞍子 鞴 同时 跑掉了它
我给自己的马鞴马鞍子时马就跑掉了。

talar əri iniɡ mʉni əmə-ddʉ eʃem əməsə.
他们 这 天 我们 来 同时 到 来了
今天我们来的同时他们到来了。

əhiŋbi nəhʉ(ŋ)ni bajtawa ɡʉnɵ-ddʉ soŋoroŋ.
姐姐我 弟弟的 事情把 讲述 同时 哭 她
我姐姐说弟弟事的同时哭。

与此相关的例子还有，təggəʧʧi luhu-ddu əmməwʉsə. “脱衣同时丢掉的”，mini ʤiŋʤi-ddʉ gʉʉrʉrɵŋ. “我说的同时明白了”，tari mini ii-ddʉ jʉʉsɵ. “我进时他出去了”。不难看出，形态变化语法词缀 -ddu 与 -ddʉ 严格按照二元一体元音和谐要求，分别接缀于动词词根或词干 toʧʧana- “跳”、toho- “鞴马鞍子”、əmə- “来”、gʉnɵ- “讲述”、luhu- “脱”、ʤiŋʤi- “说”、ii- “进”等后面，进而构成了 toʧʧanaddu（toʧʧana-ddu）“跳的同时”、tohoddu（toho-ddu）“鞴马鞍同时”、əməddʉ（əmə-ddʉ）“来的同时”、gʉnɵddʉ（gʉnɵ-ddʉ）“讲述的同时”、luhuddu（luhu-ddu）“脱衣同时”、ʤiŋʤiddʉ（ʤiŋʤi-ddʉ）“说的同时”、iiddʉ（ii-ddʉ）“进的同时”等并进副动词。与此同时，这些并进副动词跟上述例句和下面的简单句句子末尾的主要动词 tihisə “摔了下来”、ʉttʉlisɵ “跑掉了”、əməsə “来了”、soŋoroŋ “哭”以及 əmməwʉsə “丢掉了”、gʉʉrʉrɵŋ “明白”、jʉʉsɵ “出去了”等之间产生了并进性质的语法关系。在此基础上表达了“跳跃的同时摔了下来”、“鞴马鞍子的同时跑掉了”、“来的同时走掉了”、“讲述的同时流下了眼泪”、“脱衣的同时丢掉了”、“说的同时明白了”、“进的同时出去了”等具有并进副动词语法概念的动作行为。在这里有必要指出的是，上述例句或简单句内出现的并进副动词和句子主要动词表达的动作行为，尽管属于特定时间段里并列进行的概念，但其中并进副动词的动作行为要处在附属地位，而句子主要动词则完全处在主要地位。比如说，简单句 mini ʤiŋʤi-ddʉ gʉʉrʉsɵ. “我说的同时明白了”中，句末主要动词 gʉʉrʉsɵ “明白了”显然处于主要地位，而并进副动词 ʤiŋʤiddʉ “说的同时”处于附属地位。除了上面提到的实例之外，也有在并进副动词和句子主要动词间使用名词类词的情况。例如，

bi　moriŋdu　əməgəl　toho-ddu　moriŋ　ʉttʉlisɵ.
我　马　马鞍子　鞴同时　马　跑掉了它
我给马鞴马鞍子的同时马跑掉了。

ɔri　inig　mʉni　əmə-ddʉ　talar　ʉlisɵ.
这　天　我们　来同时　他们　走了
今天我们来的同时他们走了。

上面的第一个句中，并进副动词 tohoddu“鞴马鞍的同时”与句子主要动词 ʉttʉlisɵ“跑掉了”中间使用了名词 moriŋ“马”，在第二句里同样在并进副动词 əməddʉ“来的同时”与句子主要动词 ʉlisɵ“走掉了”之间用了代词 talar“他们”。虽然在并进副动词和句子主要动词间使用了名词类词，但丝毫没有影响它们相互间产生的并进性质的语法关系，进而表现出并进关系的动作行为。从历史的角度来讲，在并进副动词和句子主要动词之间使用名词类词的说法较多，而今也保留着一定程度的使用率和较广泛的使用面。

概而言之，鄂温克语里有以上九种结构类型的副动词。而且，它们均由特定形态变化语法词缀构成。从它们的构成情况进行综合分析的话，除了立刻副动词形态变化语法词缀 -kkil 之外的副动词形态变化现象，几乎都要或多或少、直接或间接地涉及元音和谐内容。比如，(1) 目的副动词形态变化语法词缀 -nam、-nəm、-nom、-nɵm 和 -naʧʧi、-nəʧʧi、-noʧʧi、-nɵʧʧi，以及条件副动词形态变化语法词缀 -sala、-sələ、-solo、-sɵlɵ 是依据短元音 a、ə、o、ɵ 为主的四元一体元音和谐原理组合而成。除此之外，还包括目的副动词的 -nami、-nəmi、-nomi、-nɵmi，条件副动词的 -ʧala、-ʧələ、-ʧolo、-ʧɵlɵ，因果副动词的 -ʤilaŋ、-ʤiləŋ、-ʤiloŋ、-ʤilɵŋ，让步副动词的 -ʤalan、-ʤələn、-ʤolon、-ʤɵlɵn，界限副动词的 -tal、-təl、-tol、-tɵl，联合副动词的 -maŋ、-məŋ、-moŋ、-mɵŋ 等。(2) 紧随副动词形态变化语法词缀-ʤilaahiŋ、-ʤiləəhiŋ、-ʤiloohiŋ、-ʤilɵɵhiŋ，包括-laahiŋ、-ləəhiŋ、-loohiŋ、-lɵɵhiŋ 等的语音结构形式，则以长元音 aa、əə、oo、ɵɵ 为主的四元一体元音和谐原理组合而成。(3) 界限副动词形态变化语法词缀-ʧʧohiŋ、-ʧʧɵhiŋ是按照以短元音 o、ɵ 为核心的二元一体元音和谐原理组合而成。与此相关，并进副动词形态变化语法词缀 -ddu、-ddʉ 也是以短元音 u、ʉ 为主的二元一体元音和谐原理构成的产物。所以，在具体的语句中，使用这些有元音和谐现象的副动词形态变化语法词缀时，一定要严格遵循它们的元音和谐要求及条件，分别使用于由不同元音和谐构成的动词词根或词干后面。不过，刚才在前面提到的立刻副动词形态变化语法词缀 -kkil（-kki ~ -bki ~ -mki），还有因果副动词形态变化语法词缀 -geer 及让步副动词形态变化语法词缀 -kikit，均属于以中性长元音 ee、中性短元音 i 为主构成的实例，因此使用时不受元音和谐原理的影响和制约，自由接缀于由不同元音构成的动词词根或词干后面。另外，联合副动词形态变化语法词缀是由单一辅音音素 m 构成的特殊实例。当然，它的使用同样不受元音和谐原理的限制。如此看来，副动词形态变化现象的结构特征以及表现形式是一个比较复杂的语法结构系统。因此，一定要弄清它们的结构特征和使用关系，在此基础上准确科学地使用。

根据前面的讨论，副动词一般都用于句末出现的主要动词之前，从而表示包含有不同语法内涵的副属性动作行为。不过，像条件副动词、紧随副动词、立刻副动词、让步副动词、并进副动词等与句子主要动词接触时，在它们中间还可以使用名词类词或相关副动词。此外，在讨论副动词的功能和作用时，我们还谈到了一些方言土语里特有的现象，或者早期的一些说法或个别表现形式等，所有这些均有它们的局限性和特殊性，不具有代表性、普遍性、常用性。在这里把它们拿出来与现用的副动词形态变化语法词缀相互比较分析的目的是让人们更多、更全面、更系统地认识和把握鄂温克语副动词形态变化现象，以及相关演变与发展规律。

第九章
助动词形态变化现象

鄂温克语动词类词有助动词。顾名思义，助动词就是协助句子主要动词完整表述某一动作行之概念。而且，在绝大多数情况下用于句尾主要动词的后面。不过，也有出现于句尾主要动词前面的情况。根据现已掌握的助动词资料，它们的构成原理、使用关系、语法含义都比较复杂。比如，(1) 从它们的结构特征来看，其中既有不变性结构类型的助动词，也有可变性结构特征的产物，甚至有同时具备可变性和不变性两种结构关系的助动词。还有，在某一助动词类别内部，同时出现好几种可变性助动词的情况。尤其复杂的是，在可变性助动词后面接缀的错综复杂的动词式形态变化语法词缀。而且，在助动词词根后面接缀动词式形态变化语法词缀时，有的式形态变化语法词缀要产生相关音变现象。(2) 从使用关系的角度来看，有的助动词可以用于句子的主要动词之前，有的则出现于句子主要动词之后。另外，还出现同一个助动词词根用于表达不同语用关系的情况。(3) 从它们表现出的语法含义来看，有表示否定、肯定、判断、应许、能愿等概念的助动词，也有同一个助动词词根表示不同语法概念的实例。在这里，我们根据助动词所表现出的不同语法内涵及其使用功能，将它分为否定助动词、肯定助动词、判断助动词、应许助动词、能愿助动词五种。表 9 - 1 将助动词进行了分类并描述了其相关结构特征及所表现出的语法概念。

表 9－1　**助动词形态变化现象**

分类		否定助动词	肯定助动词	判断助动词	应许助动词	能愿助动词
词缀	可变性	ə-	nəə-、bi-、gʉnɵ-	oo-		ətə-
	不变性	aaʃiŋ	biʃiŋ	ʃiŋʤə	oodoŋ	doroʃi
语法概念		没、没有	有、是	是	行	愿意、能

鄂温克语的助动词，在句子里有一定使用率，从而成为他们的语言交流中不可或缺的句子内容。也就是说，该语言里，助动词同样有较为广泛的使用面，以及较高的使用率。在下面进行的关于助动词使用关系、使用特征、使用要求和条件的讨论中，主要结合经实际调研获取的第一手资料，结合句子中的具体使用，系统分析和阐述助动词结构形式，包括形态变化现象的构成及发挥的语法功能与作用等。

第一节　否定助动词

如表 9－1 所示，鄂温克语里有不变性结构类型和可变性结构类型的否定助动词。其中，属于不变性结构类型的否定助动词语是 aaʃiŋ，可变性结构类型的否定助动词为 ə-。而且，aaʃiŋ 主要表示“没”、“没有”或“不”、“不存在”等否定助动词语法概念，ə- 则表示“没”、“没有”、“不”、“尚未”等否定助动词的语法概念。不变性助动词和可变性助动词在句中使用的情况，以及具体发挥的作用之间存在一些微妙的区别关系。请看下面的举例分析与讨论。

1. 不变性否定助动词 aaʃiŋ 的使用关系

依据现有的调研资料，不变性结构类型的否定助动词只有 aaʃiŋ。那么，在不同句子里出现的 aaʃiŋ 不会产生任何形态变化现象，而完全以它现有的结构形式使用。很有意思的是，不变性助动词 aaʃiŋ 一般都用于句子末尾。也就是说，它要出现于句子主要动词的后面。当然，aaʃiŋ 的使用是为了给句子主要动词表达的动作行为增加否定含义。例如，

tari bəj əri inig əmərə aaʃiŋ.
那 人 这 天 来 没
那个人今天没来。

nəhʉŋbi əddədihi əʃi ʤakka ohoŋkot ooro aaʃiŋ.
弟弟 早晨 从 现在 为止 什么也 做 没有
我弟弟从早到现在什么也没做。

我们可以看出，在上面的两个例句中，分别出现于不变性否定助动词 aaʃiŋ 前的主要动词 əmərə“来”和 ooro“做”，都属于接缀有形态变化语法词缀 -rə 与 -ro 的实例。进一步解释的话，在不变性助动词前出现的动词词根或词干，基本上都要按元音和谐原理接缀 -ra、-rə、-ro、-rɵ、-ru、-rʉ 等形态变化语法词缀。从某种意义上讲，这也是句子主要动词与不变性否定助动词 aaʃiŋ 相互作用时出现的形态变化结构类型。换句话说，在句子末尾出现不变性否定助动词 aaʃiŋ 时，在它前面使用的主要动词词根或词干后面都要接缀形态变化语法词缀 -ra、-rə、-ro、-rɵ、-ru、-rʉ。在此基础上，实现不变性否定助动词 aaʃiŋ 与句子主要动词间的和谐有效结合，进而给句子主要动词表示的动作行为增加否定概念。另外，还有一种情况是，不变性否定助动词 aaʃiŋ 在句子末尾出现时，它和句子主要动词间可以使用某一名词类词，从而强调对主要动词所陈述的动作行为的否定。例如，

əʃi ʤakka mini nəhʉ(ŋ)ni ooso bajta aaʃiŋ.
现在 为止 我的 弟弟的 做的 事情 没有
到现在为止我弟弟没做任何事情。

əri inig sʉni ʉhʉr təggəəŋdʉsʉni təgər bəj aaʃiŋ.
这 天 你们的 牛 车 你们 乘坐的 人 没
今天没人乘坐你们的牛车。

以上两句中，在否定助动词 aaʃiŋ 和句子主要动词 ooso“做了的”、təgər“乘坐的”之间，分别使用了名词 bajta“事情”和 bəj“人”，进而构成了 ooso bajta aaʃiŋ. 以及 təgər bəj aaʃiŋ. 等动词否定式结构类型。在此基础上，强调指出了“没有做事”、“没人乘坐”等具有否定概念和实际内涵的动作行为。与此同时，通过上述两个例句，我们还可以明确认识到，在类似的语句中充当主要动词的基本上是形动词。比如，这两句的主要动词 ooso“做了的”是形动词过去时，而 təgər“乘坐的”属于形动词现在将来时。

在这里还应该提出的是，我们在分析第一手调研资料时还发现，不变性否定助动词 aaʃiŋ 也有用于句尾主要动词之前的情况。这一结构类型的否定语句的出现，其目的是否定施事主要动词所陈述的动作行为时所需的条件或要求。例如，

tari　bəj　mʉnidʉlө　təggəəŋ　aaʃiŋ　aməsə.
那　人　我们家　车　没　来了他
那个人到我们家来时没乘车。

ʃi　moo　oroondo　unta　aaʃiŋ　tʉttʉgөsөʃi　gi?
你　树　上　鞋　没　爬了你　吗
你没穿鞋爬到树上的吗?

这两个句子中，不变性否定助动词 aaʃiŋ 均用于名词 təggəəŋ“车”、unta“鞋”以及句子末尾的主要动词 aməsə“来了”、tʉttʉgөsөʃi“爬上了”中间。那么，这时的不变性否定助动词 aaʃiŋ 的使用，否定了句子主要动词 aməsə、tʉttʉgөsөʃi 实施“来”、“爬”等动作行为时所需的前提条件 təggəəŋ“车”、unta“鞋”的存在和使用。

2. 可变性否定助动词 ə- 的使用关系

我们掌握的资料充分显示，可变性结构类型的否定助动词词根 ə- 的使用关系，远比不变性结构类型的否定助动词复杂。它的复杂性，完全

体现在 ə- 后面接缀的动词式形态变化语法词缀上。也就是说，可变性结构类型的否定助动词词根 ə- 能够接缀具有不同形态变化结构类型、不同时间观念、不同人称含义、不同数内涵、不同语法关系的动词式形态变化语法词缀系统，进而构成变化多样而极其丰富的否定助动词。那么，这一套否定助动词，要表示相当于汉语的“别”、“不”、“不要”、“甭”等否定意义。下面以特定格式化手段，全面系统地展示在可变性否定助动词词根 ə- 后面，接缀动词式形态变化语法词缀的基本情况。同时，也以特定格式化的简单句为例，整体展示和讨论它们的不同语法含义及其使用关系。

（1）可变性否定助动词 ə- 后面接缀陈述式现在时形态变化语法词缀的情况

ə- + -ʤi（现在时）+	-m（单数第一人称）	⇨	əʤim
	-nde（单数第二人称）	⇨	əʤinde
	-ŋ（单复数第三人称）	⇨	əʤiŋ
	-mʉŋ（复数第一人称）	⇨	əʤimʉŋ
	-ʧʧʉŋ（复数第二人称）	⇨	əʤiʧʧʉŋ

下面以格式化了的简单句为例，整体展示上述接缀陈述式现在时形态变化语法词缀的可变性否定助动词，对句子主要动词现在要施事的动作行为给予否定的同时，各自在人称和数等方面体现的不同语法含义和使用关系：

bi	+ əʃi +	əʤim	+ ninirə =	bi əʃi *əʤim* ninirə. 我现在不去
ʃi		əʤinde		ʃi əʃi *əʤinde* ninirə. 你现在不去
tari$_{(talar)}$		əʤiŋ		tari$_{(talar)}$ əʃi *əʤiŋ* ninirə. 他$_{(他们)}$现在不去
bʉ		əʤimʉŋ		bʉ əʃi *əʤimʉŋ* ninirə. 我们现在不去
sʉ		əʤiʧʧʉŋ		sʉ əʃi *əʤiʧʧʉŋ* ninirə. 你们现在不去

（2）可变性否定助动词 ə- 后面接缀陈述式现在将来时形态变化语法词缀的现象

ə- + -ʃi（现在将来时） + {
-m（单数第一人称） ⇨ əʃim
-nde（单数第二人称） ⇨ əʃinde
-ŋ（单复数第三人称） ⇨ əʃiŋ
-mʉŋ（复数第一人称） ⇨ əʃimʉŋ
-ʧʧʉŋ（复数第二人称） ⇨ əʃiʧʧʉŋ
}

在下面，以格式化了的简单句为例，整体展示上述接缀陈述式现在将来时形态变化语法词缀的可变性否定助动词，对句子主要动词现在将来施事的动作行为给予否定的同时，各自在人称和数等方面体现的不同语法含义和使用关系：

{ bi / ʃi / tari（talar） / bu / sʉ } + { əʃim / əʃinde / əʃiŋ / ɔʃimʉŋ / əʃiʧʧʉŋ } + ninirə = {
bi *əʃim* ninirə. 我现在将来不去
ʃi *əʃinde* ninirə. 你现在将来不去
tari（talar） *əʃiŋ* ninirə. 他（他们）现在将来不去
bʉ *əʃimʉŋ* ninirə. 我们现在将来不去
sʉ *əʃiʧʧʉŋ* ninirə. 你们现在将来不去
}

（3）可变性否定助动词 ə- 后面接缀陈述式过去时形态变化语法词缀的现象

ə- + -sə（过去时） + {
-wə（单数第一人称） ⇨ əsəwə > əsəw > əsʉ
-ʃi（单数第二人称） ⇨ əsəʃi
-○[1]（单复数第三人称） ⇨ əsə
-mʉŋ（复数第一人称） ⇨ əsəmʉŋ
-sʉŋ（复数第二人称） ⇨ əsəsʉŋ
}

① 表示零词缀。

下面以格式化了的简单句为例，整体展示上述接缀陈述式过去时形态变化语法词缀的可变性否定助动词，在对句子主要动词过去施事的动作行为给予否定的同时，各自在人称和数等方面体现的不同语法含义和使用关系：

bi	+	əsʉ	+	ninirə	=	bi *əsʉ* ninirə. 我没去过
ʃi		əsəʃi				ʃi *əsəʃi* ninirə. 你没去过
tari$_{\text{(talar)}}$		əsə				tari$_{\text{(talar)}}$ *əsə* ninirə. 他$_{(\text{他们})}$没去过
bʉ		əsəmʉŋ				bʉ *əsəmʉŋ* ninirə. 我们没去过
sʉ		əsəsʉŋ				sʉ *əsəsʉŋ* ninirə. 你们没去过

（4）可变性否定助动词 ə- 后面接缀陈述式将来时形态变化语法词缀的现象

ə- + -ʤigə（将来时）	+	-wi（单数第一人称）⇨	əʤigəwi
		-ʃi（单数第二人称）⇨	əʤigəʃi
		-○（单复数第三人称）⇨	əʤigə
		-mʉŋ（复数第一人称）⇨	əʤigəmʉŋ
		-sʉŋ（复数第二人称）⇨	əʤigəsʉŋ

下面以格式化了的简单句为例，整体展示上述接缀陈述式将来时形态变化语法词缀的可变性否定助动词，对句子主要动词将来要施事的动作行为给予否定的同时，各自在人称和数等方面体现的不同语法含义和使用关系：

bi	+	əʤigəwi	+	ninirə	=	bi *əʤigəwi* ninirə. 我将来不去
ʃi		əʤigəʃi				ʃi *əʤigəʃi* ninirə. 你将来不去
tari$_{\text{(talar)}}$		əʤigə				tari$_{\text{(talar)}}$ *əʤigə* ninirə. 他$_{(\text{他们})}$将来不去
bʉ		əʤigəmʉŋ				bʉ *əʤigəmʉŋ* ninirə. 我们将来不去
sʉ		əʤigəsʉŋ				sʉ *əʤigəsʉŋ* ninirə. 你们将来不去

（5）可变性否定助动词 ə- 后面接缀祈求式形态变化语法词缀的现象

ə- + -gə（祈求式）+
- -re（单数第一人称） ⇨ əgəre
- -ʃi（单数第二人称） ⇨ əgəʃi
- -ne（单复数第三人称） ⇨ əgəne
- -mʉŋ（复数第一人称） ⇨ əgə（t） mʉŋ > əgətmʉŋ
- -sʉŋ（复数第二人称） ⇨ əgə（t） sʉŋ > əgətsʉŋ > əgətʧʉŋ

下面以格式化了的简单句为例，整体展示上述接缀祈求式形态变化语法词缀的可变性否定助动词，以祈求口气禁止句子主要动词施事的动作行为的同时，它们在人称和数等方面体现的不同语法含义和使用关系：

{bi, ʃi, tari（talar）, bʉ, sʉ} + {əgəre, əgəʃi, əgəne, əgətmʉŋ, əgətʧʉŋ} + ninirə =
- bi *əgəre* ninirə. 请别让我去
- ʃi *əgəʃi* ninirə. 请别让你去
- tari（talar） *əgəne* ninirə. 请别让他（他们）去
- bʉ *əgətmʉŋ* ninirə. 请别让我们去
- sʉ *əgətʧʉŋ* ninirə. 请别让你们去

（6）可变性否定助动词 ə- 后面接缀命令式形态变化语法词缀的现象

ə- + -gə（命令式）+
- -r（单数第一人称） ⇨ əgər
- -ʃi（单数第二人称） ⇨ əgəʃi > əgʃi > əʤi
- -ŋ（单复数第三人称） ⇨ əgəŋ > əgiŋ
- -r（复数第一人称） ⇨ əgər
- -sʉŋ（复数第二人称） ⇨ əgə(t) sʉŋ > əgətsʉŋ > əgətʧʉŋ > əʧʉŋ

下面以格式化了的简单句为例，整体展示上述接缀命令式形态变化语法词缀的可变性否定助动词，对句子主要动词表现出的动作行为给予否定的同时，各自在人称和数等方面体现的不同语法含义和使用关系：

bi	+	əgər	+ ninirə =	bi *əgər* ninirə. 我不去
ʃi		əʤi		ʃi *əʤi* ninirə. 你别去
tari(talar)		əgiŋ		tari(talar) *əgiŋ* ninirə. 他(他们)别去
bʉ		əgər		bʉ *əgər* ninirə. 我们别去
sʉ		əʧʧʉŋ		sʉ *əʧʧʉŋ* ninirə. 你们别去

（7）可变性否定助动词 ə- 后面接缀假定式形态变化语法词缀的现象

ə- + -kki（假定式）+	-wi 单数第一人称	⇨	əkkiwi
	-ʃi 单数第二人称	⇨	əkkiʃi
	-ni 单复数第三人称	⇨	əkkini
	-mʉŋ 复数第一人称	⇨	əkkimʉŋ
	-sʉŋ 复数第二人称	⇨	əkkisʉŋ

下面是整体展示的具体使用情况及简单例句：

bi	+	əkkiwi	+ ninirə =	bi *əkkiwi* ninirə. 假定我不去
ʃi		əkkiʃi		ʃi *əkkiʃi* ninirə. 假定你不去
tari（talar）		əkkini		tari(talar) *əkkini* ninirə. 假定他(他们)不去
bʉ		əkkimʉŋ		bʉ *əkkimʉŋ* ninirə. 假定我们不去
sʉ		əkkisʉŋ		sʉ *əkkisʉŋ* ninirə. 假定你们不去

另外还有一种情况是，可变性否定助动词 ə- 后面接缀假定式形态变化语法词缀时，在 ə- 与假定式形态变化语法词缀之间出现增加 -ʃi 音之现象。例如，

ə- + -ʃi + -kki（假定式）+	-wi 单数第一人称	⇨	əʃikkiwi
	-ʃi 单数第二人称	⇨	əʃikkiʃi
	-ni 单复数第三人称	⇨	əʃikkini
	-mʉŋ 复数第一人称	⇨	əʃikkimʉŋ
	-sʉŋ 复数第二人称	⇨	əʃikkisʉŋ

下面是整体展示的具体使用情况及简单例句：

bi	+	əʃikkiwi	+	ninirə	=	bi *əʃikkiwi* ninirə. 假定我不去
ʃi		əʃikkiʃi				ʃi *əʃikkiʃi* ninirə. 假定你不去
tari（talar）		əʃikkini				tari（talar） *əʃikkini* ninirə. 假定他（他们）不去
bʉ		əʃikkimʉŋ				bʉ *əʃikkimʉŋ* ninirə. 假定我们不去
sʉ		əʃikkisʉŋ				sʉ *əʃikkisʉŋ* ninirə. 假定你们不去

从以上全面展示的有关可变性否定助动词 ə- 接缀动词式形态变化语法词缀的七种结构类型，以及在举例说明的简单句中具体使用的实际情况来看，可变性否定助动词 ə- 接缀动词式形态变化语法词缀时出现如下几种特殊实例：

第一，陈述式现在时的单数和复数第三人称形态变化语法词缀 -ʤirəŋ 要由 -ʤiŋ 来替代。换句话说，-ʤirəŋ 中的 -rəŋ 要演化为 -ŋ 这一单一鼻辅音形式。第二，现在将来时形态变化语法词缀接缀于可变性否定助动词 ə- 后面时，在 ə- 与形态变化语法词缀之间增加 -ʃi 这一语音形式。与此同时，现在将来时单数和复数第三人称形态变化语法词缀 -rəŋ 要由 -ŋ 来替代。第三，接缀祈求式形态变化语法词缀时，单数第一人称和复数第二人称的表现形式 -hə 与 -həldɵne，分别由 -gəʃi 和 -gəʧʧʉŋ 来替代。第四，接缀命令式形态变化语法词缀时，在 ə- 与形态变化语法词缀之间增加 -gə 这一语音形式。另外，命令式形态变化现象分别由 -r（单数和复数第一人称语法词缀）、-ʃi（单数第二人称语法词缀）、-ŋ（单数和复数第三人称语法词缀）、-sʉŋ（复数第二人称语法词缀）来表示。第五，使用假定式形态变化语法词缀时，也会出现在 ə- 与形态变化语法词缀之间增加 -ʃi 这一语音形式的现象，并有较高的使用率和使用面。第六，与否定助动词相配套使用的句尾主要动词词根或词干后面，基本上都要接缀由短元音 a、ə、o、ɵ 为核心的四元一体元音和谐原理构成的形态变化语法词缀 -ra、-rə、-ro、-rɵ ~ -da、-də、-do、-dɵ ~ -ta、-tə、-to、-tɵ ~ -na、-nə、-no、-nɵ 等形态变化语法词缀。而且，它们的使用方法及条件，跟陈述式现在将来时第三人称形态变化语法词缀 -raŋ、-rəŋ、-roŋ、-rɵŋ ~ -daŋ、-dəŋ、-doŋ、-dɵŋ ~ -taŋ、-təŋ、

-toŋ、-tɵŋ ~ -naŋ、-nəŋ、-noŋ、-nɵŋ 等的使用关系和要求完全一致。第七，根据我们掌握的语法资料，也有在可变性否定助动词词根 ə- 后面，直接接缀陈述式现在时形态变化语法词缀之现象。并且，同样能够表现出含有不同人称内涵的现在时否定助动词的语法概念。对此，我们认为，可变性否定助动词是在 ə- 后面，先接缀现在时概念的形态变化语法词缀 -ʤi，后接缀不同人称内涵的形态变化语法词缀而构成的产物。专家大多认为这一形态变化现象的出现，应与使用陈述式现在时形态变化语法词缀有关。那么，陈述式现在时形态变化语法词缀系统的形成原理，是否合乎刚才的说法也需要进一步进行全面科学的分析研究。

总之，鄂温克语否定助动词有不变性结构类型的实例 aaʃiŋ，以及可变性结构类型的实例 ə- 两种。其中，aaʃiŋ 在句子里使用时不产生任何音变，始终用它的原有结构形式用于不同句子。不过，作为可变性结构类型的否定助动词 ə- 要根据句子所陈述的不同时间概念和不同人称关系，接缀式形态变化现象复杂多变的语法词缀，以及接缀其他相关形态变化语法词缀。也就是说，可变性否定助动词 ə-，不接缀式形态变化语法词缀，就不能够使用于句子。正因为如此，ə- 的表现形式、结构特征、使用关系十分复杂。

第二节　肯定助动词

鄂温克语的肯定助动词也跟否定助动词相同，由不变性和可变性两种结构类型构成。其中，不变性结构类型的肯定助动词为 biʃiŋ“有”，可变性结构类型的肯定助动词有 nəə-“放”、bi-“有”、gʉŋ-（gʉnɵ- > gʉnə- > gʉn- > gʉŋ-）“说”等。对此有人认为，像 nəə-、bi-、gʉŋ- 等均属于动词词根，或者说在充当动词词根的同时又充当肯定助动词词根的特殊产物。总之，鄂温克语的可变性肯定助动词是由动词词根 nəə-、bi-、gʉŋ- 派生而来，这是毋庸置疑的事实。而且，在 nəə-、bi-、gʉŋ- 后面，也都同可变性否定助动词 ə- 一样，能够接缀动词式形态变化现象的语法词缀。正因为如此，在下面的讨论中，就不像可变性否定助动词 ə- 的分析那样，全面展示接缀式形态变化语法词缀及其使用实例，而只是对于特殊现象进行个别说明。另外，在这里还应该提到的是，该语言的肯定助动词，一般都要用于句子主要动词后面，从而肯定句子主要动词所陈述的动作行为。以下分别对于肯定助动词进行分析。

1. **不变性肯定助动词 biʃiŋ 的使用关系**

依据资料分析，不变性肯定助动词 biʃiŋ 主要表示“有”这一肯定概念，并用于句子尾端主要动词的后面。例如，

mini ɢasa jəəmə hoʧʧodu əʃi naaŋ ʉniim biʃiŋ.
我的 买的 商品 商店在 现在 也 卖 是
现在商店里还在卖我买过的商品。

taʧʧil baraaŋʤiwal mʉni ədʉ əmətəŋ biʃiŋ.
他们 大家 我们的 这里 来 是
他们大家来我们这里了。

这两个句子中，不变性肯定助动词 biʃiŋ“是”，先后出现于句子主要动词 ʉniim“卖”和 əmətəŋ“来”后面，从而肯定了这两个动词表述的动作行为。我们研究第一手资料时发现，在不变性肯定助动词 biʃiŋ 前面使用的句子主要动词词根或词干，接缀形态变化语法词缀 -m 的现象最为常见。另外，接缀动词体形态变化语法词缀的情况也有不少。不过，很少有接缀动词式形态变化语法词缀的实例。

2. **可变性肯定助动词 nəə- 的使用关系**

研究表明，可变性肯定助动词 nəə- 后面，完全可以原封不动地接缀式形态变化语法词缀系统。这一点上它要远远优越于否定助动词 ə-，因为在 ə- 后面接缀式形态变化现象的有关语法词缀时，还要产生一些语音变化，从而适应否定助动词 ə- 的使用原理和语法概念的表示。然而，与此相反，可变性肯定助动词 nəə- 使用的式形态变化语法词缀系统中，几乎没有任何的语音变化现象或变异情况，都要接缀于其后，进而表现出对于句子主要动词阐述的动作行为的肯定。不过，可变性肯定助动词 nəə- 表示的肯定概念中，

却隐含有不同时和人称语法内涵。但是，我们分析第一手资料时发现，使用于可变性肯定助动词 nəə- 前面的句子主要动词，一般都以接缀 -ʧʧi 这一完成体形态变化语法词缀的形式出现。由于可变性肯定助动词 nəə- 接缀式形态变化语法词缀的基本要求、使用规则、表现形式等方面，与其他动词完全一致，没有什么严格意义上的区别性特征，所以在这里不一一罗列进行分析，相关内容和实例可以参阅前面讨论的动词式形态变化部分。以下列举几个例句，展示接缀有式形态变化语法词缀的可变性肯定助动词 nəə- 的使用关系，以及在语句中发挥的肯定助动词作用。例如，

ʃi ʤʉligʉ tari goddo ʉrwө əmʉkkəŋ tʉttʉgөʧʧi nəə-ʤinde.
你 南 那 高的 山 独自 攀登 是 现在你
你现在独自攀登南面那座高山。

tari bəj mʉni ədʉ əməʧʧi nəə-rəŋ.
那 人 我们的 这里 来 是现在将来他
那个人现在将来要来我们这里。

mini ahiŋbi ʉʤidʉ əri honnoriŋ moriŋbo uguʧʧi nəə-ʤigə.
我的 哥哥 将来 这 黑的 马把 骑 是 将来他
我哥哥将来要骑这匹黑骏马。

bi əri bajtawa əmmədʉ ʤiŋʤiʧʧi nəə-sʉ.
我 此 事情把 母亲与 说 了 是 过去我
我把此事已经跟母亲说了。

我们可以清楚地看出，在第一例句中，接缀有陈述式现在时单数第二人称形态变化语法词缀 -ʤinde 的肯定助动词 nəəʤinde（nəə-ʤinde），充分肯定了句子主要动词 tʉttʉgөʧʧi “攀登” 所表示的动作行为。同时，还辅助性交代了这一动作行为的施事者 “你” 和施事时间 “现在”。第二例句中，接缀有陈述式现在将来时单数第三人称形态变化语法词缀 -rəŋ 的肯定助动词

nəərəŋ（nəə-rəŋ），在肯定句子主要动词 əmətʃtʃi“来”的动作行为的前提下，辅助性交代了动作行为的施事者“他”和时间“现在将来”。第三例句中，接缀陈述式将来时单数第三人称形态变化语法词缀 -ʤigə 的肯定助动词 nəə-ʤigə（nəə-ʤigə），肯定句子主要动词 ugutʃtʃi“骑”的同时，辅助性交代了动作行为的施事者“他”和时间“将来”。第四例句中，接缀陈述式过去时单数第一人称形态变化语法词缀 -sʉ 的肯定助动词 nəə-sʉ（nəə-sʉ），同样肯定了句子主要动词 ʤiŋʤitʃtʃi“说”所表示的动作行为，并还辅助性交代了动作行为的施事者“我”和时间“过去”。通过这四个例句，我们也能够看出可变性肯定助动词 nəə-，基本上都用于句子末端的主要动词后面。

3. 可变性肯定助动词 bi- 的使用关系

从严格意义上讲，可变性肯定助动词 bi- 与不变性肯定助动词 biʃiŋ 同属于一个词根，它们均源于动词词根 bi-。其中，biʃiŋ 是由 bi- 构成的固定不变的结构类型，所以我们称其为不变性肯定助动词。与此相反，bi- 是根据句子和主要动词的需要，能够不断变换形态变化结构形式，且能够接缀不同式形态变化语法词缀，因此就称其为可比性肯定助动词。那么，如前所述，在可变性肯定助动词 bi- 后面接缀式形态变化语法词缀的情况，与可变性肯定助动词 nəə- 接缀式形态变化语法词缀基本相同。这就说，接缀有式形态变化语法词缀的可变性肯定助动词 bi-，同样具有辅助性说明句子主要动词阐述的动作行为之施事者和施事时间的功能和作用。不过，在可变性肯定助动词 bi- 前面出现的句子主要动词一般都接缀动词体形态变化语法词缀。例如，

bi　amigʉ　ʉrirəŋdʉ　əməkkəŋ　ninitəŋ　bi-ʤime.
我　北　村　独自　去　是 现在我
我现在独自去北村。

sʉ　dattaŋ　mini　iisaldu　iʃiqʉʉtʃ　bi-tʃtʃʉŋ.
你们 经常　我的 眼睛在　看见　是 你们
你们反复出现在我的眼前。

mʉni əhiŋmʉni mʉni ədʉ əməməl bi-ʤigəmʉŋ.
我们的 姐我们 我们 这里 来 是 现在将来我们
姐姐现在将来要多次来我们这里。

taʧʧil tari bajtawa abadu sʉt ʤiŋʤiʧʧi bi-sə.
他们 那 事情把 父亲 都 说 完 是 过去他们
他们把此事已跟父亲都说了。

在上面的第一例句中，接缀陈述式现在时单数第一人称形态变化语法词缀 -ʤime 的可变性肯定助动词 biʤime（bi-ʤime），在肯定接缀固定体形态变化语法词缀 -təŋ 的句子主要动词 ninitəŋ“去”所表示的动作行为的同时，辅助性说明了这一动作行为的施事者“我”和施事时间“现在”。第二例句中，接缀有陈述式现在将来时复数第二人称形态变化语法词缀 -ʧʧʉŋ 的肯定助动词 biʧʧʉŋ（bi-ʧʧʉŋ），在肯定接缀反复体形态变化语法词缀 -gʉʉʧ 的句子主要动词 iʃigʉʉʧ“看”的动作行为的基础下，辅助性说明了该动作行为的施事者“你们”和时间“现在将来”。第三例句中，接缀陈述式将来时复数第一人称形态变化语法词缀 -ʤigəmʉŋ 的肯定助动词 biʤigəmʉŋ（bi-ʤigəmʉŋ），在肯定接缀多次体形态变化语法词缀 -məl 的句子主要动词 əməməl“骑”的同时，辅助性说明了动作行为的施事者“我们”和时间“将来”。第四例句中，接缀陈述式过去时复数第三人称形态变化语法词缀 -sə 的肯定助动词 bisə（bi-sə），也是肯定了接缀完成体形态变化语法词缀 -ʧʧi的句子主要动词 ʤiŋʤiʧʧi“讲”所表示的动作行为。另外，还辅助性说明了动作行为的施事者“他们”和时间“过去”。我们分析中还表明，可变性肯定助动词 bi- 接缀陈述式现在将来时形态变化语法词缀时，也出现在它们之间增加 -ʃi 这一语音形式的现象。比如，bim（bi-m）、binde（bi-nde）、binəŋ（bi-nəŋ）、bimʉŋ（bi-mʉŋ）、biʧʧʉŋ（bi-ʧʧʉŋ）等均可分别说成 biʃim（bi-ʃi-m）、biʃinde（bi-ʃi-nde）、biʃinəŋ（bi-ʃi-nəŋ）、biʃimʉŋ（bi-ʃi-mʉŋ）、biʃiʧʧʉŋ（bi-ʃi-ʧʧʉŋ）等。还有，可变性肯定助动词 bi- 后面，接缀陈述式现在将来时单数或复数形态变化语法词缀时，一般都要用

-nəŋ，用 -rəŋ 的实例比较少见。而且，可变性肯定助动词 bi-，也基本上均出现于句尾。

4. 可变性肯定助动词 gʉnə-（gʉŋ-）的使用关系

依据现有的调研资料，可变性肯定助动词 gʉnɵ-（gʉŋ-）同样可以接缀式形态变化语法词缀系统。在前面的有关章节里，对于可变性肯定助动词 gʉnɵ- 的音变关系及其规律作过一些交代。也就是说，可变性肯定助动词 gʉnɵ- 在一些人的口中常常发音为 gʉŋ-。那么，gʉŋ- 是如何演化而来的呢？它应该是经 gʉnɵ- > gʉnə- > gʉn- > gʉŋ- 式音变规律演化而来的产物。当人们将 gʉnɵ- 发音成 gʉŋ- 的时候，在它后面接缀的由辅音 s 开头的形态变化语法词缀的词缀首辅音时都要产生 ʧ 音变。除此之外，在 gʉnɵ-（gʉŋ-）后面使用式形态变化语法词缀的实例，与其他可变性肯定助动词的情况基本相同，没有太大的区别性特征。毫无疑问，可变性肯定助动词 gʉnɵ-（gʉŋ-）所表现出的肯定含义中，同样也含有不同时和人称语法概念。不过，出现于可变性肯定助动词 gʉnɵ-（gʉŋ-）前的句子主要动词，可以接缀陈述式等的形态变化语法词缀。例如，

tari　adine　tʉgni　təggəʧʧiwəl　ʉldiʤirəŋ　gʉnɵ-ʤirəŋ.
她　几个　冬天的　衣服自己　缝制　是 现在她们
说是她们几位现在正在缝制过冬的衣服。

bʉ　ʤʉligʉ　goddo　ʉrwɵ　əmʉrəttə　tʉttʉgəmʉŋ　gʉnɵ-mʉŋ.
我们　南　高的　山　一起　攀登现在将来我们　是现在将来我们
我们现在将来一起攀登南面的高山。

ʃi　aldawusa　moriŋbi　gələəm　bahaha　gʉnɵ-ʤigəmʉŋ.
你　丢失的　马把　找　得到　是　将来 他
你将来能够找到丢失的马。

muni əhiŋmuni suni tadu ninisə gunə-sə.
我们的 姐我们 你们 那里 去了 是 了她
我们的姐姐去你们那里了。

上面的第一句中，无论是句子主要动词 uldiʤirəŋ（uldi-ʤirəŋ）“缝制”，还是可变性肯定助动词 gunəʤirəŋ（gunə-ʤirəŋ）都同样接缀了现在时单数第三人称形态变化语法词缀 -ʤirəŋ。尽管如此，作为可变性肯定助动词 gunəʤirəŋ 充分表现出对于句子主要动词 uldiʤirəŋ 所含动作行为的肯定。第二句，接缀陈述式现在时复数第一人称形态变化语法词缀 -muŋ 的可变性肯定助动词 gunəmuŋ（gunə-muŋ），表现出对于同样接缀陈述式现在时复数第一人称形态变化语法词缀 -muŋ 的句子主要动词 tuttugəmuŋ“攀登”的肯定。在第三句中，接缀陈述式将来时单数第二人称形态变化语法词缀 -ʤigəmuŋ 的可变性肯定助动词 gunəʤigəmuŋ（gunə-ʤigəmuŋ），对接缀祈求式单数第一人称形态变化语法词缀 -ha 的句子主要动词 bahaha（baha-ha）“得到”给予肯定。在第四个例句中，接缀陈述式过去时单数第三人称形态变化语法词缀 -sə 的可变性肯定助动词 gunəsə（gunə-sə），对于同样是接缀过去式单数第一人称形态变化语法词缀 -sə 的句子主要动词 ninisə（nini-sə）“去了”表示的动作行为给予了肯定。由动词词根 gunə- 派生而来的可变性肯定助动词的形成原理，与否定助动词 ə- 后面接缀式形态变化语法词缀的情况基本相同。这些接缀有陈述式不同形态变化语法词缀的可变性肯定助动词，在句中表示含不同时和人称语法概念的肯定性质的助动词语法概念。关于助动词词根后面接缀式形态变化语法词缀的基本情况、使用原理、表述内容等方面的问题，我们在分析和阐述否定助动词 ə- 的词缀系统时讲得比较清楚，因此不再赘述。鄂温克语里，不变性肯定助动词和可变性肯定助动词均有一定的使用率，同时绝大多数情况下使用于句子末尾。

第三节 判断助动词

我们在这里所说的判断助动词，是对于句子主要动词表现出的动作行为给予正确判断的助动词，而且同样分为不变性判断助动词与可变性判断助动词两种。可变性判断助动词后面，同样能够原封不动地接缀式形态变化语法词缀系统，从而表现出含有不同时间和人称内含的判断助动词概念。那么，依据我们的分析，判断助动词表示的语法概念，可以用汉语的“是”、“行”、“成”来解释或替代。

1. **不变性判断助动词 ʃiŋʤə 的使用关系**

资料和研究充分表明，ʃiŋʤə 完全属于不变性结构类型的判断助动词，因为用于不同结构类型或语法含义的句子主要动词后面时，均不产生任何的形态变化语法现象，都按照原来的结构形式使用。并且，基本上用于句末主要动词的后面，进而表示判断助动词所包含的语法概念。不变性判断助动词 ʃiŋʤə 在语句里表现出的语法概念，相当于汉语的“是”。例如，

bəj ʃiniwə ninihə gʉnəkkiwi nininde ʃiŋʤə.
人 你把 去 说的话 去吧你 是
如果人家叫你去你就去吧。

mini ʉkkəhəŋbi uʤidu ajaʤi ʉliʤəgə ʃiŋʤə.
我 儿子 将来 好好 发展 是
我儿子将来会有好的发展。

tari əri inig doliŋdihi amiʃigi mʉnidʉlə əmərəŋ ʃiŋʤə.
他 这 天 中从 后 我们 来 是
他应该下午两点来我们家里。

这三个句子中，不变性判断助动词 ʃiŋʤə“是”，分别用于接缀有陈述式现在将来时单数第二人称形态变化语法词缀 -nde 的动词 nininde（nini-nde）“去”、陈述式将来时单数第三人称形态变化语法词缀 -ʤəgə 的动词 ʉliʤəgə（ʉli-ʤəgə）“发展”、陈述式现在将来时单数第三人称形态变化语法词缀 -rəŋ 的动词 əmərəŋ（əmə-rəŋ）“来”等后面，从而对于这三个主要动词表示的动作行为辅助性增加了正确判断之语法内涵。这三个例句清楚地

告诉我们，在不变性判断助动词 ʃiŋʤə 前出现的句子主要动词一般都接缀式形态变化现象的语法词缀。

2. **可变性判断助动词 oo- 的使用关系**

鄂温克语助动词内可变性判断助动词只有 oo-，在它后面几乎可以接缀式形态变化现象的所有语法词缀。在此基础上，构成一系列具有不同时或人称语法内涵的可变性判断助动词。而且，在可变性判断助动词 oo- 后面接缀式形态变化语法词缀的条件和要求，跟前面谈到的可变性肯定助动词 oo- 的情况完全相同。另外，接缀有式形态变化语法词缀的可变判断助动词 oo- 一般都用于句子末尾主要动词的后面。可变性判断助动词 oo- 一般都要表示相当于汉语的“行”、“成”、“是”等语法概念。例如，

mini nisʉhʉŋ ʉkkəhəŋbi ʃiiŋkir ənʉhʉniŋ anawusa oo-so.
我的 小的 儿子 咳嗽的 病 他 治愈了他 行 他
我小儿子的咳嗽病被治愈了。

ʃi timaaʃiŋ əddə əmʉkkəŋ adoŋdu ninr oo-ʤogoʃi.
你 明天 早晨 独自 马群与 去 成 你
明天早晨只有你一个人去马群了。

tari bəj law bəj bʉhʉldʉ ajawur oo-roŋ.
那 人 肯定 人 都 喜欢 是
那人肯定被人人所喜欢。

可以看出，以上例句中，可变性肯定助动词 oo-，分别以接缀陈述式过去时单数第三人称形态变化语法词缀 -so、将来时单数第二人称形态变化语法词缀 -ʤogoʃi、陈述式现在将来时单数第三人称形态变化语法词缀 -roŋ 的结构形式，出现于接缀有陈述式过去时单数第三人称形态变化语法词缀 -sa 的动词 anawusa（anawu-sa）“被治愈”、形动词现在将来时形态变化语法词缀 -r 的形动词 ninir（nini-r）“去”与 ajawur（ajawu-r）“喜欢”之前，从而

给这三个主要动词所阐述的动作行为的实施结果及即将实施给予了正确判断。从以上实例，我们也可以了解到，在可变性肯定助动词 oo- 前面不仅可以出现接缀式形态变化语法词缀的动词，同时也出现接缀形动词形态变化语法词缀的形动词。不过，相比之下，在可变性肯定助动词 oo- 后面，接缀形动词现在将来时形态变化语法词缀的情况比较多见。与此相反，接缀形动词现在时形态变化语法词缀，以及接缀形动词过去时形态变化语法词缀的实例出现得不是太多。另外，动词词根或词干后面，接缀被动态形态变化语法词缀 -wu 的现象也出现得比较多。

第四节　应许助动词

根据我们现已掌握的资料，该语言里使用的应许助动词似乎只有 oodoŋ 一个。可以看出，该应许助动词属于不变性结构类型的产物。那么，不变性应许助动词 oodoŋ 在句子中表现出的语法概念，可以同汉语的“应”、“行”、“可以”等相提并论。另外，用于句子末尾的 oodoŋ，对于句子主要动词表示的动作行为增加应许语法内涵。例如，

ənnəgəŋ　əhʉddi　inig　doodu　əbbəʃim　oodoŋ.
这么　热的　天　河 里　游泳　应
这么热天应该河里游泳。

ʃi　nələki　əriŋ　mʉni　ədʉ　əməkkiʃi　oodoŋ.
你　春　季　我们的　这里　来　假使你　行
你应春季到我们这里来。

bʉ　ajmagni　gisaŋdu　ʃiŋbowo　niniwʉhəŋkki　oodoŋ.
我们　盟里的　会 里　新宝把　去　愿　可以
就让新宝去参加盟里的会吧。

不变性应许助动词 oodoŋ，在例句第一句中出现于接缀有形态变化语法

词缀 -m 的动词 əbbəʃim（əbbəʃi-m）“游泳”后面，从而给句子主要动词增加了应许语法概念。在此基础上，表达了“应该游泳”或“应游泳”这一含应许助动词内涵的动作行为。第二个句子中，不变性应许助动词 oodoŋ，使用于接缀有假定式单数第二人称形态变化语法词缀 -kkiʃi 的动词 əməkkiʃi（əmə-kkiʃi）“假定你来”的后面，进而同样给句子主要动词增加了应许助动词应有的语法概念。毫无疑问，这使该句子的主要动词与不变性应许助动词的概念融合为一体，表现出“你应来”这一具有应许助动词语法内涵的动作行为。在第三句内，不变性应许助动词 oodoŋ，则用于接缀愿望体形态变化语法词缀 -kki 的动词 niniwʉhəŋkki（niniwʉhəŋ-kki）“假定你去”的后面，使该动词表述的概念变为“应让去”这一有应许助动词语法含义的动作行为。从这三个例句中，我们可以初步认识到，在不变性应许助动词 oodoŋ 前出现的句子主要动词，一般都要接缀形态变化语法词缀 -m 或假定式形态变化语法词缀及体形态变化语法词缀等。不过，在体形态变化现象中，愿望体有很高的使用率。

不过，不变性应许助动词 oodoŋ 的词根 oo- 也可以充当可变性应许助动词。换言之，接缀有式形态变化语法词缀的 oo-，同样能够表示应许助动词所含的语法概念。例如，

bi　timaaʃiŋ　əmʉkkəŋ　ʉrdʉ　jʉʉm　oo-me.
我　明天　独自　山　上　应 现在将来我
我明天应独自上山。

ʃini　ʉkkəhəŋʃi　əri　honnoriŋ　moriŋ　ugukkini　oo-roŋ.
你的　儿子　这　黑的　马　骑假定他 应 现在将来他
你儿子应（现在将来）骑这匹黑骏马。

sʉ　amaggu　mʉni　ədʉ　əməkki　oo-ʤogosuŋ.
你们 将来　我们的 这里　来 应　应 将来你们
你们将来应来我们这里。

可以看出，同样是在接缀有形态变化语法词缀 -m、假定式单数第三人称形态变化语法词缀 -kkini、愿望体形态变化语法词缀 -kki 的句子主要动词 jʉʉm（jʉʉ-m）"上（上去）"、ugukkini（ugu-kkini）"假定他骑"、əməkki（əmə-kki）"应来"后面使用的可变性应许助动词 oo-，却分别接缀了陈述式现在将来时单数第一人称形态变化语法词缀 -me、陈述式现在将来时单数第三人称形态变化语法词缀 -roŋ、陈述式将来时复数第二人称形态变化语法词缀 -ʤogosuŋ 等。在此基础上，构成可变性应许助动词 oome（oo-me）、ooroŋ（oo-roŋ）、ooʤogosuŋ（oo-ʤogosuŋ），进而给句子主要动词表示的动作行为辅助性增加了"应"这一应许助动词语法概念。不过，相比之下，在语句中表示应许助动词语法概念时，还是使用不变性应许助动词 oodoŋ 的占绝对多数。使用可变性应许助动词的一般都是上了年纪的老人。

第五节　能愿助动词

我们经过调研还发现，鄂温克语的助动词里还有表示能愿关系的能愿助动词。分为不变性能愿助动词与可变性能愿助动词两种。其中，不变性结构类型的能愿助动词有 doroʃi"愿意"，可变性结构类型的能愿助动词有 ətə-"能"、"会"。可变性助动词词根 ətə- 后面，接缀式形态变化语法词缀的情况，和前面分析的可变性助动词基本相同，没有严格意义上的区别性特征。同时，能愿助动词也和其他助动词一样，往往使用于句子末尾的主要动词的后面。

1. **不变性能愿助动词 doroʃi 的使用关系**

调研资料显示，doroʃi 是一个使用率相当高的不变性能愿助动词。而且，同样出现于句子末尾的主要动词的后面，进而给句子主要动词表示的动作行为增加能愿性质的语法概念。它在句子中，表现出相当于汉语的"爱"、"愿意"、"喜欢"等。例如，

ilaaŋ　gʉŋʧe　unaaʤ　ondi　dʉrʉŋ　ʤaandar　doroʃi.
伊兰　是　姑娘　多么　样子　唱歌　愿意
伊兰这个姑娘是多么愿意唱歌呀。

bi tari sʉndʉrləʤir boɢada ʉrdʉ jʉʉr doroʃi.
我 那 巍然屹立的 博格达 山 攀登 爱
我爱攀登那座巍然屹立的博格达山。

əwəŋkə bəjsəl sʉt moriŋ uɡur doroʃi.
鄂温克 人们 都 马 骑 喜欢
鄂温克人们都喜欢骑马。

这三个例句句尾出现的不变性能愿助动词 doroʃi，先后用于接缀形动词现在将来时形态变化语法词缀 -r 的动词 ʤaandar（ʤaanda-r）“唱歌”、jʉʉr（jʉʉ-r）“攀登”、uɡur（uɡu-r）“骑”后面，进而给句子主要动词表示的动作行为增加了“愿意”、“爱”、“喜欢”等辅助性概念。这使句子主要动词原来的语义结构变成“愿意唱歌”、“爱攀登”、“喜欢骑”等，具有不变性能愿助动词含义的产物。另外，不变性能愿助动词 doroʃi，一般都用于接缀有形动词现在将来时形态变化语法词缀 -r 的动词后面。

2. **可变性能愿助动词 ətə- 的使用关系**

如前所述，能愿助动词还有可变性结构类型的产物。而且，要用 ətə- 后面接缀式形态变化语法词缀的形式表现。那么，可变性能愿助动词 ətə-，在句中使用时基本上都要表示相当于汉语的“能”或“会”的辅助性含义，并都出现于句子末尾。例如，

tari ʉttʉliʤir moriŋ oroondodihi toʧʧanaʧʧi əwəm ətə-rəŋ.
他 跑着的 马 上 从 跳 完 下来 能 现在将来他
他能从奔跑的马背上跳下来。

bʉ hokko məəŋkəŋ təɡɡəʧʧiwəl titim ətə-ʤimʉŋ.
我们 都 自己 衣服自己们 穿 会 现在我们
我们都会自己穿衣服。

ʃi tari sʉndʉrlɵʤir bogada ʉr oroondu jʉʉm ətə-ʤigəʃi?
你 那 巍然屹立的 博格达 山 顶端 攀登 能 将来你
你能攀登那座巍然屹立的博格达山顶吗?

以上这三个句子中，作为句子主要动词的 əwəm（əwə-m）“下来”、titim（titim）“穿”、jʉʉm（jʉʉm）“攀登”均接缀有形态变化语法词缀 -m。然而，充当句子可变性能愿助动词的 ətə- 却分别接缀了陈述式现在将来时单数第三人称形态变化语法词缀 -rəŋ、陈述式现在时复数第一人称形态变化语法词缀 -ʤimʉŋ、陈述式将来时单数第二人称形态变化语法词缀 -ʤigəʃi 等，进而构成 ətərəŋ（ətə-rəŋ）、ətəʤimʉŋ（ətə-ʤimʉŋ）、ətəʤigəʃi（ətə-ʤigəʃi）的可变性能愿助动词。在此基础上，句子主要动词的表示形式演化为“能下来”、“会穿”、“能攀登”等有可变性能愿助动词内涵的动作行为。

位于句尾的可变性能愿助动词词根 ətə- 后面分别接缀了陈述式现在将来时单数第三人称形态变化语法词缀 -rəŋ 和复数第一人称形态变化语法词缀 -mʉŋ，从而构成了能愿助动词 ətərəŋ 和 ətəmʉŋ 等。同时，在以上三个例句的末尾出现的能愿助动词 doroʃe“愿意”、ətərəŋ“他会”、ətəmʉŋ“我们能”等，都表现出了对于句子主要动词 toʧʧanaʧʧi əwəm、titim、jʉʉm 陈述的“跳下来”、“穿”、“攀登”等概念的允许和赞同。

总之，鄂温克语助动词的结构关系、构成原理、使用要求都比较复杂。根据助动词的结构性能和特征，主要分为可变性助动词和不变性助动词两大结构类型。其中，像否定助动词 aaʃiŋ、肯定助动词 biʃiŋ、判断助动词 ʃiŋʤə、应许助动词 oodoŋ、能愿助动词 doroʃi 等，属于不存在词缀音变现象，或者说没有形态变化现象的不变性助动词。与此相反，像否定助动词 ə-、肯定助动词 nəə- ~ bi- ~ gʉnə-（gʉŋ-）、判断助动词 oo-、能愿助动词 ətə- 等，属于有词缀音变现象的实例，或者说有形态变化现象的可变性助动词。如前所述，鄂温克语的可变性助动词词根或词干后面，可以接缀极其丰富的式形态变化语法词缀、体形态变化语法词缀、形动词形态变化语法词缀等。而且，其接缀条件和原理与动词类词词根或词干后面接缀形态变化语法词缀的情况基本相一致。正因为如此，接缀有动词式形态变化语法词缀的助动词，还可以表示不同时间和不同人称语法概念。以上研究还表明，除了否定助动词 ə- 能够用于句子主要动词前面之外，其他助动词一般都用于句子末尾的主要动词后面，也就是出现在句子最后。然而，位于助动词前的主要动词常常接缀体形态变化语法词缀、形动词形态变化语法词缀以及式形态变化语法词缀等。还有一种很有意思的现象是，使用有否定助动词句子的主要动词要根据四元一体元音和谐原理及词缀首辅音交替规则，分别接缀 -ra、-rə、-ro、-rɵ ~ -da、-də、-do、-dɵ ~ -ta、-tə、-to、-tɵ ~ -na、-nə、-no、-nɵ 四套形态变化语法词缀。这些形态变化语法词缀的使用规律和要求，跟陈述式现在将来时第三人称形态变化语法词缀 -raŋ、-rəŋ、-roŋ、-rɵŋ ~ -daŋ、-dəŋ、-doŋ、-dɵŋ ~ -taŋ、-təŋ、-toŋ、-tɵŋ ~ -naŋ、-nəŋ、-noŋ、-nɵŋ 等完全相同。总之，助动词在鄂温克语动词类词的结构体系中，同样占有重要位置，从而也发挥着不可忽视的重要作用。

附录一
鄂温克语语音系统

鄂温克语的语音是一个相当合理、和谐、整齐的结构系统。所有这些，在该语言的元音音系以及辅音音系内表现得十分清楚。比如，元音有数量相等的长元音音素和短元音音素，辅音里也有以送气和不送气作为区别特征的一系列音素系统等。

鄂温克语的语音系统里包括：

8 个短元音：a、ə、i、e、o、u、ɵ、ʉ

8 个长元音：aa、əə、ii、ee、oo、uu、ɵɵ、ʉʉ

18 个辅音：b、p、m、w、d、t、n、l、r、s、ʤ、ʧ、ʃ、j、g、k、h、ŋ

12 个复辅音：nt、nd、rt、rd、lt、ld、ŋʧ、ŋʤ、ŋg、ŋk、jk、jg

14 个重叠辅音：bb、mm、nn、dd、tt、rr、ss、ʤʤ、ʧʧ、ʃʃ、gg、kk、hh、jj

1. 元音

1.1 短元音

(1) a [a] ⇨ 展唇后高短元音

(2) ɔ [ɔ] ⇨ 展唇央中短元音

(3) e [e] ⇨ 展唇前次高短元音

(4) i [i] ⇨ 唇前高短元音

（5）o［o］ ⇨ 圆唇后次高短元音
（6）u［u］ ⇨ 圆唇后高短元音
（7）ɵ［ɵ］ ⇨ 圆唇后次高短元音
（8）ʉ［ʉ］ ⇨ 圆唇后次高短元音

1.2 短元音的使用

鄂温克语里短元音 a、ə、i、e、o、u、ɵ、ʉ 在词首、词中、词尾等词的任何部位都可以使用。请看下表的举例说明：

短元音	词首使用		词中使用				词尾使用	
	词语	词义	词语	词义	词语	词义	词语	词义
a	ahiŋ	哥哥	hahara	鸡	lataggaŋ	矮矮的	ada	姐姐
ə	əʃi	现在	təliiŋ	刚才	təgəŋkə	椅子	ələ	这里
i	iʃirəŋ	看	tatiraŋ	学习	iʃirirəŋ	呕吐	əri	这
e	ege	多语的	ʤewe	船	ʃelenaŋ	拉肚子	aʃe	女
o	oshoŋ	鱼	moʧʧehu	歪	soŋohe	爱哭的	bosotto	肾
u	ureel	头旋	aŋuraŋ	问	narikkuŋ	细的	anuhu	钥匙
ɵ	ɵggɵ	游牧包	hɵhɵrɵrɵŋ	发青	bɵggɵ	胖的	ɵntɵ	其他
ʉ	ʉʃi	绳子	ʉnʉgʉŋ	乳牛	gʉggʉlduŋ	动弹	ərʉ	坏的

鄂温克语的这些短元音虽然在词内的任何位置都可以使用，但在词里具体使用的概率有所不同。相比之下，短元音 a、ə、i、o、ʉ 有很高的使用率，其次是短元音 u，短元音 ɵ 或 e 的使用率比较低。

1.3 短元音的音变现象

（1）短元音 a 位于舌尖辅音 d、t、n、l 后面时，要产生央低元音［ᴀ］音变。例如，lata［lᴀtᴀ］“矮的”、tatir［tᴀtir］“学习的”。另外，短元音 a 出现在辅音 s 的后面时，要演变为展唇后次低元音［ʌ］。例如，isa［isʌ］“怎么了”、miisaŋ［miisʌ̃ŋ］“抢”等。

（2）短元音 ə 出现于舌面后辅音 g、k、h 等后面时，要变成圆唇央中元音 ɤ。例如，ilhərəŋ［ilhɤrɤ̃ŋ］“添”、gəgənəŋ［gɤgɤnɤ̃ŋ］“发牢骚”、

səkkəŋ［səkkɤ̃ŋ］“白白的”等。

（3）短元音 e 位于舌尖辅音 d、t、n、l 后面时，要产生相当于展唇前高元音下段的 ɪ 音变化现象。例如，ane［anɪ］“年”、hileraŋ［hilɪrɤ̃ŋ］“斜眼看”。另外，出现于舌面后辅音 k、g 以及小舌音 h 等后面时，要变成展唇中元音 ᴇ。例如，sugen［sugᴇn］“山顶”、soŋohe［soŋɔ̃hᴇ］“爱哭的”等。

（4）短元音 i 位于舌叶音 ʧ、ʤ、ʃ 后面时，一般要产生唇前高元音下段的 ɪ 音变。例如，təʧʧi［təʧʧɪ］“云彩”、əʤirəŋ［əʤɪrɤ̃ŋ］“记住”、iʃiggi［iʃɪggɨ］“看法”、ʤilʤimar［ʤɪlʤɪmar］“小鸟”。短元音 i 位于小舌音 h 后面时，还要产生展唇央高元音［ɨ］之变。例如，ahiŋ［ahɨŋ］“哥哥”、əhiləraŋ［əhɨlərɤ̃ŋ］“跺脚”。

（5）短元音 o 出现于舌面音 j 或舌叶音 ʧ、ʤ、ʃ 等后面时，一般都要产生圆唇后次高元音［o̧］音变，甚至也会出现相当于圆唇后次高元音［ɔ］之音变现象。例如，hojoggo［hɔjo̧ggɤ］“锁链”、ʤogoloŋ［ʤo̧gɔlɤ̃ŋ］“苦涩的”、ʧoʧʧohe［ʧo̧ʧʧo̧he］“小鸡”。另外，短元音 o 用于舌面后辅音 g、k 以及小舌音 h 等后面时，同样产生［ɔ］音变。例如，goddo［gɔddɤ］“高的”、mogoroŋ［mogɔrɤ̃ŋ］“受难”、hokko［hɔkkɤ］“都”、oŋkoroŋ［õŋkɔrɤ̃ŋ］“牲畜吃草”。

（6）短元音 u 出现于舌面后辅音 g、k 以及小舌音 h 等后面时，要产生圆唇后次高元音［ʊ］音变。例如，gugularaŋ［gʊgʊʎrɤ̃ŋ］“鸡叫”、narikkularaŋ［narikkʊʎrɤ̃ŋ］“弄细”、aŋuwuraŋ［aŋʊwurɤ̃ŋ］“被问”、ahuŋku［ahʊ̃ŋkɤ］“窗帘”等。

（7）短元音 ɵ 位于小舌音 h 等后面时，一般都要出现圆唇央中元音［ɵ］音变。例如，hɵhɵrɵrəŋ［hᶱhᶱrərɤ̃ŋ］“发青”、ɵhɵŋ［ɵhɵ̃ŋ］“乳房”等。

（8）短元音 ʉ 出现于舌面后辅音 g、k 以及小舌音 h 等后面时，要产生相当于展唇后高元音［ɯ］的音变现象。例如，gʉggʉldʉŋ［gɯggɯldɤ̃ŋ］“动身”、ʉŋkʉrʉŋ［ʉŋkɯrɤ̃ŋ］“倾倒”、ʉʉŋʉhʉŋkʉnʉŋ［ʉʉŋɯhɯŋkənɤ̃ŋ］“腐烂”、ulʉhdʉrʉŋ［ulʉhɯdərɤ̃ŋ］“多余”等。

（9）短元音用于鼻辅音 ŋ 后面时，一般都要产生鼻音化现象。

（10）短元音用于三音节以上的多音节词或者说长音节词时，出现于第三音节以后的短元音逐步出现弱化现象，甚至词尾音节的短元音给人一种似有非有的听觉。

1.4 长元音

鄂温克语的元音系统里，除了上面分析的 8 个短元音之外，还有 8 个长元音。发长元音时，发音时间要比短元音的拖长一倍，甚至延长到比短元音的发音时间长一倍以上。而且，每个长元音的发音方法和发音部位，都与相关短元音的发音方法和发音部位大同小异，没有多大区别。所以，在以往的研究中，一般都以相关短元音的发音方法和发音部位，分析长元音的结构特征。因此，可以用如下形式，对长元音进行进一步的描写：

(1) aa ⇨ a [a] ⇨ 展唇后高短元音
(2) əə ⇨ ə [ə] ⇨ 展唇央中短元音
(3) ee ⇨ e [e] ⇨ 展唇前次高短元音
(4) ii ⇨ i [i] ⇨ 展唇前高短元音
(5) oo ⇨ o [o] ⇨ 圆唇后次高短元音
(6) uu ⇨ u [u] ⇨ 圆唇后高短元音
(7) ɵɵ ⇨ ɵ [ɵ] ⇨ 圆唇后次高短元音
(8) ʉʉ ⇨ ʉ [ʉ] ⇨ 圆唇后次高短元音

1.5 长元音的使用

短元音	词首使用		词中使用				词尾使用	
	词语	词义	词语	词义	词语	词义	词语	词义
a	aaʃiŋ	无	naalla	手	alaarlaŋ	花色	talaa	那里
ə	əəkkərəŋ	开始	nəəhi	岸	gələərəŋ	找	əə	毛病
i	iihə	铁锅	miiri	肩膀	niŋiirəŋ	骂	tomii	灾祸
e	eehal	什么	heen	黄草	oggeellaraŋ	翻滚	sowee	不生育的
o	ooroŋ	做	dooldiroŋ	听	oroondu	上面	moo	木头
u	uugga	乳汁	baamuuddi	寂寞	togguur	柱子	naŋuu	细汗毛
ɵ	ɵɵgələrəŋ	喘气	hɵɵmɵ	饭	ɵŋgɵɵr	酸奶	ɵɵ	毛病
ʉ	ʉʉttʉ	虱卵	ʉŋʉʉl	蛆虫	tʉʉggʉ	狼	mʉʉ	水

鄂温克语的长元音基本上是在词的第一音节至第三音节内出现，特别是在词首或在词首音节以及词的第二音节出现得最多，第三音节的出现率比较低。然而，在三音节以下的音节里，长元音出现得十分少。甚至一些长元音，在三音节以下的音节内出现时，往往要产生半长元音化等音变现象。另外，从词尾出现的长元音实例中可以了解到，属于这种范例的长元音常常出现在单音节词或双音节词词尾，很少出现于三音节以下的长音节词词尾。总之，在现代鄂温克语里，短元音的使用率远远高于长元音的使用率，而且使用面也要比长元音广。随着人们生活节奏的不断加快，以及时空概念的科学认识和把握，那些过去在口语里经常使用的长元音被半长元音化或短元音化的现象逐渐增多。尤其是在青少年的口语里，长元音的使用率越来越低。但至少在今天，我们还不能忽视鄂温克语里长短元音的区别特征，以及它们在人们的日常用语里所发挥的极其重要的语义区分功能。

1.6　短元音和长元音的区别特征

如前所述，鄂温克语的基本词汇里充分利用短元音和长元音区别词义的实例确实有不少，如果我们在日常用语里，不准确地掌握短元音及长元音的发音，就会给我们的语言交流带来许多麻烦，甚至会造成语言交流的障碍。所以，对那些发音中长短元音不分的现象，老人们或本民族语说得好的人经常会给予提示和纠正。当然，年轻人们用母语进行交流时，对由于长短元音混用而产生的语义不清的问题，他们会用许多解释性语言进行补充说明，以达到准确的母语交流之目的。正因为如此，至少现阶段，我们还不能忽略或轻视鄂温克语长短元音的准确使用问题。

以下用具体例子，阐述鄂温克语长元音和短元音，在词汇系统里发挥的区别词义的功能及作用。

1.6.1　短元音 a 和长元音 aa 语义区别特征及实例

ahiŋ 兄　⇦⇨　aahiŋ 肝

ʃiwar 泥土　⇦⇨　ʃiwaar 木楔子

tala 那里　⇦⇨　taala 靓丽

agga 方法　⇦⇨　aagga 枯草根　⇦⇨　aggaa 锚

1.6.2 短元音 ə 和长元音 əə 语义区别特征及实例

əhiŋ 姐姐 ⇦⇨ əəhiŋ 肺
əkkərəŋ 卷 ⇦⇨ əəkkərəŋ 开始
gələrəŋ 赶车 ⇦⇨ gələərəŋ 寻找
ələrəŋ 吃饱 ⇦⇨ ələərəŋ 煮 ⇦⇨ əələrəŋ 耍赖

1.6.3 短元音 i 和长元音 ii 语义区别特征及实例

hir 污垢 ⇦⇨ hiir 瞬间
im 家禽标记 ⇦⇨ iim 入
niŋirəŋ 吞咽 ⇦⇨ niŋiirəŋ 骂
ʃikkaŋ 懒惰的 ⇦⇨ ʃiikkaŋ 小鸟

1.6.4 短元音 e 和长元音 ee 语义区别特征及实例

pelaraŋ 溢出 ⇦⇨ peelaraŋ 瞎吹、瞎掰
melaraŋ 轻轻涂抹 ⇦⇨ meelaraŋ 羊叫
eda 为何 ⇦⇨ eeda 啊呀
əre 藤草 ⇦⇨ əree 啊哟

1.6.5 短元音 o 和长元音 oo 语义区别特征及实例

toʧʧi 纽扣 ⇦⇨ tooʧʧi 然后
mogoroŋ 受难 ⇦⇨ mogooroŋ 刁难
oroŋ 地域 ⇦⇨ ooroŋ 做 ⇦⇨ orooŋ 驯鹿
boro 灰色 ⇦⇨ boroo 逆向 ⇦⇨ booro 公骆驼

1.6.6 短元音 u 和长元音 uu 语义区别特征及实例

ugga 套子 ⇦⇨ uugga 初乳
taŋgur 碗 ⇦⇨ taŋguur 仰倒
sugga 初春的嫩草 ⇦⇨ suugga 暴风雪

tuna 怪鱼　⇦⇨　tuuna 铅

1.6.7　短元音 ɵ 和长元音 ɵɵ 语义区别特征及实例

hɵggɵ 陷阱　⇦⇨　hɵɵggɵ 桥
bɵggɵŋ 季节　⇦⇨　bɵɵggɵŋ 懦弱
ɵgɵlɵrɵŋ 发牢骚　⇦⇨　ɵɵgɵlɵrɵŋ 急喘气
mɵrɵrɵŋ 老鼠啃硬东西　⇦⇨　mɵɵrɵrɵŋ 牛叫

1.6.8　短元音 ʉ 和长元音 ʉʉ 语义区别特征及实例

ʤiwʉʃirʉŋ 交流　⇦⇨　ʤiwʉʉʃirʉŋ 讨厌
ʉge 贫困　⇦⇨　ʉʉge 鸟巢
sʉŋkʉ 一扎　⇦⇨　sʉʉŋkʉ 篦子
ʤʉrʉ 拧劲的　⇦⇨　ʤʉʉrʉ 双胞胎

我们在前面也提到过，鄂温克语里的长元音在第三音节以内发挥着极其重要的作用。不过，在具体语言交流中，位于第三音节的长元音也常常被发作半长元音，甚至是被发音为接近于短元音音长的程度。从这个意义上讲，一些多音节词在第三音节以后的音节里出现的长元音同短元音的区别特征比较模糊，进而区别词义的功能也在逐渐退化。例如，在《鄂温克语简志》中见到的 sulʤigeen“外角牛”、dagalaan“旁边”、hʉgʤihəənəŋ“使发展”等词里出现的长元音 ee、aa、əə 等即使被发音为短元音 e、a、ə 等，也不会对于这些词的词义产生影响。实际上，现在绝大多数鄂温克人都习惯于把它们发作短元音，也就是说，将刚才的三个单词发音为 sulʤigen、dagalan、hʉgʤihənəŋ，使这三个词的第三音节里出现的长元音均读为短元音。另外，像鄂温克语里的 ʃilbambuuroŋ“教给”、gʉggʉmbʉʉrəŋ ~ gʉggʉbʉʉrəŋ“给挪动”之类的词内虽然也出现了长元音 uu 或 ʉʉ 等，但从词汇结构学的角度来分析，这两个动词都属于由动词 ʃilbam“教”、gʉggʉm“动”跟动词 buuroŋ ~ bʉʉrəŋ“给”相结合的产物。此外，鄂温克语里表示某一远处的方

向或位置时，有把方位名词的词尾元音变成长元音来发音的现象，并以此来说明或判断距离和位置的远近。例如，

amila 后面 ⇦⇨ amilaa 较远的后方
ʤʉlilɵ 前面 ⇦⇨ ʤʉlilɵɵ 较远的前方

鄂温克人利用方位名词词尾元音长短的区别性特征，来分辨说话者所说位置和距离的远近。甚至，用比长元音还要长的长音，来表示更远的空间距离或地理位置等现象。这其中，虽然包含有一定感情色彩，但鄂温克人的语言交流中始终保持着这一表述形式和特征，从而也自然使其成为鄂温克语的元音系统中不可缺少的长短元音区别实例之一。

1.7 元音的区别性特征

鄂温克语里确实有一些区别起来比较困难的元音音素，但我们不能因为有难度就将其混为一谈。其实鄂温克语里的这些短元音或长元音，都有严格的区别和音位结构特征。与此相关的一些学术问题，比如在发音方法和发音部位等方面存在的异同现象等，在上文已经都具体分析过，在这里不再赘述。下面，具体举出那些容易被混淆的长元音和短元音实例，以此来说明它们之间存在的不可忽视的区别词义之功能和作用。

鄂温克语元音系统里易混淆的元音有如下几组：

(1) i、ii ≠ e、ee
(2) e、ee ≠ ə、əə
(3) ə、əə ≠ ɵ、ɵɵ
(4) ɵ、ɵɵ ≠ o、oo
(5) o、oo ≠ u、uu
(6) u、uu ≠ ʉ、ʉʉ
(7) ʉ、ʉʉ ≠ ɵ、ɵɵ
(8) a≠i≠e≠ə≠o≠u≠ɵ≠ʉ 或 aa≠ii≠ee≠əə≠oo≠uu≠ɵɵ≠ʉʉ

鄂温克语元音系统里出现的这些长元音和短元音之间，都存在不同程度地易被混淆的实际问题。特别是对于其他民族同胞或者对于外国人来讲，一些元音的区别性能确实比较复杂。但是，对于那些熟悉母语的鄂温克人来讲，这些元音无论在具体发音方法和发音部位上，还是在语言交流中的具体使用方面，均有十分显著的区别性特征。如果用混了，就会在语义表达以及语言交流中，带来不便或不必要的一些麻烦。

1.7.1 i、ii 与 e、ee 语义区别特征及实例

ʃi 你 ⇦⇨ ʃe 茶
ani 谁 ⇦⇨ ane 年
aʃi 利益 ⇦⇨ aʃe 妻子
pilteraŋ 溢出来 ⇦⇨ pelteraŋ 发胖
diis 根 ⇦⇨ dees 盘子
ʃiirsə 炕席子 ⇦⇨ ʃeersə 羊毛虫

1.7.2 e、ee 与 ə、əə 语义区别特征及实例

əle 浮夸 ⇦⇨ ələ 这里
pel 一片 ⇦⇨ pəl 力气
gee 城市 ⇦⇨ gəə 哎哟
ʤee 间隙 ⇦⇨ ʤəə 可以

1.7.3 o、oo 与 ɵ、ɵɵ 语义区别特征及实例

homo 马粪蛋 ⇦⇨ hɵmɵ 尺寸
sol 名誉 ⇦⇨ sɵl 空间
hokko 全部 ⇦⇨ hɵkkɵ 粗大的拉绳
too 数字 ⇦⇨ tɵɵ 尺

boos 包子 ⇦⇨ bɵɵs 布
boon 冰雹 ⇦⇨ bɵɵn 一团

1.7.4 u、uu 与 ʉ、ʉʉ 语义区别特征及实例

bul 车辕 ⇦⇨ bʉl 差一点
suŋku 塔头草 ⇦⇨ sʉŋkʉ 虎口
hu 小酒壶 ⇦⇨ hʉ 利息
huugi 用刀削木头 ⇦⇨ hʉʉgi 大风
suuʧʧi 强势 ⇦⇨ sʉʉʧʧi 血水

1.7.5 ə、əə 与 ɵ、ɵɵ 语义区别特征及实例

əŋgə 酸奶汁 ⇦⇨ ɵŋgɵ 颜色
əb 窍门 ⇦⇨ ɵb 财产
səl 铁 ⇦⇨ sɵl 空间
bəən 鲟鱼 ⇦⇨ bɵɵn 一团
həəggə 浮气 ⇦⇨ hɵɵggɵ 桥

1.7.6 o、oo 与 u、uu 语义区别特征及实例

sol 名誉 ⇦⇨ sul 松的
ole 竞争力 ⇦⇨ ule 白脖子乌鸦
homo 马粪蛋 ⇦⇨ humu 洼地
oor 水蒸气 ⇦⇨ uur 乳油
ooʧʧi 和 ⇦⇨ uuʧʧi 整支羊肉、全羊肉

1.7.7 ʉ、ʉʉ 与 ɵ、ɵɵ 语义区别特征及实例

bʉl 差一点 ⇦⇨ bɵl 姨表

hʉkkʉ 炒 ⇦⇨ hɵkkɵ 绊马的长绳
ʉnʉʃi 昂贵的 ⇦⇨ ɵnɵʃi 那家伙
tʉʉggʉ 狼 ⇦⇨ tɵɵggɵ 拃量法
sʉʉŋ 长毛羊皮长袍 ⇦⇨ sɵɵŋ 哑嗓子

1.7.8 a、i、e、ə、o、u、ɵ、ʉ 与 aa、ii、ee、əə、oo、uu、ɵɵ、ʉʉ 语义区别特征及实例

a ⇦⇨ aa ⇨ ha 羊前腿 ⇦⇨ ball 蜂蜜 ⇦⇨ taar 表兄弟
i ⇦⇨ ii ⇨ hi 气体 ⇦⇨ bil 蝮蛇 ⇦⇨ tiir 抢的
e ⇦⇨ ee ⇨ he 喂 ⇦⇨ bel 压扁 ⇦⇨ teer 可怕的
ə ⇦⇨ əə ⇨ hə 尺度 ⇦⇨ bəl 吉祥 ⇦⇨ təər 妨碍
o ⇦⇨ oo ⇨ ho 都 ⇦⇨ bol 秋天 ⇦⇨ toor 那么
u ⇦⇨ uu ⇨ hu 壶 ⇦⇨ bul 车辕 ⇦⇨ tuur 小乌鸦
ɵ ⇦⇨ ɵɵ ⇨ hɵ 锅底黑 ⇦⇨ bɵl 姨表 ⇦⇨ tɵɵr 迷惑
ʉ ⇦⇨ ʉʉ ⇨ hʉ 利息 ⇦⇨ bʉl 差一点 ⇦⇨ tʉʉr 线头、结果

从以上列举的长元音和短元音的不同结构特征，以及容易被混淆的相近音素间出现的极其微妙的异同关系，加上同等语音环境下表现出的严格意义上的区别词义功能等角度，我们完全可以充分地了解到鄂温克语元音结构系统的独立性、区别性、严格性和复杂性。所以，在接触鄂温克语时，一定要准确无误地把握发音方法和发音部位，要客观实在地分清其中存在的严密的语义区别现象及特征。

1.8 元音和谐规律

鄂温克语里有约定俗成且十分严谨的元音和谐规律。毫无疑问，这也是该语言语音系统中不可忽视的组成部分，并在其词汇构成以及语言交流中发挥着极为重要的作用。鄂温克语的元音和谐规律，不仅在词干部分存在，而且在词干后面接缀的若干个词缀系统里同样存在。也就是说，词根或词干里出现的元音和谐现象，可以一直延伸到后缀的一系列形态变化语法词缀及其

构词词缀的语音结构里。根据元音和谐规律，鄂温克语的元音被分为阳性元音、阴性元音、中性元音三种类型。例如，

阳性元音：a、aa、oo、u、uu

阴性元音：ə、əə、ө、өө、ʉ、ʉʉ

中性元音：i、ii、e、ee

1.8.1 阳性元音的和谐原理

鄂温克语的阳性元音 a、aa、o、oo、u、uu 一般和阳性元音之间产生和谐关系，同时也可以跟中性元音 i、ii、e、ee 产生和谐现象，但不能和阴性元音产生和谐关系。也就是说，阳性元音不能用于以阴性元音为主构成的单词。例如，

amaggu 以后　　ʤahoŋ 八　　goggattalawuraŋ 被长胡子

usunoŋ 累　　saawuraŋ 被发现　　oogoŋdowuroŋ 被锯

除了以上看到的阳性元音之间产生和谐关系的例词之外，也有不少阳性元音和中性元音间产生和谐关系的词。比如，有 ahiŋ “哥哥”、meegaŋʃi “有胆量的”、soleʃiraŋ “发疯”、iisaldawuraŋ “被看见”、tewewuha(ŋ)naŋ “使被捡”等。

1.8.2 阴性元音之和谐原理

鄂温克语的阴性元音 ə、əə、ө、өө、ʉ、ʉʉ 基本上和阴性元音之间产生和谐关系，同样也有跟中性元音 i、ii、e、ee 用于一个词的现象，但是，阴性元音不能和阳性元音产生和谐关系。例如，

sʉʉŋkʉdөrөŋ 使用篦子　　ʉkkəhəŋ 男孩　　hөөrөwʉrөŋ 兴奋

ətəwʉrəŋ 被打败　　sʉgʉrləhөŋkө(ŋ)nөŋ 使弄出尖端

如上所说，阴性元音除了同阴性元音之间发生和谐关系之外，还可以跟

中性元音产生和谐关系，共同用于某一个具体的词。比如，ʃiləsʉŋdərəŋ“吐痰”、hɵwʃeldiwʉrɵŋ“被商榷”、iiwʉhɵŋkɵnɵŋ“允许进来”、əʃittedʉwi“现阶段”等。

1.8.3　中性元音之和谐原理

该语言的中性元音有 i、ii、e、ee。而且，这长短两对四个中性元音之间同样可以产生和谐关系。例如：

ʤeleʃi 狡猾的	neeŋʧi 鼻子	iildihe 肥胖的
digihe 第四位	ʃeweldir 拥挤的	ʃeenʧiŋ 爱管闲事者

在鄂温克语的基本词汇里，中性元音跟中性元音间产生和谐关系而构成的词并不多。中性元音在绝大多数情况下，就像在分析阳性元音和阴性元音的使用关系时所说，主要跟阳性元音和阴性元音产生和谐关系。

1.8.4　单个元音音位的和谐现象

实际上，鄂温克语元音系统里，每一个独立的元音音位都可以单独成为最小的元音和谐单位。因为，在鄂温克语里有许多由处于同一个音位点的短元音和长元音和谐构成的词汇。例如，gələəhə(ŋ)nəŋ（gələə-həŋ-nəŋ）“使找”一词，就是由同样处于舌面展唇央中元音位置的短元音 ə 和长元音 əə 和谐构成。其中 gələə-“找”是动词词干，-həŋ 是动词使动态形态变化词缀，-nəŋ 是动词陈述式现在将来时形态变化词缀。该词里无论是词干，还是词干后面的两个不同功能和语法意义的形态变化词缀，都是以舌面展唇央中元音 ə、əə 为核心和谐构成。而且，像这样的实例，在鄂温克语里有不少。以下举例说明鄂温克语里用单一元音音位和谐构成的词汇系列。

1.8.4.1　短元音 a 与长元音 aa 的和谐实例

saahaŋkanaŋ 使知道	aawa(ŋ)laha(ŋ)naŋ 让戴帽子
lattagaŋka 胶水	nandahaŋkaŋsala 稍微好看一点

1.8.4.2 短元音 ə 与长元音 əə 的和谐实例

gələəhəŋkənərəŋ 使去找　　əəkkərəŋ 开始
ələəhə(ŋ)nəŋ 让煮　　əddəsələhəŋkəŋ 稍微早一点

1.8.4.3 短元音 i 与长元音 ii 的和谐实例

iigitti 蜜蜂　　iŋiiʃi 能说会道的
ninihi（n）ni 狗的　　iʃiggi 看法

1.8.4.4 短元音 o 与长元音 oo 的和谐实例

oroottosol 许多草　　dooso(ŋ)loho(ŋ)noŋ 让放盐
ooho(ŋ)ko(ŋ)noŋ 让做　　gooŋgolsolohoŋkoŋ 稍微美丽一点

1.8.4.5 短元音 u 与长元音 uu 的和谐实例

suuruldudu 给狗鱼　　ukkumul 生拌的
unuhuŋsul 许多手指　　luhuwuŋku 被脱法

1.8.4.6 短元音 ɵ 与长元音 ɵɵ 的和谐实例

hɵɵsɵlɵhɵ(ŋ)nɵŋ 使起泡儿　　ɵlɵɵhɵdɵrɵŋ 欺骗
ɵmɵʧʧɵsɵl 许多的冰　　gɵsɵlɵrɵŋ 拐骗孩子

1.8.4.7 短元音 ʉ 与长元音 ʉʉ 的和谐实例

hʉkkʉwʉŋkʉ 被炒作的食物　　gʉʉrʉ-理解
ʉnʉgʉŋsʉldʉ 给许多乳牛　　ʉʉttʉsʉl 许多虮子

1.8.4.8　短元音 e 与长元音 ee 的和谐实例

tewehe 爱捡破烂的　　peleegeŋ 爱吹牛的

ʃewe 弟子、学生　　ʤeleʃen 爱动脑子的人、狡猾的人

以上实例中，出现率最高的是第一种和第二种类型的元音和谐；其次是第三种、第四种、第六种类型的元音和谐现象；出现率方面排行第三位的是属于第五种和第七种类型的元音和谐实例；相比之下，第八种类型的元音和谐的出现率比较低。另外，鄂温克语的元音和谐现象，在多音节词的第三音节以上的词根或词干部分表现得十分清楚，虽然在词根或词干后面的若干音节里，或者说在词根或词干后面接缀的若干个词缀内也讲究严格的元音和谐原理，但由于多音节词的第三音节以下音节的元音在发音上逐渐趋于弱化，所以人们有时难以把握其元音和谐性的语音特征。尽管如此，我们不能因为多音节词第三音节以下音节的元音被弱化，就简单地否定其实际存在的元音和谐规律。总之，在鄂温克语中，元音和谐是一套十分完美而严格的语音音素间和谐共存的结构系统。

在这里，还有必要指出的是，鄂温克语里由两个词以黏合形式合为一体的特殊词或借词中，还能见到阳性元音与阴性元音共同使用于某一个单词的现象。比如，təttooroŋ“这样做”一词内，就是阳性元音 o、oo 与阴性元音 ə 同时在动词 təttooroŋ 中出现。其实，这是一个由代词 əttʉ“这样”和动词 ooroŋ“做”以黏合形式合二为一的实例。另外，鄂温克语的借词里也有像 bajhə“百货”、pənlaŋ“芬兰”等，将阳性元音和阴性元音同时用于某一个词内的现象。

2. 辅音

鄂温克语里有 b［b］、p［b‘］、m［m］、w［w］、s［s］、d［t］、t［t‘］、n［n］、l［l］、r［r］、ʤ［ʧ］、ʧ［ʧ‘］、ʃ［ʃ］、j［j］、g［k］、k［k‘］、h［χ］、ŋ［ŋ］18 个辅音。根据这些辅音的发音方法和发音部位的不同，可以

进行如下结构类型分类。

2.1 根据发音部位分为七种结构类型

（1）双 唇 音：p、b、m、w

（2）舌尖前音：s

（3）舌尖中音：t、d、n、l、r

（4）舌 叶 音：ʧ、ʤ、ʃ

（5）舌面中音：j

（6）舌面后音：k、ɡ、ŋ

（7）小 舌 音：χ

2.2 根据发音方法分为六种结构类型

（1）塞　音：p、b、t、d、k、ɡ

（2）塞擦音：ʧ、ʤ

（3）擦　音：w、s、ʃ、j、χ

（4）鼻　音：m、n、ŋ

（5）边　音：l

（6）颤　音：r

2.3 根据发音时是否送气分为两种结构类型

（1）送 气 音：p、t、ʧ、k

（2）不送气音：b、d、ʤ、ɡ

2.4 根据发音时的声带振动强弱分为两种结构类型

（1）清音：b、p、s、t、d、ʧ、ʤ、ʃ、k、ɡ、χ

（2）浊音：m、n、ŋ、l、r、w、j

2.5 根据以上四种分类情况可从如下十八个方面整合归类

（1）b [b]　⇨　双唇不送气清塞音

（2）p [bʻ]　⇨　双唇送气清塞音

(3) m [m] ⇨ 双唇浊鼻音
(4) w [w] ⇨ 双唇浊擦音
(5) s [s] ⇨ 舌尖前清擦音
(6) d [t] ⇨ 舌尖中不送气清擦音
(7) t [t‘] ⇨ 舌尖中送气清擦音
(8) n [n] ⇨ 舌尖中浊鼻音
(9) r [r] ⇨ 舌尖中浊颤音
(10) l [l] ⇨ 舌尖中浊边音
(11) ʤ [ʧ] ⇨ 舌叶不送气清塞擦音
(12) ʧ [ʧ‘] ⇨ 舌叶不送气清塞擦音
(13) ʃ [ʃ] ⇨ 舌叶清擦音
(14) j [j] ⇨ 舌尖中送气清擦音
(15) g [k] ⇨ 舌面后不送气清塞音
(16) k [k‘] ⇨ 舌面后送气清塞音
(17) ŋ [ŋ] ⇨ 舌面后浊鼻音
(18) h [χ] ⇨ 小舌清擦音

2.6　辅音使用实例

如上所述，鄂温克语有 18 个辅音，它们在词首、词中、词尾的使用情况有所不同。比如，有的辅音可以用于词的任何部位，有的只用于词中或词尾，也有的不能用于词尾。请看下表中的列举说明：

辅音	词首使用		词中使用				词尾使用	
	词语	词义	词语	词义	词语	词义	词语	词义
b	bi	我	aba	父亲	tatibuŋ	习惯	əb	窍门
p	paggiŋ	吵闹	apugaŋ	争斗	paapuŋ	礼节	ʃip	彻底
m	moo	树木	əmərəŋ	来	ʤəmʉnəŋ	饿	niham	脖子
w	wakkiraraŋ	喊叫	əwərəŋ	下来	owoloroŋ	堆起	həw	模型
s	saŋaŋ	烟	bosotto	肾	əshəŋ	叔叔	ʤas	备用柴火
d	dadda	摇篮	ədiŋ	风	gadaŋ	要	pad	最
t	tatiraŋ	学习	gətərəŋ	清醒	itəəŋ	二岁牛	sʉt	都

续表

辅音	词首使用		词中使用				词尾使用	
	词语	词义	词语	词义	词语	词义	词语	词义
n	naalla	手	iʃinərəŋ	去看	tiinəŋ	抢	nadan	七
r			əri	这	əmʉrəttə	一起	ʤʉʉr	二
l	lata	矮的	ɵlɵɵhɵ	假的	daliraŋ	挡	ʉrʉl	孩子
ʤ	ʤoonoŋ	想	ʃiʤiŋ	细绳	amaʤi	湖	unaaʤ	姑娘
ʧ	ʧoŋʧiraŋ	小跑	aʧa	行李	bolʧitta	小腿	aaraʧ	奶酪
ʃ	ʃiiŋkirəŋ	咳嗽	əʃi	现在	timaʃiŋ	明天	əʃ	把儿
j	jəgiŋ	九	aja	好的	hʉjʉhəŋ	小鸟	bəj	人
g	gʉʉŋ	玻璃	ʃigʉŋ	太阳	ʉgiirəŋ	玩	əddʉg	大
k			nowalakana	四岁公鹿	pɵkɵti	花毛公鹿	ʤottok	凹地
ŋ			tiŋaŋ	去年	soŋoroŋ	哭	taŋiraŋ	数数
h	həŋggər	胸腔	hahara	鸡	nəhʉŋ	弟弟	boh	种牛

从以上表格里的例词完全可以看出，鄂温克语的辅音系统中的 b、m、w、s、d、t、n、l、ʤ、ʧ、ʃ、j、g、h 14 个辅音均可用于词首、词中、词尾等词的任何部位；而 r、k、ŋ 3 个辅音主要用于词中和词尾，词首一般不出现；辅音 p 主要用于词中或词首，词尾基本上不出现。另外，在鄂温克语里，使用率最高的辅音为 b、d、t、n、l、s、g、h、ŋ 等；其次是辅音 m、r、ʤ；在使用率方面排行第三位的是辅音 w、ʧ、ʃ、j；相比之下，辅音 k 和 p 的使用率都比较低。在这里还有必要指出的是，像辅音 r 和 k 虽然在鄂温克语基本词汇的词首不出现，但伴随外来语的不断增多，却出现在个别借词词首被使用的现象。比如说，k̲aapen “卡片”、k̲əndəʤi “肯德基”、r̲ənmimbi “人民币”、r̲anʧi “燃气” 等。尽管如此，辅音 r 或 k 在借词词首被使用的实例依然非常有限。鄂温克语里，因为没有辅音 f [f]，所以借词中出现的 f 音均被发为 p 音。

2.7 辅音使用特征及其相关音变现象

在具体的单词里，鄂温克语辅音音素表现出相当复杂的音变形式和内容。不过，主要音变现象，基本上表现在以下七个方面：

（1）辅音 p、b 位于长元音 ee 前时，要出现腭化现象。比如，beega [bjeegɤ] “月”、peelaraŋ [pjeelʌrɤ̃ŋ] “瞎聊” 等。

（2）辅音 w 用于中性元音 i、ii、e、ee 等前面时，嘴角向左右拉开，两唇间的缝隙变成狭小的扁圆形。比如，wilərəŋ“分解”、weeda“啊呀”等。

（3）辅音 l 出现于音节末或词尾元音 ə、əə、ɵ、ɵɵ、ʉ、ʉʉ 等后面时，要产生［ɬ］音变。比如，ʉrʉl［ʉrʉɬ］“孩子”、bɵldiir［bɵɬdiir］“脚”、bʉl［bʉɬ］“姨表”等。

（4）辅音 g、b、p 用于元音 u 或 ʉ 前面时，要产生 w 音变。比如，sʉgʉrlərəŋ［sʉwʉrlʌrɤ̃ŋ］“削尖角”、doogu［doowu］“里头”、babularaŋ［bawulʌrɤ̃ŋ］“挥拳打人”、paapuŋ［paawuŋ］“礼节”、baldibuŋ［baldiwũŋ］“出生”等。

（5）辅音 ŋ 绝大多数情况下用于词尾。

（6）辅音音素 s 在鄂温克语基本词汇的词尾出现得较少，但在借词词尾有一定使用率。比如，niis“泥子”、dees“碟子”、dəŋpos“灯泡”等。

（7）辅音音素 ʧ、ʤ、k 等在辅音 ŋ、n、l、d、t 等后面直接使用的现象较突出。比如，daŋʤi“扁担”、ʤinʤiraŋ“说”、dalʤi“关系”、awaŋki“抹布”、baaŋki“银行”、osananaŋ“使累”、mʉʉlkʉ“桦皮水桶”、nəlki“春天”、ətki“寒冷”、boŋgoŋ“大的”、təlgər“广阔”、təlge“皮带”、abalʧa“缺少的”、hotgor“凹的”、gɵdgɵr“凸的”等。

2.8　复辅音现象

鄂温克语里除了上面讨论的 18 个辅音音素之外，还有 nt、nd、rt、rd、lt、ld、ŋʤ、ŋʧ、ŋk、ŋg、jk、jg 12 个复辅音。不过，复辅音在鄂温克语里的使用率并不太高，使用面也有一定局限性，基本上在词首或词尾不出现，一般都用于词中。例如，

（1）nt	⇨	ʤʉntrəŋ 变傻	sant 袖口
（2）nd	⇨	gəndrəŋ 上当	hand 麦皮
（3）rt	⇨	hiirt 瞬间	sərt 灵敏的
（4）rd	⇨	ʤird 吓一跳	bɵrddɵ 山坡
（5）lt	⇨	eelt 炭	ʤʉlt 劣马老鹿
（6）ld	⇨	əldrəŋ 虐待	ild 癣

(7) ŋʧ ⇨ ʃeŋʧʧi 馅儿 maŋʧ 破冰工具
(8) ŋʤ ⇨ jaŋʤ 样子 maŋʤ 满族
(9) ŋg ⇨ ooŋggo 入神 dəŋgrəŋ 坚持
(10) ŋk ⇨ baaŋk 铁皮桶 sʉŋk 凸凹不平的地面
(11) jk ⇨ pəjk 马莲草口销 bojkkoŋ 曲棍球
(12) jg ⇨ həjggə 拧东西的刀 bojg 愚蠢的

我们的分析表明，鄂温克语里出现的这些复辅音，在其结合形式和内容方面都有一定内在规律。例如：

(1) 复辅音 ŋk、ŋg 是由舌面后音组合而成。

(2) 复辅音 ŋʤ、ŋʧ 的组合形式虽然看似不协调，但在实际发音中由于相互影响，辅音 ŋ 会音变为舌面前鼻音 ȵ，同时辅音 ʤ 和 ʧ 也会产生舌面前塞擦音 ʥ 和 ʨ 音变，其结果是复辅音 ŋʤ、ŋʧ 在实际语音环境中就会音变成 ȵʥ、ȵʨ 这两个复辅音。

(3) 复辅音 nt、nd、lt、ld、rt、rd 都是由舌尖中音组合而成，而且这套复辅音在鄂温克语复辅音系统中使用率最高。

(4) 复辅音 jk、jg 在组合形式和内容上存在一些差异，但在实际发音中由于辅音间的相互影响，特别是其中的辅音 k 或 g 受到前置辅音 j 音的强有力的影响而变为舌面中辅音 c 或 ɟ，其结果是复辅音 jk、jg 在实际发音中就变成了 jc、jɟ 两个复辅音。

2.9 辅音重叠现象

辅音重叠现象是鄂温克语语音系统中的一大显著结构型特征。而且，每一个辅音音素都可以重叠使用。有人将这些数量可观的重叠出现的辅音，简称为“重叠辅音”或“叠辅音”。我们所说的重叠辅音，顾名思义就是指某一个辅音音素在词中连续使用两次的现象。请看以下罗列的具体例子：

(1) bb ⇨ dəbbə 枕头 dabberaŋ 撇嘴
(2) pp ⇨ sappa 筷子 happis 胎盘

(3) mm	⇨	amma 嘴	immə 针
(4) dd	⇨	əddə 早晨	addaraŋ 高兴
(5) tt	⇨	iittə 牙齿	bolʧitta 肌肉
(6) nn	⇨	nannaʃiraŋ 嚼	nonno 咒语
(7) ll	⇨	naalla 手	ələllərəŋ 讥笑
(8) rr	⇨	məhərrəŋ 放屁	nərrəŋ 酿酒
(9) ss	⇨	maŋgussal 恶魔们	əssəl 这些
(10) gg	⇨	əggigʉ 下方	oggiroŋ 回头
(11) kk	⇨	dakke 近的	mokkiroŋ 拧
(12) ŋŋ	⇨	əŋŋə 宽的	toŋŋe 五十
(13) hh	⇨	ʃihhəg 丝	əhhəg 娇气的
(14) ʤʤ	⇨	dəʤʤə 褥子	boroʤʤiŋ 朴实的
(15) ʧʧ	⇨	ʃiʧʧiraŋ 使劲塞	laʧʧi 树叶
(16) ʃʃ	⇨	əʃʃi 有把柄的	iʃʃi 哎唷
(17) jj	⇨	tajja 那个	əjjə 这个
(18) ww	⇨	sədəwwə 把题目	

上面列举的 bb、pp、mm、dd、tt、nn、ll、rr、ss、gg、kk、hh、ŋŋ、ʤʤ、ʧʧ、ʃʃ、jj、ww 18 个重叠辅音的实例中，送气重叠辅音 pp、tt、kk、ʧʧ 的出现率最高；不送气叠辅音 bb、dd、gg、ʤʤ 等也有较高使用率；处于第三位的是重叠辅音 mm、nn、ŋŋ、ll；而重叠辅音 rr、ss、ʃʃ、ww、ʃʃ、hh 等的出现率比较低。其中，重叠辅音 rr、ss、ʃʃ、ww 多数是在由辅音 r、s、ʃ、w 等结尾的词干后面，再接缀以辅音 r、s、ʃ、w 开头的语法形态变化词缀时出现的特殊辅音现象。比如，məhərrəŋ“放屁”中见到的重叠辅音 rr 就是在动词词干 məhər-“放屁”后面，接缀动词陈述式现在将来时形态变化词缀 -rəŋ 而形成的语音现象。还比如，maŋgussal“恶魔们”的重叠辅音 ss 是在名词 maŋgus“恶魔”后面，接缀复数形态变化词缀 -sal 后构成的语音形式。与此相关，ɔʃʃi“有把柄的”和 sədəwwə“把题目”两词中看到的 ʃʃ 和 ww，也是在名词 əʃ“把柄”和 sədəw“题目”后面，接缀有格形态变化词缀 -ʃi 和确定宾格形态变化词缀 -wə 而构成重叠辅音实例。

除了在上面的例词里见到的重叠辅音使用现象之外，鄂温克语有些词内还出现重叠辅音两次使用的实例，甚至会出现三次。比如，dəggəəggə“展示形式”、ikkiggi“革新”、aʧʧagga“借用手段”、səttəggə“褥子”、bottaddi“凉的”、təggəʧʧi“衣物”、attaddigga“黑暗法”等。不过，比较而言，一个词里出现两次重叠辅音的现象，比出现三次重叠辅音的实例要多得多。

另外，鄂温克语里出现的重叠辅音，多数是来源于原来不同的两个辅音音素。也就是说，词中连续出现的两个不同辅音音素，在长期的使用过程中由于相互影响和作用，其中的强势辅音音素逐渐同化处于弱势的辅音音素，结果这些根本就不属于同一个音位点上的辅音音素却演化为完全相同的产物，从而形成了我们今天所看到的重叠辅音。例如，

(1) bb < rb ⇨ dəbbə < dərbə 枕头
(2) pp < rp ⇨ sappa < sarpa 筷子
(3) dd < rd ⇨ əddə < ərdə 早晨
(4) tt < rt ⇨ səttə < sərtə 灵敏的
(5) gg < rg ⇨ əggigʉ < ərgigʉ 下方
(6) kk < rk ⇨ lakkiraŋ < larkiraŋ 摔
(7) hh < rh ⇨ ʃihhəg < ʃirhəg 丝
(8) ʤʤ < rʤ ⇨ dəʤʤə < dərʤə 褥子
(9) ʧʧ < rʧ ⇨ sʉʧʧi < sʉrʧi 威严的
(10) dd < gd ⇨ addaraŋ < agdaraŋ 高兴
(11) tt < kt ⇨ ajitte < ajikte 古代
(12) nn < mn ⇨ nonnoʃiroŋ < nomnoʃiroŋ 发牢骚
(13) ll < gl ⇨ naalla < naagla 手
(14) ʤʤ < gʤ ⇨ dəʤʤiŋ < dəgʤiŋ 爱兴奋的
(15) ʧʧ < kʧ ⇨ aʧʧathi < agʧathi 相反的
(16) mm < ŋm ⇨ amma < aŋma 嘴
(17) tt < bt ⇨ hattagga < habtarga 烟斗
(18) kk < bk ⇨ əkkərəŋ < əbkərəŋ 包
(19) ʧʧ < bʧ ⇨ laʧʧi < labʧi 树叶

可以看出，以上例词中的重叠辅音都是由于逆同化而出现的产物。换言之，这些实例中，后面的强势辅音音素，同化了前面的弱势辅音音素。与此相反，鄂温克语里也有前面的强势辅音，同化后面的弱势辅音的个别现象。例如，

ŋŋ < ŋg　⇨　səŋgə < səŋŋə 清爽的

总之，重叠辅音里，因逆同化现象的出现而产生的实例比较多，而由于顺同化而形成的重叠辅音现象比较少。具体讲，辅音 r、g、b 位于辅音 b、p、d、t、g、k、ʤ、ʧ、h 等的前面时，一般都要产生逆同化现象。

重叠辅音虽然在发音时会出现较长时间的阻碍气流的现象，但不能把它看成是严格意义上的长辅音。因为，我们划分音节时，所有的重叠辅音都被从中间分开，分别属于前后两个不同音节。例如，attaddigga“黑暗法”一词的音节划分形式就是 at-tad-dig-ga，其中的重叠辅音 tt、dd、gg 均被以 t-t、d-d、g-g 的形式分化为两个不同的音节。

还有，鄂温克语的重叠辅音 bb、pp、mm、dd、tt、nn、rr、ss、gg、kk、ŋŋ、hh、ʤʤ、ʧʧ、ʃʃ、jj、ww 等不能发音为单辅音 b、p、m、d、t、n、r、s、g、k、ŋ、h、ʤ、ʧ、ʃ、j、w 等，否则就会引起语义结构上的错误或混乱。例如，

(1) bb	⇦⇨	b	⇨	dəbbə 枕头	⇦⇨	dəbə 山包
(2) mm	⇦⇨	m	⇨	ammanaŋ 咬	⇦⇨	amanaŋ 拉屎
(3) nn	⇦⇨	n	⇨	nonno 咒语	⇦⇨	nono 哥哥、男孩
(4) dd	⇦⇨	d	⇨	addaraŋ 高兴	⇦⇨	adaraŋ 扎刺
(5) rr	⇦⇨	r	⇨	məhərrəŋ 放屁	⇦⇨	məhərəŋ 消亡
(6) ss	⇦⇨	s	⇨	əssəl 这些	⇦⇨	əsəl 差一点
(7) hh	⇦⇨	h	⇨	əhhəg 娇惯的	⇦⇨	əhəg 非常
(8) ʧʧ	⇦⇨	ʧ	⇨	daaʧʧi 承担	⇦⇨	daaʧi 过去
(9) ʃʃ	⇦⇨	ʃ	⇨	əʃʃi 有把柄的	⇦⇨	əʃi 现在
(10) gg	⇦⇨	g	⇨	gagga 手镯	⇦⇨	gaga 兄长

但是，随着鄂温克语本身的不断发展和演变，作为极其特殊的语音现象，一些没有对立性词义概念的重叠辅音，在年轻人的口语里有时会被发音为单辅音。比如，aalla“何时”就被发成 aala，词中的重叠辅音 ll 被发为 l 音。尽管如此，由于没有与此相对存在的由单辅音 l 构成的 aala 一词，所以无论将 aalla“何时”发作 aalla 还是发作 aala，在词义上都不会造成什么太大麻烦或混乱。实际上，像这种将重叠辅音发为单辅音的实例不是太多。

3. 音节

鄂温克语词汇中，绝大多数属于多音节词，只有一小部分词属于单音节词。这些单音节词在句子中出现时，如果在其词根或词干后面接缀一系列的构词词缀或语法形态变化词缀，它们也就自然变成表示不同词语意义，以及陈述不同语法概念的多音节词。鄂温克语音节以元音为主构成，所以一个词里有几个元音就被分为几个音节。多音节词一般都由两个或两个以上的音节组成。根据我们调查资料分析，除了单音节词之外，该语言的多音节词一般被分类为双音节词、三音节词、四音节词、五音节词、六音节词、七音节词、八音节词、九音节词、十音节词等。

3.1 单音节词

oo 脸霜　moo 木头　ʉr 山　hiirt 瞬间　tog 火　bəj 人

3.2 双音节词

ahiŋ（a-hiŋ）哥哥　adde（ad-de）奶奶　naalla（naal-la）手
bʉdəŋ（bʉ-dəŋ）死　boŋgoŋ（boŋ-goŋ）大的　lata（la-ta）矮的

3.3 三音节词

amihaŋ（a-mi-haŋ）伯伯　ʤawaraŋ（ʤa-wa-raŋ）抓
boŋgoŋhoŋ（boŋ-goŋ-hoŋ）大一点的　mʉdʉri（mʉ-dʉ-ri）龙

3.4 **四音节词**

tatigabuŋ（ta-ti-ga-buŋ）教育 əhilərəŋ（ə-hi-lə-rəŋ）踏脚

ʉnʉgʉŋsʉl（ʉ-nʉ-gʉŋ-sʉl）乳牛群 ʤawawuraŋ（ʤa-wa-wu-raŋ）被抓

3.5 **五音节词**

boŋgoŋsolohoŋ（boŋ-goŋ-so-lo-hoŋ）稍微大一点的

həŋgəgdəhə(ŋ)nəŋ（həŋ-gəg-də-hə-nəŋ）让敲鼓

ʉnʉgʉŋsʉlwʉ（ʉ-nʉ-gʉŋ-sʉl-wʉ）把乳牛群

3.6 **六音节词**

asaldiwuhanaŋ（a-sal-di-wu-ha-naŋ）让相互追

təhərihəŋkənəŋ（tə-hə-ri-həŋ-kə-nəŋ）让遛弯

ʉnʉgʉŋsʉlʤini（ʉ-nʉ-gʉŋ-sʉl-ʤi-ni）用她们的乳牛群

3.7 **七音节词**

gʉʤəmʉddihəŋsələ（gʉ-ʤə-mʉd-di-həŋ-sə-lə）稍微可爱一点的

uduruldihaŋka(ŋ)naŋ（u-du-rul-di-haŋ-ka-naŋ）让吵架

əmʉrəttələhənəŋ（ə-mʉ-rət-tə-lə-hə-nəŋ）使融合

3.8 **八音节词**

amiʃihilahaŋka(ŋ)naŋ（a-mi-ʃi-hi-la-haŋ-ka-naŋ）往后拖延

nisʉhʉŋdɵwʉhɵŋkɵ(ŋ)nɵŋ（ni-sʉ-hʉŋ-dɵ-wʉ-hɵŋ-kɵ-nɵŋ）使其变小

在以上例句的七音节词及八音节词后面，如果再接缀人称形态变化语法词缀，或者是接缀格形态变化语法词缀等，这些七音节词和八音节词就会变成九音节词或十音节词。

3.9 **九音节词**

əmʉrəttələhəŋwʉmʉŋ（ə-mʉ-rət-tə-lə-həŋ-wʉ-mʉŋ）我们被合并为一

gʉʤəmʉddihəŋsələwəni（gʉ-ʤə-mʉd-di-həŋ-sə-lə-lə-ni）把稍微可爱一点的

3.10 **十音节词**

gʉʤəmʉddisələhəŋkəŋʧəmʉŋ（gu-ʤə-mʉd-di-sə-lə-həŋ-kəŋ-ʧə-mʉŋ）让我们弄得漂亮些了

nisʉhʉŋsələwʉhəŋkəŋʧəsʉŋ（ni-sʉ-hʉŋ-sə-lə-wʉ-həŋ-kəŋ-ʧə-sʉŋ）让你们弄得小一点了

就像之前所说，鄂温克语的基本词汇里，由双音节和三音节构成的词的数量最多，其次是由单音节和四音节构成的词。由四音节以上音节构成的多音节词，绝大多数是在词根或词干后面接缀各种构词词缀或形态变化语法词缀的产物。

另外，从单音节词到十音节词中出现的不同音节的结构类型，完全可以从以下六方面进行概括（V 表示元音、C 表示辅音）。例如，

第一种类型	⇨	V	⇨	oo 脸霜	ə-hiŋ（əhiŋ）姐姐
第二种类型	⇨	VC	⇨	ʉr 山	ʉk-kəhəŋ（ʉkkəhəŋ）男孩
第三种类型	⇨	V	⇨	ald 庹	ənd-rəŋ（əndrəŋ）上当
第四种类型	⇨	CV	⇨	ʤʉʉ 房子	ha-ha-ra（hahara）鸡
第五种类型	⇨	CVC	⇨	bəj 人	taŋ-gur-sal（taŋgursal）许多碗
第六种类型	⇨	CVCC	⇨	hiirt 瞬间	ʤʉnt-rɵŋ（ʤʉntrɵŋ）发傻

鄂温克语的以上六种结构类型的音节里，使用率最高的是第一种、第二种、第四种、第五种类型的音节结构，像第三种和第六种类型的音节结构的使用率比较低。

对此，我们还可以根据鄂温克语音节划分原理，将鄂温克语音节划分现象从以下四个方面进行归纳和分类：

（1）由元音开头并属于 VCV、VCVC、VCVCC 式结构类型的词类，进行音节划分时，第一音节的分离线必须要从词首元音的后面划定。比如，

ada ⇨ a-da “姐姐”、ədiŋ ⇨ ə-diŋ “风”、oŋart ⇨ o-ŋart “花絮” 等。

（2）由辅音开头并属于 VCVC、VCVCVC、VCVCVCVC 式结构类型的词类，进行音节划分时，其音节分类线要从第一音节的元音后面划定。比如，həhə ⇨ hə-hə “猫”、sulahi ⇨ su-la-hi “狐狸”、ha-ha-ra-wa-ni ⇨ haharawani “把他的鸡” 等。

（3）由元音或辅音开头而属于 VCCVCCVCCV、CVCCVCCVCCVC 式结构类型的词类，进行音节分时，其音节分离线要从两个连续出现的辅音（CC）中间划定（C-C）。比如，dʉttʉl diʧʧi ⇨ dʉt-tʉl-diʧ-ʧi “打完架”、attaddi ⇨ at-tad-di “暗黑的”、boŋgoŋhoŋ ⇨ boŋ-goŋ-hoŋ “少大的” 等。

（4）由元音或辅音开头并属于 VCCCV、CVCCCVC 等语音结构类型的词类，进行音节划分时，其音节分离线要从连续出现的三个辅音（CCC）的第二个辅音后面划定音节划分线（CC-C）。结果音节划分线前面的两个辅音属于前一个音节，音节划分线后面的一个辅音则属于后一个音节。比如，hiirttil ⇨ hiirt-til “瞬间”、ʤʉntrəŋ ⇨ ʤʉnt-rəŋ “变傻” 等。

4. 重音

鄂温克语的词都有重音现象，而且一般都落在词的第一音节的元音上。因此，词的第一音节的元音往往要被重读，其音高比其他音节的元音要清楚和鲜明。与此相反，第二音节以下音节的诸元音要逐渐变弱。比如，aˈmiŋ “父亲”、ʉˈnʉgʉŋ “乳牛”、pəˈsəglərəŋ “踢”、saaˈʤiraŋ “知道”、təˈggəʧʧisəl “许多衣服”。

在以上实例中，位于词第一音节右上角标注的符号 “ˈ” 是被重读的元音音素，也就是该词重音的落脚点。如果词第二音节的元音是长元音的话，该词的重音也就自然移到第二音节的元音上。比如，əlaəˈrəŋ “煮”、ʤiriiˈlʤirəŋ “鱼游”、orooˈttoloroŋ “长草”、ɵwɵɵˈŋ “面包” 等。但是，词的第一音节和第二音节的元音都是长元音时，其词重音要落在词的第一音节的长元音上。比如，baaˈmuddi “腻烦的”、uuˈtaahaŋka(ŋ)naŋ “使紧张”。另外，词的第三音节若有长元音，该词的重音仍然落在词的第一音节的短元音等上面，词重音不会落在第三音节的长元音上。也就是说，第三音节以下的音节出现的长元音不被重读。被重读的短元音也不等于长元音，它的音长没有长元音的音长那么长，它的音长只是比其他音节出现的短元音音长稍微长一点。

如同前面提到的那样，词重音在第一音节时，该词第二音节及第二音节以下音节里的元音要逐渐被弱音化。然而，词重音落在第二音节的长元音上面时，词首音节元音的发音力度比第二音节的发音力度要弱，同时第三音节及以下音节的元音也被逐渐弱化。在这里，还有必要交代的是，鄂温克语的词重音不具备区别词义的功能。

附录二

鄂温克语动词词组结构

鄂温克语的句子结构中，动词发挥着极其重要的作用，从而成为词组结构内不可缺少的组成内容，并涉及不同结构类型的词组。比如，像并列词组、支配词组、修饰词组、补充词组、限定词组、表述词组、否定词组、判断词组等的构成成分中均有动词类词。下面以句子为例阐述和分析由动词类词构成的不同结构类型的词组。

1. 并列词组

在整个并列词组里，由动词构成的实例不是太多。相比之下，由形动词组合而成的并列词组要多一些。例如，

əmər ʉlir[①] niŋ sʉt əʃiŋ saawura.
来 走 是 都 不 知被
来走（来去）都是无声无息。

ʤittəŋ imoraŋ gʉŋʧəʃi nisʉhʉŋbajta əntə.
吃 喝 是 小 事 不是
吃喝可不是一件小事。

① 词下面的 “-------” 符号表示词组结构。

上述两个句子中，形动词 əmər“来”和 ʉlir“走”，以及动词 ʤittəŋ“吃”与 imoraŋ“喝”等均以并列形式出现，从而构成并列结构类型的词组。毫无疑问，它们在语义结构或在表述内容等方面均处在并列平等的位置上。另外，由两个或两个以上的实词组成的并列式词组，有时也有在动词类词间使用连词 ooʧʧi“和”的现象。例如，

əmər ooʧʧi ninir bəj hokko moriŋ uguroŋ.
来 和 去 人 都 马 骑
来去的人都要骑马。

很显然，由形动词 əmər“来的”和 ninir“去的”构成的并列词组中间使用了连词 ooʧʧi“和”。然而，连词的出现丝毫没有影响并列词组结构类型和内容。不过，比较而言，并列词组中使用连词的现象不是很多，不具有代表性。

2. 支配词组

根据我们掌握的资料，由动词参与组成的支配词组确实有不少。不过，往往是由动词、形动词、副动词等动词类词充当支配语，由名词、代词、形容词、数词等名词类词充当被支配语的结构类型构成。例如，

mini ahiŋbi geen ʤiŋʤiraŋ.
我的 哥哥 理 讲
我哥哥讲理。

tarini əmmənin əddə taŋiŋ ʉnʉgʉŋ sagaraŋ.
她的 妈妈 早晨 每 乳牛 挤
她妈妈每天早晨挤牛奶。

baada ooloohiŋ əhiŋbi ʤʉʉdʉwi əməggisə.
傍晚 成 姐姐 家 回来 了
一到傍晚姐姐就回来了。

əhəŋ təwəsə təggəəŋ mʉni ədʉəməsə.
奶 装了的 车 我们 这里 来了
装奶的车来我们这里了。

əri honnoriŋ moriŋbo tari ʉnətti ugusu.
这 黑的 马 把 他 确实 骑了
他确实骑了这匹黑骏马。

这五个句子中，（1）第一句和第二句的 geen ʤiŋʤiraŋ“讲理”、ʉnʉgʉŋ sagaraŋ“挤奶牛”是由名词 geen“理”、ʉnʉgʉŋ“奶牛”与动词 ʤiŋʤiraŋ“讲”、sagaraŋ“挤”构成的支配词组；（2）第三句的 baada ooloohiŋ“一到傍晚”则是以名词 baada“傍晚”与副动词 ooloohiŋ“成”组合而成的支配词组；（3）第四句的 əhəŋ təwəsə“装奶”是由名词 əhəŋ“奶子”与形动词 təwəsə“装了的”组成的支配词组；（4）第五句 ʉnətti ugusu“确实骑了”很明显是由副词 ʉnətti“确实”及动词 ugusu“骑了”搭配而成的支配词组。通过这些实例，我们还可以看得出来，在支配词组内占主导地位的还是支配语，因为支配语将被支配语作为对象支配该词包含的所有内容。另外，鄂温克语的支配语要位于被支配语的后面，被支配语要出现在支配语的前面。

3. 修饰词组

我们的调研表明，修饰词组的构成中使用的动词比较多。换言之，动词类词在修饰词组里发挥着极其重要的作用。而且，绝大多数情况下，要和名词、代词、形容词等名词类词共同构成修饰词组。当然，也有完全用动词类词组合而成的实例。很有意思的是，动词类词不仅可以充当修饰语，同时也可以充当被修饰语。例如，

tinʉg əmʉŋ inig ʃini oosoʃi ənnəgəŋ baraaŋ gi?
昨天 一 天 你的 做了的你 这么 多 呀
昨天一天你做了这么多（活儿）呀?!

sʉni ʤawam gʉŋʤir moriŋsʉŋ tala ʉttʉliʤirɵŋ.
你们的 抓的 说的 马你们 那 奔跑
你们要抓的马在那里奔跑（那里奔跑的就是你们要抓的吗）。

haŋbo gʉnər bəj aja ʤinʤiraŋ.
韩宝 是 人 善 说
韩宝这个人善说。

ahiŋ təggʉ ʉlirdʉwi dattaŋ tʉggʉnʤi aggaʃiraŋ.
哥哥 路 走 在 经常 快的 走
我哥哥总是快步走（路）。

tari ʉjiwʉʤir əggəəl ʃi əʃi hɵɵldər əggəəl.
那 拴被着的 犍牛 是 现在 套用的 犍牛
那头拴着的犍牛是现在要用的犍牛。

mini nisʉhuŋ unaaʤwi dattaŋ əmʉhəjə təgətəŋ ʉgiirɵŋ.
我的 小的 姑娘我 经常 独自 坐原样 玩 她
我小女儿经常是一个人就那么坐着玩。

ʤəəŋgʉ ʉrirəŋni ninihin moriŋsolni amigiʤi əʧʧʉmeed asaraŋ.
东 家的 狗 马群的 后面 叫 边 追
东家的狗从马群后面边叫边追。

上面七个例句，都充分证明鄂温克语的修饰词组，主要由修饰语与被修饰语构成，且修饰语位于被修饰语之前，进而表示被修饰语的行为、特征、性质以及程度等。这些例句均有它们的代表性，以及有独到之处和特殊性。比如，第一句的 ʃini oosoʃi“你做的”和第二句的 tala ʉttʉliʤirɵŋ“那里奔跑”是由代词 ʃini“你的”、tala“那里”与接缀人称形态变化语法词缀的形动词 oosoʃi “做的”、动词 ʉttʉliʤirəŋ “奔跑”共同构成；第三句的 aja ʤiŋʤiraŋ “会说”与第四句的 tʉggʉŋʤi aggaʃiraŋ “快走”是由主格形态变化现象的形容词 aja “善”、接缀工具格形态变化语法词缀的形容词 tʉggʉŋʤi “快的”与动词 ʤiŋʤiraŋ “说”、aggaʃiraŋ “步行”结合而成；第五句的 ʉjiwʉʤir əggəəl “拴着的犍牛”是由形动词 ʉjiwʉʤir “拴着的”与名词 əggəəl “犍牛”相结合的产物；第六句的 təgətəŋ ʉgiirəŋ “坐着玩”和第七句中的 əʧʧʉmeed asaraŋ “边叫边追”是由副动词 təgətəŋ “坐着”、接缀并进体形态变化语法词缀的动词 əʧʧʉmeed “边叫边”与 ʉgiirəŋ “玩”、asaraŋ “追”结合而成。从这七个不同结构类型的修饰词组完全可以看出，它们的不同点不仅表现在不同动词类词或名词类词的使用上，同时也表现在接缀的不同形态变化语法词缀上。另外，更具特色或有意思的是，作为修饰词组构成因素的动词，不仅可以在第一句到第四句里充当被修饰语，而且在第五句内还充当了修饰语，在第六句和第七句中，动词类词同时承担了修饰语和被修饰语的角色。

4. 补充词组

这里提到的补充词组，主要由补充语和被补充语组合而成。而且，补充语要位于被补充语之前，对被补充语所陈述的行为、状态、性质及时间等进行补充说明。在补充词组里，动词类词主要充当被补充语，不过也有当作补充语用于补充词组的现象。例如，

əri inig ahiŋbi moriŋʤi əmərəŋ.
这 天 哥哥我 马用 来
今天我哥骑马来。

əri bajtawa ʤiŋʤikki tari aleeraŋ.
这 事把 说 他 生气
如果把这件事说出来的话他会生气的。

sʉni ʤawar bəjsʉŋ ittəhəhi ʉttʉlisə.
你们的 抓的 人你们 哪儿 跑了
你们要抓的人往哪个方向跑了？

naŋa aggaʃiʤir bikki mini addewi ʃiŋʤə.
慢 走 者的 是 我的 奶奶我 是
慢慢走的是我奶奶。

mini unaaʤi nəhʉŋbi bikki nandahaŋ ʤaandaraŋ.
我的 女 弟 是 美的 唱
我妹妹唱得美。

əri ʉgwʉ dooldiʧʧi səwəəŋ aawaŋbi ʤawaʧʧil jʉʉsə.
这 话把 听 完 斯文 帽子把 拿 了 出去了
听了这句话斯文拿完帽子就出去了。

mʉni nisʉhʉŋ alaar hashaŋ ʉttʉliʧʧi nənʉsə.
我们的 小的 花的 狗崽 跑 了 回去
我们家的小花狗崽跑了回去。

以上七个例句中，均出现补充词组。而且，在具体的构成方面，均表现出各自的特点，以及都有动词类词参与或完全由动词类词组合而成。比如，第一句的moriŋʤi əmərəŋ“用马来”是由接缀工具格形态变化语法词缀的名词moriŋʤi“用马”和动词əmərəŋ“来”组合而成；第二句的tari aleeraŋ“他生气”是由代词tari“他”与动词aleeraŋ“生气”构成；第三句的sʉni ʤawar“你们抓的”是由接缀领格形态变化语法词缀的代词sʉni“你们的”和形动词ʤawar“抓的”共同构成；第四句的naŋa aggaʃiʤir“慢走的”是由形容词naŋa“慢的”跟形动词aggaʃiʤir“走的”组合而成；第五句的nandahaŋ ʤaandaraŋ“唱得美”是由形容词nandahaŋ“美的”与动词ʤaandaraŋ“唱”构成；第六句的ʤawaʧʧil jʉʉsə“拿了就出去”是

由一次体动词 ʤawaʧʧil “拿” 同动词 jʉʉsə “出去了” 结合而成；第七句中的 ʉttʉliʧʧi nənʉsə “跑了回去” 是由完成体动词 ʉttʉliʧʧi “跑了” 和动词 nənʉsə “回去了” 相结合的产物。可以看出，从第一句到第二句内出现的补充词组都是由动词类词与名词类词组合而成。而且，充当补充语的是格形态变化现象的名词、代词、形容词等名词类词，充当被补充语的一般都是陈述式结构类型的动词及形动词。值得提出的是，也有像第六句和第七句这种由两个动词构成的实例。这两个例句中，作为修饰语出现的动词均接缀了体形态变化语法词缀。

5. 限定词组

我们的研究表明，该语言的限定词组，主要由限定语和被限定语组合而成。而且，限定语要位于被限定语之前，被限定语出现在限定语的后面。那么，作为限定词组的主要构成成分之一，动词类词一般都作为被限定语，使用于限定语的后面。例如，

tari naallani jəəməwi soŋkoduli ʤoldoso.
他 手 东西把 窗户从 扔 了
他把手里的东西从窗户扔了出去。

əjjə mənəəŋ moriŋbi ugutoŋ inigniŋgʉ ʉrirəŋ təhəərərəŋ.
这 家伙 马 骑 整天 村 晃荡
这家伙骑个马整天村里晃荡。

əhiŋbi əri baraaŋ igga doolo ulariŋba ajawuraŋ.
姐姐 这 多的 花 里 红的 喜欢
在这些花里姐姐喜欢红的。

timaʃiŋ bi amiŋʤiwi moriŋ uguʧʧi tala ninime.
明天 我 父亲和 马 骑 那边 去
明天我和爸爸骑马去那边。

ʉnʉgʉŋ əttʉ sagaraŋ gʉnəhəŋ əmməwi ʃilbam bʉʉsə.
乳牛 这样 挤 是 妈妈我 告诉 给了
这么挤奶是妈妈告诉我的。

上述五个短句内，出现的限定词组 soŋkoduli ʤoldoso“从窗户扔了”、ʉrirəŋ təhəərərəŋ“村里晃荡”、ulariŋba ajawuraŋ“喜欢红的”、tala ninime“去那里”、əttʉ sagaraŋ“这么挤奶”，分别由接缀从格形态变化语法词缀的名词 soŋkoduli“从窗户”、名词 ʉrirəŋ“村”、接缀确定宾格形态变化语法词缀的形容词 ulariŋba“红的”、代词 tala“那里”和 əttʉ“这样”与动词 ʤoldoso“扔了”、təhəərərəŋ“晃荡”、ajawuraŋ“喜欢”、ninime“去”、sagaraŋ“挤奶”组合而成。很显然，充当被限定语的动词词根或词干后面往往接缀体、式等形态变化语法词缀，而充当限定语的名词类词主要是名词、动词、形容词等，并以格形态变化现象的实例占绝对多数。完全由动词类词构成的限定词组我们还未发现，绝大多数情况是由动词类词与名词类词组合而成。

6. 表述词组

我们掌握的第一手资料显示，在表述词组里动词类词发挥着十分重要的作用。毫无疑问，表述词组是由表述语和被表述语组成，且表述语作为该词组的主要成分，出现于被表述语的后面。例如，

bəjsəl sʉt tarini moriŋ ugurwu iʃiʤirəŋ.
人们 都 他的 马 骑把 看着
人们都在看他骑马。

ninihinni əʧʧʉrwə dooldiʧʧi əʤiŋniŋ ʤʉʉdihi jʉʉm əməsə.
狗 的 叫的把 听 完 主人他 屋从 出 来了
听到狗叫声主人就从屋里走了出来。

tarini　ʤiŋʤisawa　ʉrʉlsʉl　nandahaŋʤi　dooldiroŋ.
他的　说的　孩子们　好好地　听
他说的话孩子们好好听。

ʉhʉr　təggəəŋni　naŋa　ʉlirwʉ　awuhat　baanaŋ.
牛　车的　慢的　走的　谁都　烦
谁都烦牛车走得慢。

经过分析，我们充分了解到这四个例句中，第一句的 moriŋ ugurwu“骑马”是由主格形态变化现象的名词 moriŋ“马”与接缀确定宾格形态变化语法词缀的形动词 ugurwu“骑”结合而成；第二句的 ninihinni əʧʧʉrwə“狗叫”是由接缀领格形态变化语法词缀的名词 ninihinni“狗”和接缀确定宾格形态变化语法词缀的形动词 əʧʧʉrwə“叫”共同构成；第三句的 tarini ʤiŋʤisawa“他说的”是由接缀领格形态变化语法词缀的名词 tarini“他的”跟接缀确定宾格形态变化语法词缀的形动词 ʤiŋʤisawa“说的”组合而成；第四句中 naŋa ʉlirwʉ“慢走”是由形容词 naŋa“慢的”与接缀确定宾格形态变化语法词缀的形动词 ʉlirwʉ“走”共同构成。从以上实例我们可以看出，充当表述语的那些形动词，主要以宾格形态变化现象，或在宾格形态变化语法词缀上再接缀领格形态变化语法词缀的结构形式出现。也就是说，绝大多数形动词在表述词组里，充当表述语时在其词根或词干后面要相继接缀确定宾格形态变化语法词缀、领格形态变化语法词缀等。当然，也有以形动词的不同时形态变化充当表述语的现象。其中，表述语多数由形动词来充当，被表述语由名词、代词、形容词来充当。

7. 否定词组

由动词为主构成的否定词组，在整个词组系统中属于相当复杂的结构体系。它们虽然均由否定语和被否定语组合而成，但否定语既可以位于被否定语的前面，同时也可以出现于被否定语的后面。那么，作为否定词组的主要构成因素之一的否定语，要以在否定助动词词根 ə- 后面接缀一系列式形态变化语法词缀的形式出现。不过，也有由否定助动词 aaʃiŋ 来充当否定语的情况。我们的资料还表明，否定语位于被否定语之前时，要使用否定助动词 ə-；否定语位于被否定语之后时，要使用否定助动词 aaʃiŋ。但也不能一概而论，在一些口语资料里，也能见到否定助动词 aaʃiŋ 位于被否定语之前的实例。该语言里，否定词组的被否定语似乎可以由任何一个实词来充当。但是，以 ə- 构成的否定助动词后面出现的绝大多数是动词或形动词，而出现于否定助动词 aaʃiŋ 前面的主要是名词、代词、形容词、数词、形动词等。关于否定助动词词根 ə- 后面，接缀式①形态变化语法词缀等现象，我们在分析和阐述否定助动词 ə- 的结构原理及其形态变化现象时，做过细致而全面、系统的介绍。所以，对此感兴趣的话，可以参阅否定助动词词根 ə- 的讨论内容。鄂温克语的一些句子里，也有副词用于由 aaʃiŋ 组合而成的否定式词组结构之现象。下面以实际句子为例，分析和阐述否定词组的结构关系及其使用原理。

7.1 由否定助动词 ə- 与动词组合而成的否定词组

əri inig mandi dolob ooʧʧohiŋ ədʒi ʉlirə.
这 日 太 晚 到至 不 走
今天不要走到太晚。

ʤoohodu ittʉ togjo ilasa ʤaariŋ ʤʉʉ əʃiŋ əhʉldə.
炉子 怎么 火 烧了 也 屋 不 热变
炉子怎么烧火屋子里也不变热。

7.2 由否定助动词 ə- 与形动词组合而成的否定词组

əʃiŋ tatir bikki əʃiŋ ʤohir gʉŋkəŋ əmməwi ʤiŋʤisa.
不 学习 是 不 对的 话 妈妈我 说 了
我妈妈说不学习是不对的。

---

① 主要是跟动词陈述式时形态变化语法词缀和人称形态变化语法词缀相关。

我们在实地调研时发现，由否定助动词 ə- 与动词组合而成的否定词组有很高的出现率。否定助动词词根 ə- 接缀相关形态变化语法词缀以后，同动词或形动词组合而成的否定词组，可以出现于句子的任何部位，甚至在同一个句子内可以出现两次或两次以上，但在句子末尾的出现率最高。就如前面所述，句尾充当被否定语的动词词根或词干后面，要严格按照元音和谐规律及词缀首辅音交替变化原理，分别接缀 -ra、-rə、-ro、-rɵ ~ -də、-da、-do、-dɵ ~ -sa、-sə、-so、-sɵ 等形态变化语法词缀。

7.3　由名词与否定助动词 aaʃiŋ 组合而成的否定词组

tannagaŋ　təggətʃtʃidʉ　totʃtʃi　aaʃiŋ　gʉnɵŋ.
那种　衣服　上　扣子　没　说
据说那种样式的衣服上没有扣子。

bəj　aaʃiŋ　ʤʉʉdʉ　iim　amram　oodoŋ　gi?
人　没　房子里　进　休息　可以　吗
可以进没人的屋子休息吗？

7.4　由代词与否定助动词 aaʃiŋ 组合而成的否定词组

tarini　aaʃiŋdu　mʉni　ʤʉʉdʉ　əmʉŋ　baraaŋ　bəj　əməsə.
他　没　我们的　家　里　一　多　人　来了
他不在的工夫我们家里来了一大堆人。

bi　aaʃiŋ　bikki　ondihot　bajta　jʉʉrwɵ　awu　saaraŋ.
我　没　是　什么也　事　出的　谁　知道
如果我不在谁知道会发生什么事情。

7.5　由形容词与否定助动词 aaʃiŋ 组合而成的否定词组

ahiŋni　ʤʉʉ　niŋ　ədʉhi　goro　aaʃiŋ.
哥哥　家　是　这里　远　没
我哥哥的家离这儿不远。

7.6 由数词与否定助动词 aaʃiŋ 组合而成的否定词组

namaaʤ aaʃiŋ bikki bəj ʃinidʉ ittʉ bʉʉrəŋ.
百(元) 没 是 人 你的 怎么 给
没有一百元人家怎么给你？

7.7 由形动词与否定助动词 aaʃiŋ 组合而成的否定词组

ondihot jəəmə oora aʃiŋ əmʉŋ inigwi nʉʧʧigəsə.
什么也 事 做 没 一 天把 度过了
这一天什么事都没来得及做就度过了。

7.8 由副词与否定助动词 aaʃiŋ 组合而成的否定词组

ənnəgəŋ nandahaŋ əriŋ dahi aaʃiŋ gʉnəhəŋ talar ʤiŋʤiraŋ.
这样 美好的 时光 再 没 是 他们 说
他们说再也不会有这么美好的时光。

上面例句中出现的实例充分说明，以否定助动词 aaʃiŋ 为主构成的否定词组里，aaʃiŋ 基本上均以原有结构形式出现，只有极其特殊的情况下才能接缀 -du 之类的形态变化语法词缀。另外，充当被否定语名词类词或形动词及副词等，一般都以主格形态变结构特征或以原有的结构形式出现，不过也有个别接缀领格、位格、与格等形态变化语法词缀的实例。还有一种现象是，由否定助动词 aaʃiŋ 构成的否定词组后面，经常会使用判断助词 bikki “是”。我们的研究表明，以否定助动词 aaʃiŋ 为主构成的否定词组，同样能够出现于句子各个部位，但绝大多数情况下出现于句中位置。

与上面的分析讨论有关，该语言里还经常出现由否定助动词 əntə “不是”组合而成的否定词组。而且，否定助动词 əntə 在否定词组中的使用情况，跟否定助动词 aaʃiŋ 几乎完全相同，往往用于被否定语后面。例如，

moriŋ　uguso　bəj　batu　ɵntɵ　gʉnɵʤirɵŋ.
马　骑的　人　巴图　不是　说
说是骑马的人不是巴图。

əri　əddə　mʉnidʉlə　əməsə　bəj　ʃi　ɵntɵ.
这　早　我们家　来了的　人　你　不是
今天早晨到我们家来的人不是你。

tʉggʉŋ　ɵntɵ　moriŋbo　ugukkiwi　bəjdʉ　ʤogoloŋ.
快的　不　马把　骑的话　身体与　受罪
骑走得不快的马，人就会受罪。

ʃini　ikkiŋ　tatisa　hərgəŋʃi　oriŋ　ɵntɵ.
你的　新　学的　单词你　二十　不是
你新学的单词不是二十个。

tari　bəj　ʉlirthi　ɵntɵ　ondihot　aggaja　aaʃiŋ.
那　人　走的比　别　什么也　办法　没
那个人除了走别无选择。

tajja　ʉkkəhəŋ　bajta　eʃegedduwi　sampal　ɵntɵ.
那　小伙子　事　做时自己　麻利　不
那个小伙子办事不利落。

从以上罗列的否定助动词 ɵntɵ 与名词、代词、形容词、数词以及形动词和副词共同构成的否定词组来看，无论是否定语 ɵntɵ 还是被否定语，几乎都以原有结构形式出现，只是个别被否定语后面出现接缀格形态变化语法词缀之现象。在我们看来，否定助动词 ɵntɵ 虽然与名词类词等均可组合构成否定词组，但同名词、代词、形容词等组合的概率要高一些。以否定助动

词 ɵntɵ 为主构成的否定词组，虽然可以出现于句子的不同位置，比较而言在句末的出现率更高一些。

8. 判断词组

我们掌握的资料显示，鄂温克语词组结构体系中还有判断词组，并由判断语和被判断语组合而成。其中，判断语发挥着重要作用，判断语要位于被判断语的前面，判断语主要由表示肯定、判断、应许、能愿等意义的肯定助动词 bi-①、判断助动词 oo-、ʃiŋʤə 等充当。另外，在肯定助动词 bi- 或判断助动词 oo- 后面，要接缀动词式形态变化现象之错综复杂的语法词缀，其接缀内容、形式及其原理与我们在正文中阐述肯定助动词 bi-、判断助动词 oo- 时的情况完全一致。因此，想具体了解这些助动词的形态变化现象，可以参阅有关助动词的分析内容。不过，有必要指出的是，肯定助动词 bi- 在判断词组里完全表示肯定意义的判断关系。从这个意义上来讲，也可以将判断词组的肯定助动词 bi- 看作判断助动词。判断词组里的被判断语，主要由名词、代词、形容词、动词、形动词、数词、副词等充当。

8.1　由名词与判断助动词 bi- 或 oo- 组合而成的判断词组

tari　toŋ　aneni　ʤʉlidədʉ　imiŋ　somodu　səwə　bisə.
他　五　年的　前　在　伊敏　索木　老师　是
他五年前在伊敏索木当过老师。

ʃiniʤi　təərelələhəŋkki　mini　nəhʉŋbi　oodoŋ.
他　相比的话　我的　弟弟　行
与你相比我弟弟还算可以。

① 这里所说的肯定助动词 bi-，就是指由动词词根 bi- 跟动词陈述式形态变化语法词缀构成的肯定助动词概念。

8.2 由代词与判断助动词 bi- 或 ʃiŋʤə 组合而成的判断词组

əri əddə sʉnidʉlə tari bisə.
这 早 你们家 他 在他
今早他在你们家来着。

dolob ʉttʉlisə moriŋ ʃi əri ʃiŋʤə.
夜 跑了的 马 是 这 是
夜里跑出去的就是这匹马。

8.3 由形容词与肯定助动词 bi- 或判断助动词 oo- 组合而成的判断词组

imiŋ dooni mʉʉ ajattedihi arakkuŋ bisə.
伊敏 河的 水 自古 干净的 是
伊敏河的水自古以来就纯净。

imiʧʧi nəəʧʧi ʉlirniŋ tʉggʉŋ ooso.
油 放 走 快 成
加油后走得快了。

8.4 由动词判断助动词 bi- 或 ʃiŋʤə 组合而成的判断词组

əmmə əmər əriŋdʉ toshaŋsal sʉt jʉʉtəŋ bisə.
妈妈 来的 时候 牛犊们 都 出去 是
妈妈来的时候牛犊们都已跑出去了。

tajja ərʉ ninihin bəjwə iʃikkil hihiraŋ ʃiŋʤə.
那 坏 狗 人把 见 咬 是
那条恶狗见人就咬。

我们掌握的第一手资料表明，判断助动词与动词组合而成的判断词组里，几乎没有出现判断助动词 oo- 同动词相结合的实例，几乎都是由判断助动词 bi- 或 ʃiŋʤə 与动词组成的判断词组。

8.5 由数词与判断助动词 bi- 或 oo- 组合而成的判断式词组

taʧʧilni hurigaŋdu ʉhʉr toŋŋe biʃiŋ.
他们的 圈子里 牛 五十 有
他们的牛圈里有五十头牛。

əmʉŋ oroondu dahi digiŋ noŋikki toŋ oodoŋ.
一 上 再 四 加 五 是
一加四等于五。

8.6 由副词与判断助动词 bi- 或 ʃiŋʤə 组合而成的判断式词组

əri inig uduŋ udunoŋniŋ ʉnənti biʤigə.
这 天 雨 下的它 的确 是
今天也许真的会下雨。

ənnəgəŋ goro təggʉwə joohoŋ ʉlikki mandi ʃiŋʤə.
这么 远的 路 把 徒步 走 非常 是
徒步走这么远的路真不容易。

以上实例充分展示了以判断助动词 bi- 或 oo- 及 ʃiŋʤə 为主构成的判断词组的基本情况，以及结构性特征和句中使用关系等。而且，我们的研究还表明，作为判断词组的被判断语出现的名词类词、形动词、副词等里，使用率最高的是名词类词，特别是像名词和代词有很高的出现率，其次是形容词和数词。相比之下，由形动词与副词充当被判断语的实例不是太多。另外，充当判断语的判断助动词 bi- 或 oo- 多数是接缀陈述式过去时形态变化语法词缀，而充当被判断语的词多数是以主格、宾格形式出现。再说，判断词组几乎都要出现于句末。

综上所述，鄂温克语词组构成中动词类词发挥着极其重要的作用。而且，以动词为主构成的词组，或者说动词跟其词组合而成词组，其结构形式和内容都很丰富，从某种角度讲已经自成系统。如果不了解它们复杂多变的结构原理，以及动词和其他词之间的组合规则，乃至相关词组间产生的极其细微的语义变化或区别性特征，就会在处理名词类词词组结构的系统阐述、词组语义内涵的全面解析、不同词组使用关系的理论阐述等时遇到许多麻烦。甚至，使人难以把握这些词组结构的范围和界限。因此，我们必须认真对待动词类词词组关系及其构成原理，争取全面、系统、准确地把握它们的不同结构特征、不同结构内容、不同结构形式、不同语义内涵。动词类词词组结构，虽然有一定程度的稳定性，但由于没有书面文字、方言土语比较复杂、外来语言影响比较大等原因，使这些词组存在着一定程度的可变性和非稳定性，这就需要我们对这些动词类词词组结构的变化现象有客观实在的认识和定位。不论怎么说，这里分析讨论的八种结构类型的动词类词词组，都是比较常见的词组系列。

附录三

鄂温克语句子成分中的动词

鄂温克语的句子结构里，主要包括主语、谓语、宾语、补语、状语、定语、插语等成分，同时，句子还分为简单句和复合句。简单句也叫“单句”，也就是没有分句内容的句子结构。例如，鄂温克语的 bibitig iʃime. “我看书”就属于简单句。复合句也称复句，主要是指由两个或两个以上的单句组合而成的复杂句子。例如，鄂温克语的 bibitig iʃime，tari hərgəŋʤoriraŋ. “我看书，他写字”就属于并列关系的复合句。无论是简单句还是复合句都离不开句子成分，它们都是由不同的句子成分组合而成的产物。

说到鄂温克语的句子成分，其中最为重要的是主语和谓语。这两个句子成分，在鄂温克语的句子里发挥着极其重要的作用。而且，往往是以主语在前，谓语在后的语句结构形式出现。鄂温克语的句子里，有时也能够见到主语被省略的个别简单句，但在绝大多数句子里主语和谓语是不可缺少的重要成分。例如，像 amakkaŋninihə. “（你）赶快去?”一句，就属于主语 ʃi “你”被省略而以动词词根 nini-“去”后面接缀的形态变化语法词缀 -hə 来表现主语 ʃi “你”的内涵。鄂温克语里虽然有像 amakkaŋninihə. 这样省略主语的简单句，但多数情况下还是使用保留其主语 ʃi “你”的 ʃi amakkaŋninihə. “你赶快去”这一完整结构类型的句子形式。鄂温克语的每个句子里几乎都有谓语，它是句子不可缺少或不可被省略的重要成分。另外，像宾语、补语、定语、状语等都属于鄂温克语句子的次要成分，它们常常使用于主语和谓语的前后，在句中起着修饰或服务于主语和谓语的作用。例如，

ʃi mɵɵni ʉtwi amakkaŋ ʤʉʉdʉ iigʉhə.①
你 自己的 儿子 赶快 屋里 拿进
你把自己的儿子赶快领进屋里来。

该简单句里 ʃi“你”为主语，mɵɵni“自己的”是定语，ʉtwi“儿子”是宾语，amakkaŋ“赶快”为状语，ʤʉʉdʉ“屋里”是补语，iigʉhə“领进”是谓语。

如上所说，鄂温克语里主语和谓语是句子的主要组成内容，也就是句子的核心成分。而且，主语一般都位于句子开头或开头部位，谓语要位于句尾或句尾部位。例如，

bi əri inig ʉrdʉ jʉʉme.
我 今 天 山 登
我今天上山。

鄂温克语中的插入语是句子的特殊成分。而且，也只能在特殊句子里被使用，从而表示某一特定语义概念，或着重强调某一话语内容。例如，

talar （bəjʉʃeŋsəl） əməsə.
他们 猎人们 来了
他们（猎人们）来了。

上面的简单句里出现的 bəjʉʃeŋsəl“猎人们”就是插入语，插入于主语和谓语的中间，从而对句中主语 talar“他们”的语义内涵作了进一步说明。

以下结合实际句子，对于鄂温克语句子成分的构成形式、结构关系、使用特征以及具体的发挥语句功能和作用等展开全面分析和讨论。

---

① 句子成分下面的细单线“______”表示主语，双线“______”表示谓语，点线“\-\-\-\-\-\-”表示定语，粗黑线“______”表示宾语，波浪线“\~\~\~\~\~\~”表示状语，斑点线“_._._._._”表示补语。

1. 主语

鄂温克语的主语主要回答“谁”、“什么”等问题，在句中陈述的动作行为的实施者，也叫句子的主体。正因为如此，主语在句子中发挥着主要作用。而且，在鄂温克语的句子里，常常由接缀各种形态变化语法词缀的名词、代词、形容词、数词等名词类词或形动词及词组充当主语。

形动词充当主语时，一般在其后面使用判断助词 bikki 或 ʃi 等。例如，

ʉʉʃigi moriŋ ugutoŋ əməʤir ʃi ondi bəj jəm.
这边 马 骑 样 来着的 是 什么 人 呀
骑着马往这边来的是什么人呀?

tʉllə əʧʧʉʤir bikki mʉni ʤəəŋgʉ ʤʉʉni ninihin.
外面 叫的 是 我们的 东 家的 狗
外面叫的是我们东家的狗。

在鄂温克语里，词组充当主语的现象也有不少。其中，像并列式、表述式，修饰式等结构类型的词组作主语的机会较多。

1.1 并列式词组充当主语的实例

ʤittəŋ imoraŋ bikki bəjni miiŋ boŋgoŋ bajta ooroŋ.
蓝的 白的 是 我的 最 喜欢的 颜色 成
蓝和白是我最喜欢的颜色。

1.2 表述式词组充当主语的实例

tʉg ookkiwi ʤʉʉwi namaddilar ʃi mandi bajta.
冬天 到的话 房子我 取暖的 是 非常 事情
到了冬天房子取暖是一件非常重要的事情。

sisəwi　tʉggʉŋləhəŋʧə　bikki　amakkaŋ　bogduwi　eʃerni　ʤaariŋ.
汽车把　加速让的　是　快的　目的地　到的　为了
汽车加速是为了快点到达目的地。

1.3　修饰式词组充当主语的实例

nəhʉ(ŋ)ni　nənʉr　bikki　inig　taŋiŋ　idrəʤirəŋ　kʉŋ.
弟弟的　回去的　是　天　每　靠近着　呀
弟弟回去的日子一天比一天迫近。

通过以上例句和相关说明，我们可以清楚地了解到鄂温克语里充当主语的词或词组后面，使用判断助词 bikki 或 ʃi 的现象比较普遍。这些判断助词表现出的语法概念，相当于汉语的“是”。其中，判断助词 ʃi 来自汉语的 shi “是”。总之，在现代鄂温克语里，充当主语的形式和内容都比较复杂。但是，比较而言，名词类词以主格形态变化结构类型充当句子主语的实例占绝对多数。

2. 谓语

鄂温克语里的谓语，句子中回答“干什么”、“是什么”、“怎么样”等问题。并且，主要表示句子主语所要实施的动作行为，以及主语所指含的对象或事物之状态、性质、数量等。如前所述，谓语也是句子的主要成分，并基本上位于句尾。有时还在谓语后面使用语气词或感叹词。鄂温克语里，主要用接缀有各种式形态变化语法词缀的动词充当谓语。其中，最为常见的是动词的陈述式和祈使式的形态变化现象。不过，除了动词之外，像名词、形容词、代词、数词以及相关副词等也可以充当句子的谓语。这些词充当谓语时，一般以主格形态变化现象出现。

2.1 动词陈述式形态变化现象充当谓语的实例

bʉ tari moriŋbo tinʉg bʉʉggi-səmʉŋ.

我们 那 马 把 昨天 还给 了我们

我们昨天还给了那匹马。

iihədʉ biʤir see ʉji-ʤirəŋ kʉŋ.

锅里 在的 茶 开 着它 呢

锅里的茶正在开着呢。

2.2 动词祈使式形态变化现象充当谓语的实例

timaaʃiŋ əddəni ʤahoŋ əriŋdʉ bʉ ədʉ bahaldi-gatmuŋ.

明天 早晨的 八 点在 我们 这里 见面 吧我们

我们明天早晨八点钟请在此见面吧。

tari ʃini honnoriŋ moriŋboʃi ugu-gone.

他 你的 黑的 马 把你 骑 吧他

请让他骑你的黑骏马吧。

2.3 动词命令式形态变化现象充当谓语的实例

ʃi əʃi talarwa gələnə-h!

你 现在 他们把 找去吧你

你现在就去找他们!

tari ikkiŋ japoŋ bitigwi iʃi-giŋ!

他 新的 日语 书把自己 看吧他

让他看自己的新编日语教科书!

2.4 副动词也可以充当句子的谓语成分

鄂温克语里，由副动词构成谓语时，常常在副动词后面使用相关强调助词或疑问语气词等。例如，

bi tajja əru mənəəŋbə <u>ʤawanam</u> kuŋ.
我 那 坏的 家伙把 抓 去 吧
我去抓那个坏家伙吧。

honiŋ huluhuwuso ʃi bəjni <u>aaʃiŋsala</u> huŋ.
羊 偷 是 人的 睡 了 是
羊被偷的时候人已经睡了。

2.5 助动词充当谓语的实例

ədʉ tari <u>biʃiŋ</u>.
这里 他 有
这里有他。

ʉrʉl ʤaariŋ ʃini əriwʉʃi <u>ətərəŋ.</u>
孩子 也 你的 这把你 会
连孩子也会做你这种活儿。

除了上面例句说明的情况之外，在鄂温克语里还有以补充式词组、修饰式词组、限定式词组、并列式词组等构成谓语的现象。

2.6 补充式词组充当谓语的实例

əshəŋni unaaʤ əniheŋʤi əmərəŋ.
叔叔的 姑娘 姨 跟 来
叔叔的女儿跟姨妈一起来。

2.7 修饰式词组充当谓语的实例

tari bogdu təgəmeed ʉgiirəŋ.
他 地在 坐样 玩
他坐地上玩。

2.8 限定式词组充当谓语的实例

mini ədʉ ənʉnəŋ.
我的 这 疼
我这儿疼。

另外，也有用否定词组或肯定词组作谓语的一些实例。例如，bi əʃim gada. “我不要”，tari ʃi səwə ʃiŋʤə. “他是老师” 等。

如上所述，鄂温克语里的谓语结构系统相当复杂，除了动词类词能够充当谓语之外，名词类词或词组也可以作句子的谓语。但是，在绝大多数情况下由动词类词充当谓语。特别是那些接缀有陈述式形态变化语法词缀的动词，在句子里充当谓语的现象十分多；其次是接缀有祈求式或命令式形态变化语法词缀的动词；相比之下，其他相关动词，以及名词类词、副词，甚至词组等作谓语的现象并不很多。

3. 宾语

鄂温克语里，宾语往往位于句中谓语之前，从而表示动作行为所涉及的对象，同时受动词的支配。不过，也不能排除宾语用于句子其他位置的一些特殊情况。再说，鄂温克语的宾语，主要由接缀有确定宾格、不确定宾格、反身宾格形态变化语法词缀的名词、代词、形容词、数词、形动词等充当。有时，也可以用连缀宾格和领格形态变化语法词缀的名词类词充当宾语。

3.1　形动词充当宾语的实例

bi　tarini　ʤaaŋdaʤirwa　dooldime.
我　她的　唱着的歌 把　听 我
我要听她唱的歌。

səwə　baraaŋ　sewe　doolodihi　wakkiraʤirwani　əlbʉsə.
老师　多的　学生　里 从　喊叫着的把　带走了
老师从许多学生中把大喊大叫的学生带走了。

在鄂温克语里，词组充当宾语的现象也有不少。特别是像表述词组、限定词组、并列词组、修饰词组等充当宾语的实例较多。

3.2　表述词组充当宾语的实例

mini　əhiŋbi　ʉnʉgʉŋ　sagarwa　iʃiʤirəŋ.
我的　姐我　乳牛　挤奶把　看着
我姐姐正在看挤奶。

3.3 并列词组充当宾语的实例

tari mini əmər ʉlirwə əʃiŋ saara.
他 我的 来 去 不 知道
他不知道我的来去。

3.4 修饰词组充当宾语的实例

bʉ hokko ʃini oosoʃi aja gʉnəhəŋ bodom bisəmʉŋ.
我们 都 你 做的 好 是 想 是
我们过去都认为你做得好。

总而言之，鄂温克语句子里宾语是一个十分重要句子成分，它的重要性仅次于主语和谓语。从某种意义上来讲，鄂温克语中一个比较完整的句子均有宾语成分。而且，充当宾语的绝大多数是接缀有宾格形态变化语法词缀的名词类词。除此之外，形动词或相关词组作谓语的实例也有不少。当然，其中一些实例接缀有宾格和领格双重形态变化语法词缀。鄂温克语的宾语，基本上使用于句尾谓语之前。在这里还有必要解释的是，鄂温克语的名词类词中也有用主格形态变化现象充当句子宾语的现象。例如，bi ʤʉʉ gasu. “我买了房子”一句的名词 ʤʉʉ 就属于主格形态变化现象的宾语。另外，像否定式词组也能够作句子的宾语。例如，tari əʃiŋ əmərwə saame. “我知道他不来”的宾语 əʃiŋ əmərwə 就属于否定词组。

4. 补语

鄂温克语句子里有补语成分，而且补语主要补充说明与句子谓语所表述的某一动作行为直接相关的时间、地点、手段、方向以及性质、特征等。同时，通常出现于句尾谓语之前。根据我们的调查资料，接缀有与格、从格、造格、共同格形态变化语法词缀的名词类词充当补语的现象较多。

4.1　形动词充当补语的实例

tari　moriŋ　mini　moriŋ　ʤawaʤirdihi　əəkkəʧʧi　ʉttʉlisɵ.
那　马　我的　马　套　从　开始了　跑　了
那匹马从我套马开始就跑了。

ninihin　tarini　moo　saʧʧiʤirdu　ʉttʉliʧʧi　ʉlisɵ.
狗　他的　木柴　砍着的 时　跑 了　走了
在他砍木柴时狗就溜掉了。

鄂温克语里形动词充当补语的现象也有不少。而且，就像在上面的句子里所见到的那样，形动词作句子补语时，往往在其后面接缀与格形态变化语法词缀 -du，或接缀从格形态变化语法词缀 -dihi 等。

句子的补语实例中，也有一些由词组充当补语的现象。而且，主要以并列式词组、支配式词组、修饰式词组等充当句子补语。在作句子补语的词组后面还有接缀相关格形态变化语法词缀的现象。

4.2　并列式词组充当句子补语的实例

bi　ʃiniwə　tariʤi　ʉlihɵ　gʉnɵʤime.
我　你 把　他跟　走　说着我
我在说你和他一起走。

4.3　修饰式词组充当句子补语的实例

ahiŋ　mʉnidʉlə　moriŋ　ʤawarʤi　əməsə.
哥哥　我们这里　马　抓 用　来了
哥哥到我们这里来是为了抓马。

这两个例句中，并列式词组 ʃiniwə tariʤi “你和他”、修饰式词组 moriŋ ʤawarʤi “抓马” 等的代词 tari “他” 和 moriŋ “马” 后面分别接缀了造格形态变化语法词缀 -ʤi。而且，词组充当补语时绝大多数情况下位于句尾谓语之前。

5. 状语

鄂温克语里，为了阐明跟句子谓语表示的动作行为直接相关的时间、场所、数量、目的、原因、程度等，经常使用副词状语和副动词状语以及接缀有态形态变化语法词缀的动词状语等。正因为如此，鄂温克语状语所表述的内容有所不同。根据它们所包含的不同语义内涵，其内部可以分为行为状语、时间状语、目的状语、条件状语等，并且这些状语一般都出现在句子的谓语之前。

5.1 行为状语

由动词固定体形态变化现象等充当。例如，

addedu ʤiŋʤiwuʧʧi mənərətəŋ iliraŋ.
奶奶与 批评 完 呆呆地 站着
他被奶奶批评之后呆呆地站在那里。

5.2 时间状语

主要由紧随副动词、立刻副动词等充当。例如，

mini əhiŋbi ahi(ŋ)ni ʤʉʉdihi jʉʉʤiloohiŋ jʉʉsə.
我的 姐姐我 哥哥的 屋 从 出去 紧随 出去了
我姐姐紧随哥哥出去了。

bi ottookkil nənʉʧʧi əməgəre.
我 立马 回去完 来吧我
我立马回去再来。

5.3　目的状语

通常由目的副动词，或目的后置词同接缀有领格形态变化语法词缀的名词类词组合而成的表述式词组来充当。例如，

bi　moriŋ　gaʤonam　ninigəre.
我　马　抓　去
请允许我去抓马吧。

bi　amiha(ŋ)ni　ʤaariŋ　ʉttʉlim　əməsʉ　hʉŋ.
我　大爷的　为了　跑　来了　是
我是为了大爷而跑来的。

5.4　条件状语

主要由条件副动词和因果副动词，以及原因后置词 ooddiwi 同名词、代词、形容词、形动词等组合而成的修饰式词组充当。例如，

bi　ʃiŋbo　ʤiŋʤisala　jʉʉʧʧi　ʉlisʉ.
我　辛宝　说　出去完　走了
我是辛宝说完话之后才走出去的。

həhə　aʃiʧʧaŋba　alaaʃigeer　ʤawaʧʧi　gasa.
猫　老鼠把　等 由于　抓 了　拿了
猫等了好久才抓住了老鼠。

əri　bajtawa　batu　ooddowi　bʉtʉgəm　ətəsə　ʃiŋʤə.
这　事　把　巴图　因为　弄成　能了　是
正是因为巴图才把此事办明白了。

通过上述实例可以看出，鄂温克语句子状语的结构系统的复杂性。而

且，主要由副词或副动词充当状语。另外，接缀有体形态变化语法词缀的动词也可以作句子的状语。当然，也有后置词跟名词类词等组合而成的词组充当状语的现象。就像在开头时所提到的那样，状语一般都出现于句尾谓语之前。不过，也不能因此忽略状语位于句中其他动词或名词类词前的一些实例。

6. 定语

鄂温克语里有定语成分，而且，最为常见的是由接缀领格形态变化语法词缀的名词类词充当宾语。宾语，在句子里一般都阐明人或事物间存在的领属关系。在该语言里，修饰和限定某人某事物的领属关系及性状、时间、所处、数量等方面的名词类词作句子定语的现象比较普遍。不过，有时也能见到用形动词充当定语的现象。而且，句中被定语修饰和限定的往往是主语，当然也有谓语或句子其他成分被定语修饰或限定的实例。根据鄂温克语定语的基本构成情况，我们可以将其内部分类出名词定语、代词定语、形容词定语、形动词定语、数词定语以及词组定语六种结构类型。由于名词定语、代词定语、形容词定语、定语数词比较常见，所以在这里没有例句说明。下面主要谈形动词定语、词组定语在句子里的使用情况。

6.1 形动词定语

形动词作定语时，在其后面也要接缀领格形态变化语法词缀。例如，

tari miniwə mondasani ʉgidədʉ naaŋ mondaraŋ.
他 我把 打了的 上面 还 打
他把我打了又打。

6.2 词组定语

在鄂温克语里，经常见到由并列词组、支配词组、限定词组以及表述词组等充当定语的现象。

6.2.1 由并列词组充当定语的实例

ərisəl ʃi imor ʤittər jəəmə gʉnəŋ.
这些 是 吃 喝的 东西 说
说这些是吃喝的东西。

6.2.2 由支配词组充当定语的实例

tari bikki heen təwəʤir moriŋ təggəəŋ ʃiŋʤə.
那 是 草料 装的 马 车 是
那是一辆装着草料的马车。

综上所述，鄂温克语的定语同样在句子中发挥着十分重要的作用，同时有着很高的出现率，甚至有的句子里定语可以出现两次以上。不仅是由单个词构成的定语有着一定使用率，而且词组结构类型的定语也有着较高的使用率。除了在上面谈到那些词组之外，像表述式词组等也可以充当句子的定语。例如，ninihin əʧʧʉrwəni bi dooldisu. “我听见了狗叫的声音”。但是，表述式词组构成定语时，在接缀领格形态变化语法词缀 -ni 之前还要接缀宾格形态变化语法词缀。另外，代词里主要由人称代词、指示代词作定语，形容词作定语时常常出现名词化现象。还有，像形容词、形动词、序数词等也能够以主格形态变化现象充当定语。例如，giltariŋ moriŋ bikki aja moriŋ. “白马是好马”，ədʉ təgər bog aaʃiŋ. “这里没有座位”，əmʉŋdʉgər bəj ʃi tari. “第一名是他”等句子里充当定语的形容词 giltariŋ“白的”、形动词 təgər“坐的”、序数词 əmʉŋdʉgər“第一”均以主格形态变化现象出现。尽管如此，鄂温克语里绝大多数定语还是以接缀领格形态变化语法词缀的形式使用于句子。

7. 插语

前面我们讨论的是鄂温克语句子的主要成分，除了句子的那些主要成分之外，鄂温克语里还有叫作插语的特殊的句子成分。插语的特殊性，就在于它有着极强的独立性能，跟句子其他成分不产生十分密切而直接的关系。而且，插语在句中出现时，前后要出现停顿，甚至用逗号或破折号表示语句间的停顿关系。在句子里插语所包含或表述的概念，会给句子所要表达的核心概念增加某种特殊内容或新意。在鄂温克语内像词、词组、分句等都可以充当句子的插语。

参考文献

朝克:《满通古斯诸语比较研究》，民族出版社 1997 年版。

朝克:《满通古斯语族语言词汇比较》，中国科学出版社 2014 年版。

朝克:《满通古斯语族语言词源研究》，中国科学出版社 2014 年版。

朝克:《满通古斯语族语言研究史论》，中国科学出版社 2014 年版。

朝克:《鄂温克语参考语法》，中国科学出版社 2009 年版。

朝克:《鄂温克语三大方言基本词汇对照集》（日文），日本小樽商科大学，1995 年。

朝克:《鄂温克语形态语音论及名词形态论》（日文），日本东京外国语大学亚非所，2003 年。

朝克:《鄂温克语研究》，民族出版社 1995 年版。

朝克:《鄂温克语基础语汇集》（日文），日本东京外国语大学，1991 年。

朝克:《中国满通古斯诸语基础语汇集》（日文），日本小樽商科大学，1997 年。

朝克:《通古斯诸民族及其语言》（日文），日本东北大学，2001 年。

朝克:《现代锡伯语口语研究》，民族出版社 2006 年版。

朝克:《楠木鄂伦春语研究》，民族出版社 2009 年版。

朝克、中岛干起:《鄂温克语会话练习册》（日文），大学书林出版社 2004 年版。

朝克、耐登、敖嫩:《鄂温克语民间故事》（蒙文），内蒙古文化出版社 1988 年版。

朝克、津曲敏郎、风间伸次郎:《索伦语基础列文集》（日文），日本北海道大学，1991 年。

朝克、李云兵主编:《中国民族语言文字研究史论》（北方卷），中国科学出版社 2013 年版。

胡增益、朝克：《鄂温克语简志》，民族出版社 1986 年版。
贺兴格、其达拉图：《鄂温克语词汇》（蒙文），民族出版社 1983 年版。
杜道尔吉：《鄂温克语汉语词典》，民族出版社 1998 年版。
杜道尔吉：《鄂蒙词典》，内蒙古文化出版社 2014 年版。
涂吉昌、涂芊玫：《鄂温克语汉语对照词汇》，黑龙江省鄂温克研究会、黑龙江省民族研究所印刷，1999 年。
杜福成、杜宏宝：《阿荣鄂温克语词汇》，内蒙古阿荣旗鄂温克族研究会，2007 年。
波普（H. H. Poppe）：《索伦语调查资料》，列宁格勒，1931 年。
杨虎嫩：《满洲里地区通古斯鄂温克语》，芬兰赫尔辛基大学，1991 年。
伊瓦诺夫斯基（A. O. Ivanovskiy）：《索伦语与达斡尔语》，圣彼得堡，1894 年。
城田俊：『日本語形態論』，ひつじ書房，1998 年。
影山太郎：『文法と語形成』，ひつじ書房，1993 年。
鈴木重幸：『日本語文法・形態論』，むぎ書房，1972 年。
奥田靖雄：『日本語文法・連語論』，むぎ書房，1967 年。
清瀬義三郎則府：「連結子音と連結母音と日本語動詞無活用論」，『国語学』86，1971 年。
『日本語文法新論』，桜楓社，1989 年。
三上章：『現代語法序説』，刀江書院，復刊くろしお出版，1953 年。
『日本語の構文』，くろしお出版，1963 年。
寺村秀夫：『日本語のシンタクスと意味Ⅰ』，くろしお出版，1982 年。
『日本語のシンタクスと意味Ⅱ』，くろしお出版，1984 年。
久野暲：『新日本文法研究』，大修館，1983 年。
森重敏：『日本文法通論』，風間書房，1959 年。
南不二男：『現代日本語の構造』，大修館，1974 年。
井上和子：『変形文法と日本語（上・下）』，大修館，1976 年。
鈴木一彦等：『研究資料日本文法』（形容詞、形容動詞），明治書院，1982 年。
草薙裕：「文法形式が担う意味」，『文法と意味』Ⅱ，朝倉日本語新講座 4，朝倉書店，1985 年。
大野晋：『文法と語彙』，岩波書店，1987 年。
金水富敏：「代名詞と人称」，『講座日本語と日本語教育』4，明治書院，1989 年。
福田昆之：『日本語とツングース語』（改版），丸井図書出版株式会社，1991 年。
宮岡伯人等：『環太平洋の言語』（第三号），京都大学大学院文学研究科，1997 年。
津曲敏郎：『環太平洋の言語』（第七号），北海道大学，2001 年。
池田哲郎：『アルタイ語のはなし』，大学書林，2000 年。

Alexander Castrens M. , "Tunguschen Sprachlehre", *Buchdruckerei der kaiserlichen Akademie der wissenschaften*, 1856.

Ivanovskiy A. O. , "Specimens of the Solon and the Dagur Languages", The Russian edition of St. Petersburg 1894, reprinted by the Reserch Group for Altaic Studies of Hungarian Academy of Sciences wich a foreword in English by G. Kara Academy Kiado Budapest 1982.

Givon T. , "Prototypes: Between Plato and Wittgenstein", in Craig (Ed.), *Noun Classes and Categorization*, John Benjamins Publishing Campany, 1986.

Kuhn T. , *The Structure of Scientific Revolutions*, University of Chiago Press, 1962.

McCawley J. D. , *The Phonological Component of a Grammar of Japanese*, Mouton, 1968.

Comrie B. , *Language Universals and Linguistic Typology*, Cambridge University Press, 1981.

Kageyama T. , "Role of Themantic Relations in the Spray Paint Hypallage", *Papers in Japanese Linguistics Nihongoron* 7, Tokyo: Kaitakusha, 1980.

Jacobsen W. , *Transitivity in the Verbal Systems*, Indiana University Linguistic Club, 1982.

Kiyose G. N. , *Japanese Grammar*, *A New Approach*, Kyoto University, 1995.

索 引

D

E

F

G

H

J

K

L

M

N

P

Q

R

S

T

W

X

Y

Z

后　记

经过三年多时间的艰苦努力和辛勤笔耕，凭着甘为事业奉献和中国社会科学院科研人员的敬业精神，终于撰写完成了国家社科基金重大委托项目“鄂温克族濒危语言文化抢救性研究”的子课题《鄂温克语动词形态论》这部研究著作。在具体实施该项子课题之前，因积累了满通古斯语族语言和鄂温克语研究三十余年实践经验，同时也有三十余年中搜集整理的极其丰富的鄂温克语动词类词形态变化语法现象第一手资料，再加上这些年主持和参加的国内外与此课题密切相关的一系列重大项目，尤其是在日本留学和工作期间同日本语言学界有关专家学者共同完成的有关鄂温克语动词研究课题等，都为该项科研工作的顺利进行，乃至圆满完成发挥了重要作用。启动该项子课题后，充分运用动词形态论研究方法，针对性地实施了鄂温克语动词类词形态变化现象及语法词缀的科学研究，以及对田野调查中搜集整理的弥足珍贵的第一手资料展开全面分析。所有这些使鄂温克语动词类词极其复杂而层级鲜明的形态变化现象的研究，显示出从未有过的强大生命力与活力，以及极其深远而特殊的学术价值和意义。

我在具体实施该项子课题的日子里，首先得到国家社科基金规划办领导和各有关部门管理人员的大力支持和多方面关怀，同样也得到中国社会科学院科研局项目处同志们的大力支持和关心，对此向他们一并表示最诚挚的谢意。特别是在为实施该项子课题到内蒙古自治区和黑龙江省鄂温克族生活的偏远山区、山林、牧场、农村，开展动词类词形态变化语法现象的实地调研时，得到许许多多地方领导和工作人员，以及内蒙古鄂温克研究会与黑龙江鄂温克研究会负责人和专家学者的热情支持，在此向他们表示深深的谢意。另外，也得到了鄂温克乡村领导和发音合作人、协助调查人员、鄂温克族老乡们的积极配合和热情支持，在此同样向他们表示真诚感谢和崇高敬意。毫无疑问，这项科研工作是在大家的指导、帮助、支持和关心之下，才得以按部就班地顺利推进，并按照原定计划圆满完成。

就像每一项科研工作和任务都追求最理想的结局和预期目标一样，笔者也严格遵循这一科研工作态度和精益求精的职业精神，撰写完成了国家社科基金重大委托项目的这项子课题。但由于鄂温克语及所有方言土语已进入濒危或严重濒危状态，进而导致动词类词极其细微、严密、层级分明而错综复杂的形态变化原理几乎都出现不稳定性、多变性、模糊性现象。这对动词类词形态变化现象的精确把握和定位确实带来不少麻烦与困难。正是这一原因，写完书稿后笔者审阅时，还发现一些问题和缺失的方面，甚至还发现不少自己认为不太满意的地方。对这些问题，笔者虽然作了必要的修改和补充，不过可能还有不少未发现的疏忽或缺憾，希望学术同仁和鄂温克族同胞提出宝贵的批评意见，使鄂温克语动词形态论研究不断向着更加成熟、更加理论、更加理想的方向发展，从而为我国阿尔泰语言学研究事业，乃至为我国的民族语言文字学理论研究发挥更加积极的推动作用。

朝　克

北京潘家园华威西里社科院家属楼

2015 年 11 月 18 日

图书在版编目（CIP）数据

鄂温克语动词形态论／朝克著．—北京：中国社会科学出版社，2017.3
（国家哲学社会科学成果文库）
ISBN 978－7－5161－9902－2

Ⅰ.①鄂…　Ⅱ.①朝…　Ⅲ.①鄂温克语（中国少数民族语）—动词—研究　Ⅳ.①H223.4

中国版本图书馆 CIP 数据核字（2017）第 038088 号

出 版 人　赵剑英
责任编辑　安　芳
责任校对　郝阳洋
封面设计　肖　辉　孙婷筠
责任印制　戴　宽

出　　版　中国社会科学出版社
社　　址　北京鼓楼西大街甲 158 号
邮　　编　100720
网　　址　http://www.csspw.cn
发 行 部　010－84083685
门 市 部　010－84029450
经　　销　新华书店及其他书店

印刷装订　北京君升印刷有限公司
版　　次　2017 年 3 月第 1 版
印　　次　2017 年 3 月第 1 次印刷

开　　本　710×1000　1/16
印　　张　22.25
字　　数　356 千字
定　　价　88.00 元

凡购买中国社会科学出版社图书，如有质量问题请与本社营销中心联系调换
电话：010－84083683